Adrian Plass · Die steile Himmelsleiter

Adrian Plass

Die steile Himmelsleiter

Eine ehrliche Biographie

Aus dem Englischen von
Barbara Büchner

Brendow Buch Kunst Verlag

Die Deutsche Bibliothek – CIP-Einheitsaufnahme

Plass, Adrian:
Die steile Himmelsleiter : eine ehrliche Biographie / Adrian Plass.
[Aus dem Engl. von Barbara Büchner]. – 2. Aufl. – Moers : Brendow, 1992
(Edition C : C ; 343)
ISBN 3-87067-462-8
NE: Edition C / C

2. Auflage 1992
ISBN 3-87067-462-8
Edition C, Reihe C 343, Bestell-Nr. 58043

Originalausgabe: THE GROWING UP PAINS OF ADRIAN PLASS.

Originally published in English by Marshall Morgan & Scott Ltd., now part of HarperCollinsPublishers Ltd.
Einbandgestaltung: Kommunikationsdesign Heidenreich, Mainz.
Grafik: Thomas Georg.
Gesamtherstellung: Ebner Ulm
Printed in Germany

Einleitung

Es gab einen Tag, da holte Gott mich voll auf die Erde zurück. Er ist ziemlich geschickt, wenn es um solche Dinge geht.

Wir waren nach Cornwall gefahren, um dort Winterurlaub zu machen. Wir hatten uns schon immer danach gesehnt, einmal gemeinsam, als Familie, wegzufahren. Es war früh im Dezember, die Tage waren schneidend kalt, aber strahlend hell erleuchtet von einer dieser Aquarell-Wintersonnen, die aussehen, als tropfte flüssiges Licht durch die Atmosphäre. Unser kleines weißes Ferienhäuschen überblickte einen unbeschreiblich schönen Küstenstrich im Norden. Diese Küste mußte ein Schöpfer geplant, gebaut und beleuchtet haben, der viel Zeit zur Verfügung hatte und ein feines, lebhaftes Auge fürs Detail.

Eines Morgens, nach einem langen, ausgedehnten, schwelgerischen Frühstück, hüllten wir uns alle in Schichten um Schichten der wärmsten Kleidungsstücke, die wir finden konnten, und brachen – eine Prozession menschlicher Fässer – zu einem Spaziergang auf. Die Luft war wie Eiscreme. Wir gingen einen neuen Weg, durch ein weißes Viehgatter und über eine offene Fläche vom Wind flachgepreßten, metallisch grünen Grases, einem Steilufer zu, das etwa hundert Meter entfernt lag. Jenseits erstreckte die See sich ins Unendliche und verschwamm mit dem Himmel der seltsamen bleichen Ferne.

Ich ging mit Matthew, acht Jahre alt, der damals jede einzelne seiner Äußerungen mit einem Fragewort zu beginnen pflegte. Meine Frau, Bridget, schlenderte neben dem vierjährigen Joseph dahin, der für sein Alter sehr tiefsinnig und nachdenklich war. Das kleinste Fäßchen, David, zwei Jahre alt, lief uns entzückt glucksend voraus und klatschte den Seemöwen Beifall, die einige Minuten lang um uns herumwirbelten, wobei sie die unglaublichste Luftakrobatik mit lässiger Eitelkeit vorführten.

Während wir uns dem Absturz der Klippe näherten, sann ich über die Tatsache nach, daß wir glücklich waren – wir alle. Wir sind eine Familie, die fest zusammenhält, aber es kam nicht oft dazu, daß wir auch alle zugleich zufrieden waren. Man muß hart daran arbeiten, eine Familie von fünf Personen einigermaßen glücklich zu machen. Es gleicht der Zirkusnummer, wo der Akrobat eine ganze Anzahl Teller auf der Spitze langer, dünner Stäbe wirbeln läßt, indem er mit Höchstgeschwindigkeit von einem zum anderen rast. Der Unterschied zu einer Familie ist der, daß man niemals Gelegenheit bekommt, aufzuhören und eine Verbeugung zu machen. Man macht immerzu weiter und wird müde dabei. Die Ferien waren für Bridget und mich immer eine Gelegenheit gewesen, uns unserer Selbst wieder voll bewußt zu werden und uns Gedanken darüber zu machen, was wir brauchten, damit unsere Teller weiterwirbelten.

Wir hatten jetzt den Klippenrand erreicht. Tief unter uns, umschlossen von einem Hufeisen unersteigbarer Klippen, lag eine der zauberhaftesten geheimen Buchten, die ich jemals gesehen hatte. Vollkommene Form, vollkommenes Meer, vollkommener Sand, vollkommene Steinseen. Kein Weg führte dort hinunter. Wir konnten nichts damit anfangen. Wir konnten sie nur betrachten. Es war, als wäre eines von Gottes vollkommenen Schöpfungsmodellen übersehen worden, als die Werkbank abgeräumt wurde.

Ich vergaß alles um mich, während ich diesen verborgenen Winkel der Welt betrachtete. Ich fühlte ein jähes Aufwallen von Stolz, daß ich zu derselben Welt gehörte wie die endlose schimmernde See, die blau-weiße Weite des Himmels und die massiven Felstürme der Klippen. Wahrhaftig, dies waren Symbole Gottes. Riesenhaft, wunderschön, tiefgründig, begehrenswert, aber unmöglich zu erfassen oder in enge Begriffe zu pressen. Ich war in Bewunderung versunken ...

„Papa, muß Lulu gehen, Papa!“

Die Stimme meines jüngsten Sohnes bahnte sich mit hastigem Drängen den Weg in mein Bewußtsein. Davids kleines Gesicht war verkrampft von dem Wissen, daß die Katastrophe unmittelbar bevorstand. Während ich darum kämpfte, seinen Michelin-Männchen-ähnlichen Umfang auf ein vernünftiges Maß an Bekleidung zu reduzieren, schmollte ich in Gedanken mit Gott.

„Lieber Himmel", klagte ich, „ich habe ohnehin so wenig Zeit, mich einmal wirklich zu entspannen und mich an schönen Dingen zu erfreuen. Warum mußte ich meinen Höhenflug unterbrechen, um mich mit solchen winzigen Problemen herumzuschlagen?"

„Ich habe es auch getan", sagte Gott.

Erstes Kapitel

Fotografien aus meiner Kindheit vermitteln den Eindruck, daß ich als Junge wenig mehr war als ein Paar riesiger, auf zwei langen, spindeldürren Beinen befestigter Ohren. Auf den meisten dieser frühen Fotografien wirke ich etwas bekümmert und überaus ernst.

Jede Woche besuchte ich die Kirche am anderen Ende des Dorfes, ein Unterfangen, das für mich allerdings nur sehr wenig mit Gott zu tun hatte. Die römisch-katholische Kirche in Rusthall war ein umgebautes Privathaus. Daher fehlte ihr völlig jene Atmosphäre von tiefgründigem Mysterium und vertrauenerweckender göttlicher Gegenwart, die ich bei unseren gelegentlichen Besuchen in St. Augustin, der riesigen und kunstvoll geschmückten Pfarrkirche in Tunbridge Wells, mit beträchtlichem Vergnügen genoß. Für ein sechsjähriges Kind gab es nur wenig Interessantes zu erleben in dieser Stunde des Gottesdienstes – einer Stunde, die man abwechselnd kniend, stehend und sitzend verbrachte, in der man jemand zuhören mußte, der eine Sprache sprach, die man nicht verstand, und einen Gott anrief, der so fern und gleichgültig schien wie die dunkle Seite des Mondes. Einige dieser Gottesdienste, so schien es mir, dauerten mehrere Tage lang! War die Messe zu Ende, so pflegten mein Vater, meine beiden Brüder und ich gemächlich den Weg ins Dorf zurückzuschlendern, während alle meine kleinen Sprungfedern von Langeweile und innerer Anspannung in Ruhestellung zurückschnappten und -sprangen. Ich konnte beginnen, mich auf das Sonntags-Mittagessen und die traditionelle halbstündige Unterhaltungssendung im Radio zu freuen.

Heute empfinde ich großen Respekt und innige Zuneigung für die römisch-katholische Kirche und habe viele Freunde, die Angehörige dieser Konfession sind. Aber hätte man mich im Alter von acht oder neun Jahren gefragt, was ich an der Messe am meisten schätze, so hätte ich nur eines nennen können. Ich freute mich auf den Augenblick, wenn der Priester die Hostie in die offenen Münder der Kommunikanten legte, die im Halbkreis um ihn herum knieten. All diese ausgestreckten Zungen hatten eine so abstoßende Fleischlichkeit an sich, die mein Kindergemüt zutiefst befriedigte. Und da war etwas faszinierend Verletzliches an diesen Erwachsenen, die wie Jungvögel darauf warteten, mit einer Substanz gefüttert zu werden, die sich (so hatte man es mich gelehrt), sobald sie die Oblate einmal in sich aufgenommen hatten, in den Leib Christi verwandeln und sie auf eine Weise nähren würde, die mir völlig unverständlich war.

Daß die Kirche für meine Begriffe nur sehr wenig mit Gott zu tun hatte, hing mit dem Umstand zusammen, daß mein Vater zur katholischen Kirche übergetreten war, während meine Mutter – deren religiöser Hintergrund die Kongregationalistenkirche war – Protestantin blieb und sonntags nicht mit uns zur Kirche kam.

Bei uns zu Hause spielte sich häufig unsere eigene private Version der Religionskriege ab, und ich kann mich erinnern, daß ich als kleiner Junge die religiöse Trennung zwischen meinen Eltern mit einem Gefühl von Schmerz und Verwirrung erlebte.

Warum kam Mami nicht mit uns zur Kirche? Hatte sie einen anderen Gott? Nein? Nun, wenn das so war, warum kam sie dann nicht zur Kirche mit uns? Ich würde es verstehen, wenn ich erst einmal größer wäre, sagte man mir.

Der Schatten dieses Konflikts verdunkelte während meiner ganzen frühen Kindheit die Gottesdienste am Sonntagmorgen. Entsprechend negativ waren meine Gefühle für jenen Gott, der offensichtlich nicht imstande war, unsere Familie auf die Reihe zu kriegen – oder kein Interesse daran hatte.

Wäre mein armer Vater ein etwas selbstbewußterer Mann gewesen, so hätten die Langeweile der Gottesdienste und selbst der elterliche Konflikt in Religionsfragen vielleicht nicht allzuviel Schaden angerichtet. Wie die Dinge jedoch lagen, war er gänzlich unfähig, der Liebe seiner Familie zu vertrauen. Meiner Mutter bescherte diese Unfähigkeit fünfundzwanzig sehr schwierige Ehejahre und mir selbst eine sehr verworrene und kummerbeladene Vorstellung davon, was Liebe, Erwachsensein und Christentum bedeuteten. Zwei Ereignisse kommen mir in den Sinn als typische Beispiele für den emotionellen Schwitzkasten, den er mit so viel Geschick anzulegen wußte und der das Seine beigetragen haben mag zu der Verstopfung der Gefühle, die Jahre später, 1984, zu einem Zusammenbruch in meinem eigenen Leben führte – einem Zusammenbruch, von dem ich mich gerade erst erhole, während ich dies niederschreibe.

Der erste Zwischenfall betraf das schwarze Gebetbuch meines Vaters. Das war ein kleines, plumpes, abgegriffenes Büchlein, dessen oblatendünne Seiten in Gold geschnitten waren. Als Kind erschien es mir wie ein Miniatur-Schatzkästlein, gefüllt mit ungeheurem Reichtum, der irgendwie in diesen winzigen Raum gepreßt worden war, um ihn leichter herumtragen zu können.

Vaters Gebetbuch erschien uns ein Teil seiner selbst, ebenso wie die kleinen runden Schachteln mit Beecham's Pillen, die Blechbüchse voll altertümlicher und fremdländischer Münzen, der Filzhut und die Lesebrille mit dem Schildpattgestell. Zuweilen erhielt ich die Erlaubnis, sie aufzusetzen, und stellte dann erstaunt fest, daß ich so gut wie nichts damit lesen konnte. Danach wurde sie wieder in ihrem Etui verstaut, und ich freute mich jedesmal auf das reizvolle hohle „Plock!", mit dem der Verschluß zuklickte.

Eines Tages waren wir Jungen ungezogen gewesen – alle drei. Einer meiner Brüder war zwei Jahre älter als ich, der andere war zwei Jahre jünger. Ich muß damals etwa acht Jahre alt gewesen sein. Zu der Zeit mußte man den Eindruck gewinnen, als wären wir tagaus, tagein mit nur drei Dingen beschäftigt. Die erste unserer Aktivitäten bestand darin, riesige Schnitten weißen knusprigen Brotes zu verschlingen, die dick mit Butter und Marmelade bestrichen waren. Wir schafften oft drei große Laibe in einem einzigen Tag.

Die zweite Aktivität war unser gemeinsames Spiel, und die dritte, die sich im allgemeinen ganz natürlich aus der zweiten ergab, bestand darin, miteinander zu raufen. An diesem Tag waren die Eß- und Spiel-Phasen schneller als gewöhnlich vorübergegangen. Wir drei Jungen hatten den größten Teil eines langen regnerischen Samstags untereinander gezankt und gekabbelt und geweint und gerauft. Die Geduld meiner Eltern war auf eine Weise auf die Probe gestellt und strapaziert worden, die ich erst jetzt, wo ich selbst drei Söhne habe, völlig verstehe. Sie hatten jedes nur denkbare Mittel ausprobiert: die sanfte Zurechtweisung, die weniger sanfte Zurechtweisung, den Appell an die Vernunft, die Bestechung, die Drohung, die wiederholte Drohung, die noch-einmal-wiederholte Drohung, das „Ich sag's euch zum letzten Mal" und schließlich den Aufschrei heller Wut. Nichts hatte Wirkung gezeigt. Mein Vater hatte es bereits die längste Zeit aufgegeben, in dem Konflikt die Rolle eines Erwachsenen zu spielen. Er war selbst nur noch ein zorniges Kind, erbost und gekränkt, daß wir es ihm nicht leichter machen wollten, sich wie ein Erwachsener zu benehmen. Seine Vorstellung von einer geeigneten Lösung für das Problem war – milde gesagt – bizarr. Er ergriff das Gebetbuch, das an seinem üblichen Platz neben der Keksdose auf der Kommode lag, und während er es mit dramatischer Gebärde über den Kopf hielt, kündigte er an: Wenn wir uns nicht benehmen könnten, würden wir ihn so weit treiben, daß er es nach uns werfen müßte, und wenn er *das* tun müßte, wäre es „das Ende"!

Kinder glauben, was ihnen gesagt wird.

Das Ende wovon? Bilder flackerten durch meine Gedanken. Ich sah vor mir, wie das kleine Buch, zum Bersten gefüllt mit komprimierter Göttlichkeit, zu Boden krachte, aufplatzte wie eine reife schwere Frucht und all sein Gutes für immer verlor. Hatte er *das* gemeint? Würde ich *das* verschuldet haben? Hatte ich im Verlauf dieses langen Tages voll Gezänk irgend etwas getan oder gesagt, das schwerer wog – bösartiger war, als ich selbst wußte? Als er schließlich in einer Art orgastischen Überschwangs das Buch nach mir und meinem jüngeren Bruder schleuderte, stellte ich voll Überraschung fest, daß die Welt von der Geste ganz unberührt blieb. Kein Donnerschlag hallte. Keine Stimme aus dem Himmel ertönte. Das Buch lag, fast unbeschädigt, auf dem Boden. Ein oder zwei Seiten hatten sich durch den Aufprall gelöst und standen ein wenig über die anderen hinaus, aber sonst war alles wie zuvor.

Ich aber war nicht mehr derselbe wie zuvor. Ich hatte meinen Vater dazu getrieben, sein Gebetbuch nach mir zu werfen, und er hatte gesagt, es würde „das Ende“ sein. Dieses Buch enthielt Gott. Ich hatte ihn dazu gebracht, Gott wegzuwerfen.

Die Teufel grinsten, als sie das Schloß an einer weiteren zentnerschweren Kette der Schuld zuschnappen ließen.

Der zweite Zwischenfall war so schmerzlich, daß es mir selbst jetzt noch schwerfällt, ihn zu Papier zu bringen.

Mein Vater war ein überaus eifersüchtiger Mann. Es war ihm fast unmöglich zu glauben, daß er von denen, die ihm am nächsten standen, geliebt und angenommen wurde. Glück und Frieden waren in seinen Augen nur clevere Tricks, listige Machinationen mit dem Zweck, ihn einzulullen, damit er um so leichter betrogen und zum Narren gemacht werden konnte – besonders von seiner Frau. Meiner Mutter, die damals wie heute einer der liebevollsten und unschuldigsten Menschen ist, die ich jemals kennengelernt habe, mißtraute er vor allem. Leute, die nicht zur Familie zählten, waren „ganz in Ordnung“. Sie konnten ihm ja niemals etwas geben, das er auf dieselbe Weise zu verlieren fürchtete. Wir waren es, seine Familie, und ganz besonders meine Mutter, die gezwungen waren, in den finsteren Dschungeln seiner Furcht und Unsicherheit umherzuirren. Es konnte passieren, daß er mitten in einem netten Familienspaziergang – wenn es undenkbar schien, daß irgend etwas schiefgehen könnte – plötzlich stehenblieb und mit dem Ausdruck schmallippiger Wut auf dem Gesicht, den wir alle fürchteten, ankündigte, daß wir sofort nach Hause zurückkehrten.

„Warum, Papa?“

„Frag deine Mutter.“

Meine Mutter, so deutete er dann für gewöhnlich an, hatte einem Mann „Augen gemacht“ – irgendeinem Mann, der zufällig auf der anderen Straßenseite vorbeiging oder auf einem Feld arbeitete oder in einer Toreinfahrt saß oder im Auto vorüberfuhr. Jeder noch so unschuldige Blick reichte aus, das Selbstwertgefühl meines Vaters zu zerstören und stürzte ihn auf Stunden hinaus – oder auch auf Tage oder Wochen – in einen Zustand düsteren Trotzes. Meine

Mutter fand dann für gewöhnlich einen Weg, ihn wieder herumzukriegen. Das gelang ihr allerdings nur, indem sie die Rolle der Büßerin auf sich nahm – was eine sehr riskante Angelegenheit war, denn er pflegte ihre Buße nur anzunehmen, wenn sie gleichzeitig ihre Unschuld zu beweisen vermochte. Er sah überall Rivalen. Der Mann beispielsweise, der den Anbau an unserer Küche baute, war, wie er mir vertraulich mitteilte, ein „schlechter Kerl".

„Was meinst du?"

„Das erkläre ich dir, wenn du älter bist."

„Warum kannst du es mir nicht jetzt schon sagen?"

„Es ist nicht sehr erfreulich."

Der Mann, der uns in einem hohen dunklen Raum in der Pfarrei von St. Augustin die Katechismusstunden gab, stand ebenfalls auf der Liste der Verdächtigen. Er war ein hochgewachsener Mann mit einem mächtigen, eindrucksvollen Schnurrbart, einem profunden Verständnis des Katechismus und einer fast völligen Unfähigkeit, ihn Kindern begreiflich zu machen. Er war, wie mein Vater sagte, ebenfalls „kein Guter".

„Böse, meinst du?"

„Ja, sehr böse."

„Was hat er getan?"

„Du würdest es nicht verstehen."

„Doch, würde ich schon."

„Ich sag's dir, wenn du älter bist."

Wie viele Dinge man mir erst sagen wollte, wenn ich älter wäre! So viele kleine Wolken von Halbverstandenem sammelten sich um meinen Verstand herum an und verdunkelten die Sonne. Es sollte lange dauern, bis sie sich wieder lichteten.

Der schmerzlichste Zwischenfall im Zusammenhang mit meines Vaters wahnwitziger Eifersucht (am schmerzlichsten von *meinem* Standpunkt aus, meine ich) ereignete sich kurz vor meinem zehnten Geburtstag. Ich kam eines Nachmittags heim, nachdem ich im Gebüsch auf der Dorfwiese Fährtensuchen gespielt hatte. Müde, erhitzt und hungrig trat ich durch die Hintertüre in die Küche und wollte mir eben ein Glas Wasser und eine Schnitte Brot mit Marmelade holen, als ich die erhobene Stimme meines Vaters durch die Wohnzimmertüre dringen hörte. Mein Herzschlag drohte zu stokken, wie immer, wenn „es" wieder geschah. Was jetzt? Ich öffnete die Türe und schlüpfte leise ins Zimmer, in der vagen Vorstellung befangen, ich könnte dort irgend jemand vor irgend etwas beschützen. Meine Mutter schüttelte unter Tränen den Kopf und schluchzte die Worte hervor: „Es ist einfach nicht wahr, es ist einfach nicht wahr!"

Eine seltsame Mischung von Schmerz, Zorn und Ergötzen spiegelte sich im Gesicht und in der Stimme meines Vaters. Er stieß mit dem Zeigefinger nach ihr und schrie: „Ich habe dich gesehen! Ich habe dich mit ihm gesehen! Ich sah durchs Fenster und sah dich auf dem Bett mit ihm!"

Meine Zuneigung flatterte im Raum herum wie ein nervöser Schmetterling und wußte nicht, wo sie sich niederlassen sollte, wessen Waagschale sie das winzige Gewicht ihrer Anteilnahme leihen sollte.

„Das ist unmöglich – das ist einfach unmöglich! Das ist nicht wahr!"

In den vergangenen Jahren hatte meine Mutter zwar ein ums andere Mal die Erfahrung gemacht, daß einfaches Ableugnen irgendwelcher Vergehen eine völlige Zeitverschwendung war. Dennoch setzte sie ihre tränenreichen Proteste fort, bis mein Vater – plötzlich inspiriert – einen Schritt vorwärts tat und auf mich deutete.

„Adrian war bei mir. Er hat es auch gesehen! Nicht wahr, Adrian?"

In seinen Augen stand eine wilde Bitte geschrieben.

Meine Mutter weinte.

Sie waren meine Eltern. Du sollst Vater und Mutter ehren. Mein Vater flehte mich an, für ihn zu lügen. Meine Mutter hatte es bitter notwendig, daß ich die Wahrheit sagte. Irgend jemand mußte auf der Strecke bleiben. Was immer geschah, leiden würden wir alle. Meine Stimme klang fadendünn, als ich antwortete.

„Ich war nicht bei dir. Ich habe nichts gesehen."

Ich glaube nicht, daß ich meinem Vater ins Gesicht blickte. Ich hatte ihn im Stich gelassen, indem ich die Wahrheit sagte. Mein Inneres war ein eisiges Chaos. Voll Zorn, voll Jammer und natürlich – schuldbeladen.

Als Erwachsener habe ich verstehen gelernt, wie sehr mein Vater unter seinem Unvermögen, dem Glück zu vertrauen, litt. Ich bin heute imstande, ihm posthum meine Vergebung anzubieten und der Vergangenheit gegenüber friedvollere Gefühle zu hegen. Es gibt jedoch keinen Zweifel daran, daß meine Vorstellung von „Gott Vater" durch die Art, wie mein leiblicher Vater sich mir gegenüber als Christ und Vater verhielt, traurig verzerrt wurde. Ich kann von Glück reden, daß wenigstens meine Mutter fähig war, mir während meiner ganzen Kindheit Wärme und zuverlässige Fürsorge zu garantieren. Ich werde ihr dafür immer dankbar sein.

Abgesehen vom Marmeladebrot-Essen gab es noch ein zweites großes Vergnügen in meinem Leben, und das war das Lesen. Ich war ein unersättlicher, aber völlig kritikloser Leser. Im Verlauf meiner Kindheit starben diverse greise Verwandte und hinterließen meinem Vater große und im allgemeinen ziemlich düstere Kollektionen von Büchern. Er stellte viele Bücher in ein großes dunkelbraunes Bücherregal in meinem Schlafzimmer, vermutlich zur Unterstützung seines Bestrebens „daß ich einmal etwas Besseres werden sollte". Ich las einfach alles. Ich pflegte mit untergeschlagenen Beinen auf dem Schlafzimmerboden zu sitzen, in meinem ausgebeulten grauen Flanellhemd und meinen noch viel ausgebeulteren grauen Flanellhosen, umgeben von kleinen Stapeln von Novellen, Gedichtbandsammlungen und Biographien. Jedes Buch war wie ein Stein in einem Steinsee. Heb es auf, betrachte es aus der Nähe, und es kann sein, daß du etwas Aufregendes entdeckst – etwas Lebendiges! Meinen Lesehunger hemmte keinerlei Snobismus. Für mich gab es keine Klassiker. Ich hatte zwar nichts dagegen, jemand namens Joseph Conrad eine faire Chance zu geben, aber er mußte es aufgrund eigener Verdienste schaffen, oder er mußte abtreten und einem wirklich großen Schriftsteller Platz machen – jemand wie W. E. Johns oder Rochmal Crompton. Ich war verliebt in Worte und Ideen. Der Gedanke, daß irgend etwas, das ich in einem

Buch gelesen hatte, tatsächlich meine Einstellung gegenüber wirklichen Menschen in einer wirklichen Welt verändern könnte, kam mir jedoch bei alledem nie.

Meine früheste Begegnung mit der Wahrheit (obwohl ich das Ereignis damals wohl kaum als religiöse Erfahrung bezeichnet hätte) fand auf dem Oberdeck der Buslinie Nr. 81 statt, die zwischen Rusthall und Tunbridge Wells verkehrt. Die Fahrt dauerte nur zwölf Minuten. Aber bei dieser einen Gelegenheit war das Zeit genug, daß eine überraschende neue Wahrheit mein zehn Jahre altes Bewußtsein bis in die hintersten Winkel durchdrang. Fast alles, was ich seit jenem Tag getan habe, ist von diesem Erlebnis beeinflußt worden. Es hing mit etwas zusammen, das ich an diesem Morgen gelesen hatte.

Während ich auf der vordersten Sitzbank des großen grünen Omnibus der Maidstone & District-Linie saß und ein Sechspence-Stück und einen Penny in der geballten Faust für den Schaffner bereithielt, widerhallte ein Satz, den ich am Morgen gelesen hatte, ein ums andere Mal in meinen Gedanken.

„Jedermann ist Ich."

Aus irgendeinem Grund fühlte ich, daß diese Worte einen wichtigen inneren Kern an Bedeutung enthielten, war aber nicht imstande, ihn herauszuschälen. Das Problem faszinierte und frustrierte mich zugleich. Wäre die Antwort – das Geheimnis – nur etwas Substantielles gewesen! Ich wünschte mir, ich könnte die Hand ausstrecken und es mit festem Griff ergreifen – es mir zu eigen machen.

„Na, mein Junge?"

Ich war so völlig in meine intensive Suche nach Verständnis versunken, daß der durchaus legitime Versuch des Busschaffners, den Fahrpreis von mir zu kassieren, mir als ein unverzeihliches Eindringen in meine Privatsphäre erschien. Das freundliche Lächeln unter der Schaffnermütze mit dem glänzenden Schirm verwelkte in der Hitze eines zornglühenden Blicks von diesem merkwürdigen, spindeldürren kleinen Jungen. Der arme Mann raffte hastig die beiden Münzen von meiner offenen Handfläche, drehte die Kurbel an seiner Maschine und händigte mir einen grünen Siebenpence-Fahrschein aus, bevor er zu liebenswürdigerer Gesellschaft ins Unterdeck zurückkehrte.

Ich starrte durch das große Vorderfenster auf die Straße hinaus, die vor mir lag. Wir hatten fast schon Toad Rock erreicht. Ich mochte Toad Rock nicht besonders. Warum nicht? Wußte ich eigentlich nicht. Jedermann ist Ich . . . Jedermann ist Ich . . .

Jedermann ist Ich . . . Jedermann ist Ich.

Wir fuhren nun an der weißen Straßenfront des Hotels „Zum Schwan“ vorbei und bogen langsam in das untere Ende von Tunbridge Wells High Street ein. Liebes altes Tunbridge Wells! Wie eine Kollektion von riesigen Puppenhäusern lag es vor mir. Es war ein wunderhübscher Tag. Jede Menge Leute waren auf der Straße unterwegs – Hunderte von Leuten, wenn man es recht betrachtete. Wahrscheinlich gingen sie alle zum Jahrmarkt auf der Dorfwiese. Jedermann ist –

Plötzlich erstarrte ich. Den Körper steif aufgerichtet, die Hände flach auf das Sims unter dem Fenster gestützt, drückte ich die Stirne ans Glas und starrte voll Staunen die Menschenmenge auf dem Gehsteig unten an. Die wirkliche Bedeutung dieser drei simplen, aber rätselhaften Worte war in meinem Kopf explodiert. Sie zerstörte schlagartig die Illusion, ich sei der Nabel der Welt, und überließ es mir, für den Rest meines Lebens mit der Last dieses Wissens zu Rande zu kommen. Jedermann von diesen Leuten da unten auf der Straße, die die Gehsteige entlangeilten, Autos lenkten, auf Autobusse warteten – jeder einzelne von ihnen war sich selbst so wichtig, wie ich es war! Ich schüttelte den Kopf, versuchte diesen unfaßbaren Gedanken loszuwerden. Jedermann ist Ich . . . Diese krumme alte Frau mit dem schiefen Mund – sie war von entscheidender Wichtigkeit, sie war von Bedeutung, sie stand im Mittelpunkt ihres Lebens. Der Busschaffner, der zuvor meine geistige Schwerarbeit unterbrochen hatte, war nicht nur ein Statist in meiner Welt. Er war der Star in seiner eigenen Welt. Sein Kopf steckte voller Gedanken und Gefühle, in seinem Inneren spielte sich ein ganzes

Leben ab, er war der Nabel der Welt. Mein eigener Vater, meine Mutter, meine Brüder, Tanten, Onkel, all meine Freunde – alle waren „Ich“. *Jedermann war Ich,* und in diesem Augenblick war mir irgendwie bewußt, daß ich vermutlich niemals eine wichtigere Lektion lernen würde.

Nicht, daß dieses neue Verständnis mich nun in einen netten Menschen verwandelt hätte. Es befähigte mich, andere viel besser zu verstehen, aber dieses Verständnis konnte sowohl zum Nutzen wie zum Schaden verwendet werden. In den folgenden Jahren erschien mir letzteres oft nützlicher als ersteres.

Zwischen meinem zehnten und meinem sechzehnten Lebensjahr stürzte ich mich mit verzweifelter Energie in die Aufgabe, irgend etwas, das einer brauchbaren Persönlichkeit gleichkam, zusammenzustückeln. Andere Leute hatten ja auch eine, wenn man dem Augenschein trauen konnte. Warum sollte ich keine Persönlichkeit haben? Irgendwie mußte ich das Chaos in meinem Inneren in den Griff bekommen. Ich mußte eine Fassade konstruieren, die ebenso akzeptabel wie undurchdringlich sein sollte. Auf keinen Fall wollte ich, daß irgend jemand einen Blick auf das ernste, aber wirrköpfige kleine Bündel Elend erhaschte, das ich in Wirklichkeit war. Ich entdeckte, daß geschickt angewandter Sarkasmus ein doppelt nützliches Mittel ist: Ich konnte damit nicht nur andere Leute auf Distanz halten, sondern zugleich mir selbst eine gewisse Macht aneignen. Sarkasmus mag die niedrigste Form von Witz sein, ist aber zweifellos die wirkungsvollste. Ich wurde ein Meister in der Kunst, andere mit Worten zu erniedrigen, zu demütigen und zu verletzen. Die Schamröte steigt mir in die Wangen, wenn ich daran denke, mit welchem Ergötzen ich diese Waffe zuweilen anwandte. Die Menschen, gegen die ich sie richtete, können nicht die geringste Ahnung davon gehabt haben, welche Sehnsucht, welcher Jammer sich hinter einer Strategie verbarg, die alle menschliche Nähe zerstörte. Ich hatte auf Glück verzichtet, um mich völlig auf meine Sicherheit zu konzentrieren. Ich lernte in meinem Umgang mit Erwachsenen, wie man sich duckt und ausweicht und beiseite hüpft, wobei ich freilich mehr und mehr Schwierigkeiten bekam, als ich in die Welt erbitterten Wettbewerbs in der höheren Schule für Knaben eintrat.

Dinge wie Hausaufgaben und funktionierende Füllfederhalter und adrette Schuluniformen wurden zu unablässigen Alpträumen. Ich fühlte mich in jeder Hinsicht schlechter ausstaffiert, schmutziger und konfuser als jeder andere Junge in der Schule. Ich hatte die Elternhäuser und Familien meiner Mitschüler gesehen. Im Vergleich zu meinem Elternhaus ging es dort geradezu unglaublich ordentlich und locker zu. Wie brachten sie das zustande? Ich hatte keine Ahnung. Unser Haus war ein Ort, an dem sich jeder in ständiger lärmender Bewegung befand, die Emotionen hohe Wellen warfen und unablässig der Fernsehapparat dröhnte. Meine Mutter tat, was sie konnte, aber es war kein Ort, an dem man in Ruhe Hausaufgaben machen konnte. Und überhaupt – wie konnte ich mich auf Dinge wie Hausaufgaben und Schularbeiten konzentrieren, wenn ich jede Unze meiner Fantasie und meiner geistigen Energie in mein grundlegendes soziales Überleben investieren mußte?

Ich war immer noch ein gefräßiger Leser. Im Fach „Englische Sprache" legte ich ein beträchtliches Naturtalent an den Tag. Aber im zweiten Jahr in der höheren Schule war ich bereits in beklagenswerter Weise in die Leistungsgruppe „D" abgerutscht, die finstere Unterwelt einer Gesellschaft wie der unseren, in der akademischer Erfolg der Weg zum Olymp ist. Ich las nun vor allem, um der Realität zu entfliehen. Diese Flucht führte mich oft in die Welt jener reichlich antiquierten Schulromane, die gewöhnlich in Form dickleibiger Wälzer mit einer dramatischen Illustration auf dem Deckblatt verkauft wurden. Die Helden dieser Bücher waren stets junge Männer mit viereckigem Kinn, die einen tadellosen Lebenswandel führten, Studentenbuden mit Namen wie „Die Schale" oder „Das Versteck" bewohnten und in einer durchgestylten Atmosphäre viktorianischer Moralität mannhafte Dinge taten und sagten. Sie trugen alle Namen wie „Gutmann" oder „Mannswert". Soweit es in diesen Romanen überhaupt Schurken gab, hießen sie „Schlimmenstein" oder „Murkselmann" und wurden im letzten Kapitel entweder gebessert oder von der Schule verwiesen. Zum Lehrkörper gehörte immer ein junges und enthusiastisches Exmitglied der Mannschaft von Oxford, der den Helden diskret auf seinem Wege zu erfüllter Mannbarkeit geleitete, sowie ein gottähnlicher Schuldirektor, der die Weisheit eines Sokrates mit dem Urteilsvermögen eines Salomon verband. Komplettiert wurde diese Dreieinigkeit durch eine mysteriöse Antriebskraft, die allgemein als „gute Manieren" bezeichnet wurde. So lächerlich es klingen mag – ich sehnte mich nach einer solchen Welt. Sie bot so vieles, das ich niemals gehabt hatte.

Mein zweiter Notausgang aus der Realität war der Traum, es im Film zur Berühmtheit zu bringen. Ich hegte insgeheim die Überzeugung, der größte unentdeckte Schauspieler im Lande zu sein. Ich war sicher, daß es nur noch eine Frage der Zeit war, bevor ich – in einem der Szenarios, die ich mir mit großem Zeitaufwand ausdachte – von einem verblüfften Filmregisseur entdeckt wurde und augenblicklich eine atemberaubende Karriere auf der Silberleinwand begann.

Ich besorgte mir heimlich ein Buch mit dem Titel „Bringen Sie sich selbst das Amateur-Schauspiel bei" und studierte es im stillen, um bestens vorbereitet zu sein, wenn der große Tag kam. Meine erste Rolle, das stand für mich fest, würde eine Hauptrolle in einem Film mit Hayley Mills sein. In diese junge Schauspielerin war ich unsterblich verliebt seit dem Tag, an dem ich in der unbeschreiblich köstlichen Dunkelheit des „Essoldo"-Kinos gesessen war und mir „Pfeif mit dem Wind" dreimal hintereinander angesehen hatte. Es hatte mit meinen leidenschaftlichen Gefühlen für Fräulein Mills zu tun, daß ich die zweite wichtige Lektion meines Lebens lernte.

Eines Tages – ich war etwa dreizehn – machte ich den fatalen Fehler, daß ich meine Fantasien in die Realität umzusetzen versuchte. Damals lebte die Familie Mills einige Meilen von meinem Elternhaus entfernt in einem kleinen ländlichen Dorf namens Cowden. Ich hatte mir in meinen Tagträumen oft ausgemalt, wie ich in der High Street von Cowden zufällig mit meiner Angebeteten zusammenstieß. Es ist ein deutlicher Beweis für meine Naivität, daß ich diese romantische Begegnung für gewöhnlich dadurch zustande kommen sah, daß ihr Fahrrad einen Platten hatte! Adrian, der Märchenprinz, würde dann mit lässigem Charme dahergestrampelt kommen und kein Schwert, sondern eine Fahrradpumpe ziehen. Natürlich würde Fräulein Mills überwältigt sein von meinem Einfallsreichtum, meiner Liebenswürdigkeit und meinem angeborenen Charme, der (in meiner Fantasie jedenfalls) unwiderstehlich war. Sobald ich alt genug war, würden wir heiraten. Leinwandfüllende Nahaufnahme, glitzernde Tränen, herzbewegende Musik – alles, was gut und teuer ist!

Eines Tages hatte ich das Fantasiespiel satt. Jetzt sollte zur Abwechslung einmal etwas Wirkliches geschehen. Ich war noch niemals tatsächlich in Cowden gewesen, aber an diesem warmen, sonnigen Samstag morgen kam ich zu dem Schluß, daß die Zeit reif sei. Ich machte mich auf meinem glänzenden blauen Fahrrad auf den Weg, voll gespannter Erwartung, meinen Traum wahrzumachen. Meine Zuversicht und meine Vorfreude auf einen zufriedenstellenden Ausgang dieser Expedition hielten eine ganze Anzahl von Meilen weit an – bis zu dem Augenblick, in dem ich mich einem Ortsschild am Straßenrand gegenübersah, auf dem schlicht und einfach COWDEN stand. Ich hielt mein Fahrrad an. Auf dem linken Fuß balancierend, streckte ich die Hand aus und berührte das kalte Metall des Ortsschildes mit den Fingern. Es war Realität. Cowden existierte tatsächlich. Ich richtete mich auf und blickte nach allen Seiten. Jenseits des Schildes verlief die Straße weiter, von Bäumen, Blumen und Büschen gesäumt. Ich konnte die Dachfirste von ein oder zwei Häusern in der Ferne sehen – die Häuser von Cowden. Auch sie waren Realität. Alles war Realität. In logischer Folge mußte auch Hayley Mills Wirklichkeit sein. Sie war eine reale Person, die ihr Leben nicht damit verbrachte, mit einem kaputten Fahrrad auf der Dorfstraße herumzulungern und darauf zu warten, daß ein ruppiger kleiner Esel ihr mit seiner Fahrradpumpe zu Hilfe kam. Es war ein trauriger Augenblick. Die Welt war Wirklichkeit. Als die volle Absurdität meines Tagtraums mir aufdämmerte, wendete ich wortlos das Fahrrad und strampelte zurück nach Rusthall. Wieder eine Lektion gelernt! Sie war hart, aber notwendig gewesen. Was ich suchte, würde ich in der Fantasie niemals finden. Das versetzte mich in Angst. Wo *würde* ich finden, was ich mir ersehnte?

Um die Zeit, als ich mein fünftes Jahr in der höheren Schule begann, stank bereits das ganze Gebiet der schulischen Erziehung nach kläglichem Mißerfolg. Ich hatte es niemals geschafft, mir die Gewohnheit regelmäßigen Arbeitens anzueignen. Inzwischen hinkte ich in allen Fächern – mit Ausnahme von Englisch – so weit hinten nach, daß jede Hoffnung, die Prüfungen mit einigermaßen guten Noten zu bestehen, sich längst in Luft aufgelöst hatte. Ich fühlte mich häßlich, linkisch und nutzlos. Die Lehrer standen vor einem Rätsel. Ich war keiner der herkömmlichen Versagertypen, aber zu dem Zeitpunkt war es bereits unmöglich geworden, vernünftig mit mir zu reden. Ebensowenig kann ich irgend jemand, der es nicht selbst erlebt hat, begreiflich machen, welches bleierne Elend die täglichen Besuche in einer Institution bedeuteten, in der ich eine gesetzliche Verpflichtung war und sonst gar nichts. Auf allen Gebieten, außer in der Fantasie (und die war verpönt), war ich wertlos. Selbst die Schulgebäude mit ihren grandiosen, vergilbten, gelben Ziegelsteinfassaden schienen meine äußere und innere Unordnung zu verspotten, wenn ich mich Morgen für Morgen durch das große schmiedeeiserne Tor schleppte.

Ich begann die Schule zu schwänzen. Jeden Morgen brach ich in Richtung Schule auf, in die deutlich erkennbare Schuluniform gekleidet, aber der Weg endete damit, daß ich auf dem Sport- und Spielplatz gegenüber der Schule spazierenging. Dort sah ich den alten Männern beim Kegeln zu oder saß mit einem Buch auf dem Karussell im Kinderwinkel, das sich langsam im Kreis drehte. Zuweilen versammelten sich zur Mittagszeit Jungen aus der Schule in einem lärmenden Rudel hinter der Kegelhalle, um heimlich Zigaretten zu rauchen. Für gewöhnlich wurden diese Zigaretten einem alten Mann namens „Jack" abgeschnorrt. Das Vergnügen, das dieses äußerst fragwürdige Subjekt an der Gesellschaft von Schuljungen fand, hatte etwas Verdächtiges an sich. Er war jedoch überaus großzügig mit Kensitas-Zigaretten, von denen er offenbar einen unerschöpflichen Vorrat besaß – was ihn sehr beliebt machte. Hin und wieder gesellte ich mich zu dieser Gruppe von Jungen und spielte mir selbst vor, daß ich normal und ins Leben integriert sei wie die anderen. Ich stellte mir vor, daß ich mich nach einem arbeitsreichen Vormittag in der Schule in einer ebenso vergnüglichen wie illegalen Weise entspannte, bevor ich zum Nachmittagsunterricht zurückkehrte.

Wenn die Jungen dann wieder in ihre Klassen gingen, nahm das Spiel natürlich ein Ende, und ich kehrte in die intensive Einsamkeit meines Schuleschwänzens zurück. Ich sehnte mich danach, irgendwo dazuzugehören, von ganz gewöhnlichen Leuten wirklich akzeptiert zu werden. Ich hungerte nach Freundschaft – warmherziger, unkomplizierter, entspannter Freundschaft. Diese endlosen Monate, in denen ich morbid ziellose Wanderungen unternahm, während andere eifrig damit beschäftigt waren, sich ihren Platz in der Welt zu sichern, taten meinem Selbstvertrauen mehr Abbruch als alles andere zuvor und verwundeten mich zutiefst.

Schließlich kam es, wie es kommen mußte. Ich wurde von seiten des Rektors formell „aufgefordert, die Schule zu verlassen". Ich empfand keine Erleichterung, als es geschah – nur dumpfen Groll, Verwirrung und Scham. Ich warf meine Schuluniform für alle Zeit auf den Müll und wagte einen ersten, argwöhnischen Schritt in die Welt der Erwachsenen.

Zweites Kapitel

Mitte der sechziger Jahre hatte Tunbridge Wells etwas von einer mit „-ismen“ gefüllte Bonbonniere an sich. Jede nur vorstellbare Geschmacksrichtung an Sensationen war in der einen oder anderen Form erhältlich. Die notorischen „Tunbridge Wells-Hasser“ brauchten nur einen kurzen Spaziergang durch ihr Heimatstädtchen zu machen, um hinreichend Gründe für ihre Klagen zu finden. Saß man in einem Kaffeehaus in der Stadt, so war es ebensogut möglich, daß einem Marihuana angeboten wurde wie ein religiöses Traktat. Blieb man längere Zeit sitzen, so bekam man vermutlich beides. Und wenn man noch ein Weilchen wartete, so konnte es einem sogar passieren, daß man von einem starr blickenden Scientologen angemacht wurde, der einem ein erstaunliches Angebot unterbreitete: In zehn einfachen, freilich sehr teuren Lektionen, könnte man lernen, durch Mauern zu gehen! Stand einem der Sinn eher nach Randale, wurde man entweder ein Mod – in diesem Fall trug man einen Parka und fuhr einen Motorroller – oder ein Rokker. Dazu benötigte man eine Lederjacke, langes Haar und zum mindesten einen festen Platz auf dem Soziussitz eines Motorrades. Welcher der beiden Gruppen man sich auch anschloß, die Mitgliedschaft war ein probates Mittel gegen das Problem der Langeweile an Wochenenden und Feiertagen, die man damit verbrachte, daß man Massenschlägereien entweder plante oder provozierte oder vor ihnen auf der Flucht war.

Es gab noch weitere Möglichkeiten. Östliche Philosophien und Religionen waren in Taschenbuchausgaben billig erhältlich, und sobald man einmal den Jargon gelernt hatte, konnte man sich ein oder zwei Tage lang zu ihren begeisterten Anhängern zählen. Ich erinnere mich, wie ich damals einige Verwirrung durchmachte, als ich eines Morgens ins „La Rue“ kam. Das „La Rue“ war ein kleines

Café am betriebsamen Ende der Stadt, wo die Pseudo-Intelligenzia (der ich angehörte) sich traf, um ein Thema namens „Leben" endlos zu diskutieren. Dem Kaffeehausbesitzer brachte das keinen nennenswerten Profit ein. Er pflegte dementsprechend kühl zu reagieren, wenn wir im Rudel stundenlang um eine einzige kleine Tasse schaumigen Kaffees herumhockten. Eines Morgens schlenderte ich ins Café und sah dort einen Freund namens John in der Ecke sitzen. *Ich bin ein anderer geworden* stand ihm auf der Stirne geschrieben. Die darauffolgende Konversation verlief etwa folgendermaßen:

Ich: Du bist aber früh dran, John.
John (nicht willens, sich in banale Gespräche hineinziehen zu lassen, die die Wirkung eines neuen Images verwässern könnten): Ja.
Ich: Hast du vielleicht eine Zigarette für mich?
John (irritiert von meiner Unfähigkeit, ihm zu sagen, er wirke irgendwie verändert): Nein!
Ich: Warum bist du schon so früh unterwegs?
John (träumerisch): Weil der Himmel blau ist.
Ich: Wie bitte?
John: Weil das Gras grün ist, weil die Vögel fliegen und Haar wächst.
Ich: Verstehe ... Haar wächst ... okay. Ich laß dich nicht allein, John. (Was zum Kuckuck schwatzte er da zusammen?)

SCHWEIGEN

John (doppelt irritiert von meiner Weigerung, meine Unwissenheit einzugestehen): Ich sehe die Dinge jetzt anders als früher.
Ich (ein großzügiges Zugeständnis): Warum nicht!
John (triumphierend): Weil die Welt rund ist!

Es stellte sich heraus, daß John einen Großteil der vergangenen Nacht wach gelegen war und ein Penguin-Taschenbuch über Zen-Buddhismus gelesen hatte. Seine absonderlichen Antworten auf meine Fragen waren Beispiele für seine erregende Entdeckung, daß er jetzt nicht nur ein Zen-Buddhist war, sondern *immer schon einer gewesen war*, ohne sich dessen bewußt zu sein. Das machte das Leben etwas schwierig für ihn – das Buch ließ nämlich keinen Zweifel daran, daß der wahre Jünger nicht im Traum daran denken würde, in plumpen Worten offen auszusprechen, daß er ein Zen-Buddhist sei. Daher der ziemlich eigentümliche Dialog, als ich das Café betrat. Ich glaube, John wurde kurz darauf ein fanatischer Marxist – ungefähr eine Woche lang.

Für den Fall, daß die „-ismen" ihre Anziehungskraft verloren, konnte man immer noch ein Schriftsteller oder Lyriker werden. Die Faszination dieser Beschäftigung bestand in den sechziger Jahren vor allem darin, daß es ganz überflüssig war, tatsächlich irgend etwas zu schreiben. Es genügten schon die ersten ein oder zwei Zeilen eines Buches, das zweifellos der bedeutendste psychologische Roman der Neuzeit geworden wäre, wäre es je geschrieben worden. Nach Belieben konnte man noch ein paar Zeilen völlig obskurer Lyrik hinkritzeln, unbekümmert um solch antiquierte Zwangsjakken wie Versmaß, Reim oder auch nur Sinn und Bedeutung – Lyrik, die dazu bestimmt war, den Würgegriff der alten klassischen Poeten wie Milton, Dryden und anderer (deren Werke man nie gelesen hatte) zu sprengen. Heute, zwanzig Jahre später, gibt es meines Wissens noch immer zumindest zwei Leute, die mit Schulheften und Kugelschreiber in den Cafés und Kneipen von Tunbridge Wells die Runde machen, wie sie es schon 1965 taten. Tunbridge Wells kann einem das antun. Man kann dort so stilvoll verrotten, daß man es nicht einmal bemerkt, bevor es zu spät ist.

Das war ganz besonders in den sechziger Jahren der Fall, denn damals meinten die Erziehungsfachleute, sie hätten die Entdekkung gemacht, daß in jedem menschlichen Wesen ein schöpferisches Genie steckte. Es wäre ein Sakrileg gewesen, hätte man auch nur den Versuch gewagt, die künstlerischen Bemühungen eines anderen zu kritisieren. Die wirklichen Opfer waren diejenigen, die sich von den Schmeicheleien nicht mehr erholten.

Ich hatte also die Wahl. Welche Geschmacksrichtung sollte ich wählen? Ich brauchte sehr dringend irgend etwas, das Wirkung zeigte – aber es würde mir tief unter die Haut gehen müssen, um mich wirklich zu verändern. Meine Fassade ironischer Gleichgültigkeit war zerbrechlich, aber wirkungsvoll, und ich hatte nichts anderes. Ich spürte, wie oberflächlich und seicht all diese Angebote waren, aber es überraschte mich nicht. Jedermann ist Ich. Trugen vielleicht all diese anderen in ihrem Inneren dasselbe Knäuel von tränenreichem Chaos mit sich herum wie ich selbst? Es gab eine Zeit, da gehörten zu meiner Verkleidung ein grellkariertes Jackett, eine dunkle Brille, die ich zu jeder Tageszeit und bei jedem Wetter trug, und eine schwarze Billardkugel, die ich immer wieder in die Höhe warf und mit der Rechten wieder auffing. Niemand sollte mir in die Seele schauen! Ich muß ausgesehen haben – um mich einer aussagekräftigen Formulierung meines Sohnes Matthew zu bedienen – wie ein totaler „Vollkoffer".

Damals gab es in meinem Leben drei gute und wichtige Dinge. Das erste, meine Mutter, war immer schon dagewesen. Rückblikkend muß ich freilich feststellen, daß meine Wertschätzung und mein Verhalten ihr gegenüber oft ziemlich unausgeglichen waren. Während dieser schwierigen Periode kam ich häufig spät in der Nacht heim und mußte feststellen, daß mein Vater den Hauptschalter für das elektrische Licht abgedreht hatte. Das bedeutete, daß die einzige Glühbirne (die jeweils nach Bedarf in einem anderen Raum brennen durfte) für mich nutzlos war. Um ein Uhr morgens schien mir das dunkle Haus voll Verhängnis. Aber während ich mich die Stiegen hinauftastete – immer noch mit der dunklen Brille auf der Nase –, wußte ich, daß meine Mutter neun von zehnmal neben meinem Bett einen kleinen Stapel Sandwiches (für gewöhnlich mit „Marmite"-Brotaufstrich) und ein großes Glas Milch bereitgestellt hatte. Ich habe den Geschmack des Himmels gekostet. Man schmeckt ihn, wenn man Trivialschmöker bei Kerzenlicht liest, während man „Marmite"-Sandwiches ißt und kalte Milch trinkt, in einem dunklen Haus in einer dunklen Welt.

Das zweite Gute war eine wirkliche, echte, lebendige Freundin namens Anthea. Sie war ein begabtes und liebenswürdiges Mädchen. Ihre Eltern – was vorauszusehen war – waren natürlich entsetzt, als sie feststellen mußten, daß ihr Augäpfelchen einen offenkundig Irren angeschleppt hatte. Mein Geschmack in Kleiderfragen, meine Vorliebe für dunkle Brillengläser und Billardkugeln müssen ja tatsächlich den Eindruck nahegelegt haben, daß die Einlieferung in eine geschlossene Anstalt unmittelbar bevorstand.

Anthea und ich gingen vier Jahre lang miteinander. Ich verdanke ihr viel. Sie war der erste Mensch außerhalb meiner Familie, der meinen persönlichen Mythos, ich sei absolut nicht liebenswert, zerstörte. Bevor ihr das gelang, mußte sie freilich ziemlich viele Prüfungen erdulden. Ich denke mit inniger Zuneigung an sie zurück.

Drittens fand ich drei Freunde, die große Bedeutung für mich gewannen. Der erste, John Hall, hatte eine jener traditionsreichen öffentlichen Schulen besucht, über die ich so gerne las. Seine Schilderungen des Lebens in dem speziellen Etablissement, das er besucht hatte, hatten freilich nur geringe Ähnlichkeit mit den Romanen, die ich so liebte. In der Wärme von Johns angeborener Großherzigkeit und Höflichkeit taute ich auf. Zuweilen gestattete ich sogar dem verletzlichen Sechsjährigen in mir, einen kurzen Ausflug in die Welt draußen zu riskieren. John ist heute anglikanischer Priester im Norden Englands und immer noch mein engster Freund. Die beiden anderen Freunde waren ein Ehepaar, das in einem gemieteten Bauernhäuschen in den Tiefen der ländlichen Gegend von Sussex lebte, in der Nähe von Wadhurst. Murray und Vivien Staplehurst akzeptierten mich so vorbehaltlos, daß ich wirklich das Gefühl hatte – jedenfalls, so lange ich in ihrer Gesellschaft war –, daß das Leben trotz allem lebenswert sein mochte. Sie akzeptierten mich, sie schenkten mir ihre Zuneigung, und sie fanden Gefallen an meinem Sinn für Humor. Das alles verlieh mir neue Lebenskraft, und zugleich fühlte ich mich fasziniert von ihrem exzentrischen Lebensstil. Sie erschienen mir monumental – so viel größer und eindrucksvoller als gewöhnliche Leute. Ich schätze ihre Freundschaft heute ebenso hoch wie damals.

Jeden Sonntag abend veranstaltete die anglikanische Kirche St. John in Tunbridge Wells einen Kirchenkaffee im Oberstock eines Gebäudes namens Byng Hall, das zwischen dem Wirtshaus zum Roten Löwen und meiner ehemaligen Volksschule lag. Die Leitung lag in den Händen eines enthusiastischen jungen Kaplans namens Clive Sampson. Er erschien jeden Sonntag nach der Vesper in Begleitung einer kleinen Schar adrett aussehender Teenager, sperrte die Vordertüre der Halle auf und ließ die Handvoll Nicht-Kirchgänger ein, die sich davor versammelt hatten, vor allem, weil in Tunbridge Wells an einem Sonntagabend sonst nicht viel los war. Der Kaffee war sehr billig, und es gab noch andere, weniger materielle Attraktionen. Ich spürte, daß ich – in einer Art und Weise, die ich nicht ganz verstand – an einem ausgelegten Köder knabberte. Etwas in der einstudierten Lässigkeit der christlichen Mädchen, die niemals Miniröcke trugen, und der kurzgeschorenen christlichen Jungen in ihren Blazern deutete an, daß sie alle auf irgend etwas warteten. Es dauerte nicht lange, bis mir klar wurde, daß sie darauf warteten – und vielleicht auch dafür beteten –, daß ich mich zum Christentum bekehrte, was immer das bedeuten mochte.

Ich empfand ein kurioses Vergnügen daran, am Rande dieses Sees der Erwartung herumzuplätschern. Niemals ging ich zu tief hinein, aber ich zog mich auch niemals völlig zurück. Der einzige klar erkennbare religiöse Inhalt dieser Abende war eine Drei-Minuten-Predigt, ein „Epilog", kurz vor dem Ende des Treffens, aber ich hatte meinen Spaß an dem Sport, „den Kaplan in die Enge zu treiben". Jede Woche hatte ich eine andere Frage, die ich stellte, einen neuen Einwand, den ich erhob, oder ein neues Argument, das ich in die Diskussion einbrachte. Clive schlug sich wacker mit diesen Problemen herum. Offensichtlich fühlte er sich ein wenig überfordert, wenn er die Frage des universalen Leidens für mich klärte oder mir an Gottes Stelle erläuterte, wie Prädestination und freier Wille letztendlich keineswegs unvereinbar sind. Er fürchtete diese strapaziösen Konfrontationen, aber zugleich genoß er sie. Für mich hatte die ganze Sache sehr wenig mit Gott zu tun, ebensowenig wie die römisch-katholische Messe in meiner Kindheit mit Gott zu tun gehabt hatte. Ich genoß die Diskussionen – ich genoß es, Clive manchmal völlig hilflos zu sehen –, aber die längste Zeit gierte ich einfach danach, irgendwo freundlich aufgenommen zu werden. Sie ließen mich reden, und ich schien ihnen willkommen zu sein, wenn ihre Freude an meiner Anwesenheit auch etwas raubtierhaft Lauerndes an sich hatte. Ich konnte mich entspannen und gewaltig und außergewöhnlich sein unter diesen jungen Leuten, die zwar in meinem Alter waren, aber magere Arme hatten und im allgemeinen ein unschuldiges und geordnetes Leben führten.

Nach ein paar Wochen begriff der arme alte Clive, daß der Versuch, mir irgendeine Art von christlichem Glauben aufzureden, nicht mehr Chancen hatte als ein Schneeball im Feuer. Er hatte alle Beschreibungen, Erklärungen, Offenbarungen und Ermahnungen, die ihm nur einfallen wollten, verbraucht. Sein Vorrat an „-ungen" war erschöpft. Der Tag kam, an dem ihm die Geduld riß. Sein Intellekt stampfte angewidert davon und schenkte seinem Herzen die Freiheit, zu guter Letzt auch etwas sagen zu dürfen.

„Ich liebe ihn einfach!" platzte er heraus, während er mit der flachen Hand klatschend auf die Kunststoffplatte der Kaffeebar schlug. „Ich liebe ihn! Das ist alles – ich liebe Jesus einfach!"

Dieses unerwartete As, das da plötzlich auftauchte, nachdem ich alle seine Zehner so mühelos gestochen hatte, verdarb mir das ganze Spiel. Er hatte die Regeln gebrochen, nicht wahr? Wer hatte gesagt, wir sollten über Dinge reden, die uns tatsächlich etwas bedeuteten? Es konnte keinen Zweifel geben, daß Clive diesen Jesus tatsächlich aus tiefstem Herzen liebte. Es hatte seine Zeit gedauert, bis er es sagte, aber es war eine Tatsache, und ich war beeindruckt. Nicht überzeugt, aber unmißverständlich beeindruckt, vielleicht sogar ein wenig erschüttert. In Clives Worten – und ich wußte alles über Worte – steckte ein leidenschaftliches Gefühl, eine Empfindung jemand gegenüber, der gar nicht existierte, es sei denn als historische Figur.

Hier kommen wir nun an eine gefährliche Stelle. Ich fühle die Versuchung in mir, diesen Zwischenfall – und meine Reaktion darauf – auszuschmücken. Ich weiß, wie's gemacht wird. Ich würde gerne sagen, daß meine Seele die Gegenwart des Herrn fühlte. Das stimmte nicht. Ich würde gerne sagen, daß ich von diesem Augenblick an fühlte, wie Gott mich zu sich rief. Keine Rede davon. Ich würde gerne alle möglichen Dinge sagen, die nicht wirklich wahr sind. Sie mögen auf andere Leute ermutigend wirken, aber Gott will die Wahrheit, und die Wahrheit ist ein komisches, ruppiges altes Ding.

Clives Ausbruch sprach vor allem einen Instinkt in mir an – meine Neugierde. Ich fühlte mich verwirrt von der Wucht seiner Gefühle. Nicht, daß ich heftige Gefühle automatisch mit Wahrheit oder Tugend gleichgesetzt hätte! Die spanische Inquisition und die Nazis sind eine schlechte Reklame für Begeisterung, um nur zwei Beispiele zu nennen. Clive hatte niemals irgend jemand auf dem Scheiterhaufen verbrannt, noch hatte er, so viel ich wußte, Polen überfallen, aber – das mochte vielleicht mit meinem Vater zusammenhängen – ich stand Emotionen sehr argwöhnisch gegenüber. Ich beschloß, meine Fassade der Gleichgültigkeit beizubehalten und so unauffällig wie möglich Nachforschungen anzustellen.

Ich ging zur Kirche. St. Johns war eine Kirche, die einen zufriedenstellend kirchlichen Eindruck machte. Grauer Stein, Türme und Spitzbögen, dunkles Holz und was sonst noch zu einer „richtigen Kirche" gehört. Es war eine schwere, gemütliche, mütterliche Art Gebäude. Ihr Herr und Leiter war der Reverend Donald Edison, einer der nettesten Männer, die ich je kennengelernt habe. Clive war sein Kaplan. Ich begann den Gottesdienst zu besuchen, der Vesper genannt wird. Dieser begann um 18.30 Uhr und endete um 19.30, eine lange Zeitspanne für einen Kettenraucher wie mich, aber üblicherweise schaffte ich es, die Stunde abzusitzen. Bald gewöhnte ich mich an diesen neuen Lebensstil. Tee in Antheas Elternhaus um fünf Uhr, die Straße entlang zur Vesper um halb sieben Uhr und weiter zur Byng-Halle um halb acht Uhr. Das Ganze hatte etwas angenehm Zivilisiertes an sich. Es war eine Oase von Ordnung und Frieden in der Wüste unbeschäftigter Düsternis, die den Rest der Woche erfüllte. Ich erinnere mich daran, mit welchem Vergnügen ich es zur Kenntnis nahm, daß Antheas Mutter zum Sonntagstee immer eines von diesen wunderhübsch etikettierten Porzellantöpfchen mit *Patum Peperium* – Herrenschmaus – bereitstellte. Es stand für mich auf dem Tisch.

Die Predigt bei der Vesper hielt für gewöhnlich entweder Donald Edison oder Clive Sampson; gelegentlich wurde ein Gastredner eingeladen.

Eines Tages erschien ein Mann namens Denis Shepherd, Geistlicher an einer Londoner Kirche, um auf der abendlichen Versammlung zu sprechen. Er war ein hochgewachsener, breitschultriger Mann mit einer ruhigen Art und einer Aura innerer Stärke. So weit ich mich erinnern kann, war er einige Jahre lang in der Handelsmarine gewesen, bevor er zum Geistlichen der anglikanischen Kirche ordiniert wurde. Ich war immer noch in erster Linie ein Zuschauer und hätte jede Andeutung verächtlich zurückgewiesen, daß die Worte dieses Mannes mir echte Tränen in die Augen treiben und meinen ganzen Lebensweg zum Besseren oder Schlechteren verändern würden.

Das Thema der Predigt, die er hielt, war das kurze Gespräch zwischen Jesus, als er sterbend am Kreuz hing, und den beiden Schächern, die zu seinen Seiten gekreuzigt wurden – ein Ereignis, von dem nur im Evangelium des Lukas berichtet wird. Der Prediger las die entsprechende Textstelle – Lukas 23,39–43 – vor, ehe er seine Predigt begann.

Aber einer der Übeltäter, die am Kreuz hingen, lästerte ihn und sprach: Bist du nicht der Christus? Hilf dir selbst und uns!
Da wies ihn der andere zurecht und sprach: Und du fürchtest dich auch nicht vor Gott, der du doch in gleicher Verdammnis bist?
Wir sind es zwar mit Recht, denn wir empfangen, was unsere Taten verdienen; dieser aber hat nichts Unrechtes getan.
Und er sprach: Jesus, gedenke an mich, wenn du in dein Reich kommst!
Und Jesus sprach zu ihm: Wahrlich, ich sage dir: Heute wirst du mit mir im Paradies sein.

Reverend Shepherd fuhr fort, auf nähere Einzelheiten der Kommunikation einzugehen, die da stattgefunden haben muß zwischen diesen schmutzigen, blutverschmierten Menschen, als sie Seite an Seite an ihren Kreuzen hingen und auf die Erlösung durch den Tod warteten. Er sprach vor allem über den Mann, der in Jesus etwas Besonderes erkannt hatte. Nach allem menschlichen Ermessen war er erledigt. Sein Leben neigte sich dem Ende zu, und ein elendes, nutzloses Leben war es gewesen. Alle Träume von einer Begnadigung in letzter Minute hatte der erste Schlag des Hammers zerschmettert, als der Henker den ersten Nagel knirschend durch Knochen, Sehnen und Fleisch trieb und ihn an die rauhe hölzerne Oberfläche seines Kreuzes nagelte. Es war das Ende aller vernünftigen Hoffnung gewesen. Der Dialog zwischen diesem Burschen und Jesus war ganz unkompliziert. Vermutlich entsprang er daraus, was jeder von ihnen im anderen sah, als sie dieselbe körperliche Todesqual teilten. Was sah der Schächer in Jesus? Niemand weiß es mit Sicherheit, aber vermutlich war es eine Art natürlicher Autorität, in die sich tiefes Mitgefühl mischte.

Dieser Jesus sah ganz offensichtlich aus wie jemand, der trotz der gegenwärtigen Umstände ein Ziel vor Augen hatte – die Dinge sozusagen fest in Händen hielt. Ein Erwachsener. Der Schächer muß bereits einiges über Jesus gewußt haben, das Gespräch beweist das; aber vielleicht hatte er ihn nie zuvor aus der Nähe betrachtet oder es für möglich gehalten, die Höhen der Tugend zu erklimmen, die den Jüngern eines so kompromißlos moralischen Charakters zweifellos abgefordert wurden. Was immer er sah oder nicht sah – eines steht fest: Er erkannte eine plötzliche, atemberaubende Gelegenheit, alles in Ordnung zu bringen. So moralisch nackt, wie er war, bestand keine Hoffnung, den Galiläer zu überzeugen, daß er irgendwelche Verdienste aufzuweisen habe, und er hatte auch nicht mehr die Zeit, ein Weilchen ein besseres Leben zu führen, um ein wenig in sein himmlisches Bankkonto zu investieren. Vielleicht geschah folgendes: Daß das Kind in diesem hartgesottenen Gesetzesbrecher, der Teil seiner selbst, der immer noch an irgend jemand oder irgend etwas glauben wollte, sich nach der Wärme und dem Trost sehnte, die alle Kinder brauchen. In den Augen des Mannes an seiner Seite sah er eine Einladung, geliebt zu werden und angenommen zu werden, nicht wegen oder trotz irgend etwas, sondern einfach, weil Kinder das brauchen. Jesu Augen, als er in das verlorene und zutiefst niedergeschlagene Gesicht des Mannes blickte, waren erfüllt von der Liebe seines Vaters. Sie sagten: „Es kümmert mich nicht, was du getan hast. Es kümmert mich nicht, was du bist. Es kümmert mich nicht einmal, was du von dir selber hältst. Komm mit mir. Mach dir keine Sorgen mehr. Alles wird gut."

Während ich da neben Anthea in den hinteren Bänken der überfüllten Kirche saß, schienen die Worte des Predigers speziell auf mich gemünzt zu sein. Auch ich fühlte mich wie ein Kind. Ich war wieder der verwirrte kleine Junge, der seine Mama und seinen Papa so gern vom Streiten abgehalten hätte, damit sie miteinander glücklich sein konnten, es aber nicht geschafft hatte. Ich wollte über all die Köpfe der Versammlung hinweg meine Verzweiflung hinausschreien – dem Prediger entgegen, der eine Art offene Leitung zu Gott zu sein schien, und durch ihn zum Himmel selbst.

„Was ist mit mir? Ich bin ebenfalls verloren. Ich bin innerlich einsam und zerrissen. Ich hab's versucht und wieder versucht, aber ich weiß einfach nicht, wie ich es anstellen soll, ganz normal und wie alle anderen zu sein. Was ist mit mir? Liebst Du mich ebenso, wie Du diesen Mann am Kreuz geliebt hast? Wirst Du mir ein Vater sein, was immer ich bin und was immer ich sage und tue? Kann ich Dir furchtlos anvertrauen, wie verletzt und elend ich bin?"

Würde Jesus mich vom Kreuz herab mit denselben liebenden Augen anblicken und sagen: „Mach dir keine Gedanken, alles ist gut. Ich weiß alles über dich, Adrian. Es zählt nicht, was bislang alles geschehen ist. Ich werde für dich sorgen. Ich weiß, daß du niemals verletzend oder sarkastisch sein wolltest. Ich weiß, wie sehr du dir gewünscht hast, alles recht zu machen. Ich weiß, du bist nicht der Mensch, der du gerne wärst. Es macht nichts – ich verstehe dich."

Plötzlich standen mir die Augen voll Tränen. Wie sehnte ich mich nach dieser Art von Angenommensein, nach der Chance, noch einmal von neuem zu beginnen und in der Realität zu leben, einmal dem beständigen Streß entkommen zu können, den es mich kostete, meine künstliche Persönlichkeit aufrechtzuerhalten. Und da sagte nun dieser Mann auf der Kanzel, Jesus biete dasselbe wie damals auch heute im 20. Jahrhundert an – jetzt und hier! Als ich zum Schlußgesang aufstand, mußte ich mich schwer auf die Kirchenbank vor mir stützen. Ich brachte es gerade noch fertig, die Tränen hinunterzuschlucken. Nach dem Segen schlossen wir uns dem Strom von Menschen an, die den Mittelgang des Kirchenschiffs hinuntereilten, dem großen Haupttor entgegen, wo der Prediger wartete, um den Leuten die Hand zu schütteln. Kurz bevor wir ihn erreichten, blickten Anthea und ich einander an. Ohne ein Wort zu sprechen, wußten wir, daß wir beide tief beeindruckt waren von dem soeben Gehörten. Als ich Denis Shepherd ein paar Sekunden später die Hand schüttelte, hörte ich mich selbst mit leiser Stimme sagen: „Können wir Sie nachher noch kurz sprechen? Wir wollen Christen werden."

Später, nachdem die Versammlung sich aufgelöst hatte und alles still geworden war, kamen wir in einem Raum im hinteren Teil der Kirche mit ihm zusammen und sagten ihm, wir wollten „tun, was Sie auch getan haben", um zu „bekommen, was Sie auch bekommen haben". Er schien diese merkwürdige Bitte zu verstehen und schlug vor, wir sollten ein Gebet sprechen, in dem wir Jesus als Herrn und Heiland in unsere Herzen baten. Ich wußte nicht, was das bedeuten sollte, aber es fiel mir nicht ein, mich von technischen Einzelheiten abschrecken zu lassen, wenn wirkliche Glückseligkeit sich anbot. Es fiel uns schwer, ein Gebet in passende Worte zu fassen. Also betete zuletzt Denis Shepherd für uns, während wir im stillen mitbeteten und am Schluß „amen" sagten. Das Gebet war kurz, aber es umfaßte Begriffe und Konzepte, die mir damals ganz knapp und simpel erschienen, deren Tiefe und Mysterium mich jedoch heute mit Ehrfurcht erfüllen.

„Himmlischer Vater, wir wissen, daß wir gegen Dich gesündigt haben wie alle Menschen, indem wir uns von Dir abgewandt haben. Wir danken Dir, daß Jesus am Kreuz starb, um für unsere Sünden zu bezahlen und uns eine Rückkehr zu Dir zu ermöglichen. Wir bitten, daß Jesus kommen möge und in unseren Herzen leben, durch die Kraft des Heiligen Geistes und daß wir imstande sein mögen, Dich zu lieben und Dir zu dienen, solange wir leben, und mit Dir für immer im Himmel sein mögen, wenn wir sterben. Wir bitten dies im Namen des Herrn Jesus Christus. Amen."

Ich empfand nichts Besonderes, als ich dieses Gebet sprach – weder damals noch in der nächsten Zeit, aber ich hatte es gesprochen. Meine Seele hatte „ja" gesagt, und ich war ein Christ.

In den sechziger Jahren standen viele aufregende christliche Taschenbücher zum Verkauf. Es gibt sie natürlich noch immer, aber damals waren sie eine Novität. Diese Bücher waren so proppenvoll mit mirakulösen Zeichen und Wundern, daß sie das Alltagsleben im Vergleich ziemlich grau und trübe erscheinen ließen. Nach meiner Bekehrung verschlang ich – wie viele andere auch – diese Bücher in so ziemlich derselben Weise, wie große Säugetiere unablässig fressen müssen, um am Leben zu bleiben. Sie berichteten üblicherweise vom Hintergrund der Bekehrung und den darauffolgenden geistlichen Abenteuern irgendeines Menschen – gewöhnlich eines Amerikaners. Man schnappte nach Luft und weinte und hoffte, daß Gott einen zu gegebener Zeit auf ähnlich großartige Weise gebrauchen könnte. Jedes neue Buch, das herauskam, schien einen anderen Aspekt des christlichen Lebens zu beleuchten oder einen zuverlässigeren Weg aufzuzeigen, wie man sichergehen konnte, daß man leichten Zugang zu der göttlichen Maschinerie fand und ihre Schalthebel richtig zu bedienen verstand.

„Lobe Gott in allen Widrigkeiten des Lebens", sagte eines. – „Hab keine Angst, Gott gegenüber zornig und ehrlich zu sein", sagte ein anderes.

„Leute, die nicht in Zungen reden, sind keine wirklichen Christen", behauptete ein Autor. – „Man braucht nicht in Zungen zu reden, um ein Christ zu sein", widersprach ein anderer.

„Gott ist am Werk in der Volkskirche." – „Gott hat die Volkskirche verworfen."

Alle behaupteten, recht zu haben, alle boten Beweismaterial an, um ihre jeweiligen Behauptungen zu untermauern, und die meisten lockten – irgendwo auf dem vorderen oder hinteren Einbanddekkel – mit der verführerischen Phrase: „Dies ist eine wahre Geschichte." Heute weiß ich, daß ein sehr gravierender Unterschied besteht zwischen einer Liste konkreter, tatsächlicher Ereignisse und einem Bericht, in dem – oft in einer sehr reizvollen Weise – Dinge wie Atmosphäre, Interpretation und Illustration rund um diese Ereignisse eingewoben wurden. Ich versuchte es selber. Die „Wahrheit" festzunageln kann sich als sehr schwierig erweisen. Damals war ich jedoch ganz glücklich, wenn ich mich von den Autoren dieser Bücher mitreißen lassen konnte – was bedeutete, daß ich „die absolute Wahrheit" im Durchschnitt zweimal pro Woche entdeckte.

Für viele Leute waren diese Bücher eine echte und dauerhafte Hilfe, vor allem solche Klassiker wie „Das Kreuz und die Messerhelden". Aber ich fürchte, für mich und viele andere war jedes neue geistliche Bändchen etwas Ähnliches wie ein neuer Schuß in die Vene für einen Süchtigen. Es machte einem eine Zeitlang Mut, und es verlieh der Welt einen unecht glitzernden Glanz, aber es hielt nicht lange vor.

Eines hatten fast alle diese Bücher gemeinsam, nämlich die Andeutung, daß Bekehrung das Ende der schlechten Zeiten und den Beginn der guten Zeiten bedeutete. Die jüngere christliche Literatur vermeidet, dankenswerterweise, im allgemeinen diese groteske und gefährliche Simplifizierung und ist so ehrlich wie Jesus war. Aber damals hatte ich mir die fixe Idee in den Kopf gesetzt, daß Bekehrung gleichzusetzen sei mit „und sie lebten glücklich bis an ihr seliges Ende". Die Art und Weise, wie evangelikales Christentum damals gepredigt und präsentiert wurde, gab mir keinen Anlaß, diese Illusion zu zerstören. Ich war bekehrt. Also, vorwärts, Gott. Tu was. Ändere mich. Bring mich auf Vordermann. Ich habe das Gebet gesprochen. Los geht's!

Es funktionierte nicht.

Bald nach dem Tage unserer Bekehrung wurde Anthea und mir eine hektographierte Liste der Gebetstreffen, Bibelstudien und

Jugendaktivitäten, die für den kommenden Monat geplant waren, mit der Post zugesandt. Diese Liste bestürzte mich zutiefst, und einige Wochen lang ging ich nicht einmal in die Nähe der Kirche. Ich fühlte mich verwirrt und verletzt. An dem Sonntagabend, als Denis Shepherd gesprochen hatte, war ich tief berührt gewesen. Ich hatte mich fasziniert gefühlt von der Möglichkeit, daß dieser Mann – Gott, Jesus – mich liebte und annahm. Es war eine Begegnung zwischen zwei Einzelpersönlichkeiten gewesen. Ich hatte die Verheißung einer Veränderung gefühlt. Was hatte eine maschinengeschriebene Liste von Aktivitäten damit zu tun? Mein aufgestauter Groll war ohnehin am Explodieren. Das kümmerliche Stückchen Formalität, das ich da in der Hand hielt, reichte aus, um aus allen Rohren gegen die Kirche zu feuern. Meinte man etwa, es würde mir eine Hilfe sein, mich in die Mitgliederlisten einzutragen? Gott hatte mir Brot zum Essen versprochen, weil er gesehen hatte, wie hungrig ich war. Nun sagte man mir, daß nichts weiter dahinterstecke als eine Serie von Kochkursen! Was hatte ich erwartet? Ich wußte es nicht. Ich war voll Bitterkeit und Zorn, ganz unfähig, rational zu denken. Ich fühlte mich wie ein Armeerekrut, der auf den Charme des Werbeoffiziers hereingefallen ist und nun entdecken muß, daß die Dinge drastisch anders aussehen, sobald man erst einmal auf der gepunkteten Linie unterschrieben hat.

Rückblickend verstehe ich, in welchem Ausmaß meine Eitelkeit eine Rolle bei meiner Reaktion spielte. Wie die meisten Menschen, die sich selbst insgeheim verachten, konnte ich es kaum ertragen, in der Öffentlichkeit unter „ferner liefen" geführt zu werden. Vielleicht dachte ich, die ganze Christenheit hätte in stürmischen Jubel ausbrechen müssen, nachdem ihren Scharen ein solch wertvolles Exemplar hinzugefügt worden war. Vielleicht hätte die Christenheit das – in einem räumlich begrenzten Sinn – auch tatsächlich tun sollen. Wir, die wir uns Christen nennen, sollten uns ständig bewußt sein: Wenn jemand auf einen Ruf Gottes antwortet, dann haben wir Zugang zu der besonderen Art von Brot, die uns in dieser Begegnung verheißen wurde. Laßt es uns miteinander brechen. Laßt unsere zickige Sorge vergessen, daß wir jemandes Eitelkeit damit nähren könnten. Laßt uns maßlos und extravagant sein – und alles andere Gott überlassen.

Zuletzt war es gleichgültig, wer in dieser Situation nun recht oder unrecht hatte. Als ich schließlich wieder zur Kirche ging, hatte ich meine Verteidigungslinien bereits wieder neu formiert. Ich war bereit, meine alte Rolle des schuldbewußten Schauspielers auf der neuen Bühne der Jugendgemeinschaft und der christlichen Gemeinde von St. John's zu spielen. Ich lernte das rollenübliche Verhalten und den Jargon (den jemand kürzlich als „christinesisch" bezeichnete) ziemlich rasch. Auf einer Ebene genoß ich es, Teil einer Gruppe und dennoch andersartig zu sein – mehr „von der Welt" –, aber auf einer anderen Ebene fühlte ich mich entfremdet und unwirklich. Während der Bibelstunden und Gottesdienste war es mir möglich, mich wohl zu fühlen. Da konnte ich im Chor mit den anderen schreien „Preist den Herrn!" und sogar das Gefühl haben, daß es mir aus dem Herzen kam ... aber die Nächte waren schwarz. Gott begleitete mich niemals nach Hause. Sobald ich den Begeisterungstaumel der Freude hinter mir ließ, mußte ich feststellen, daß ich, auf mich allein gestellt, nur Furcht empfand. Furcht, daß es gar keinen Gott gäbe; sogar Furcht, daß ich auf eine absonderliche Weise nur dann existierte, wenn andere Menschen um mich waren. Mein eigenes Bewußtsein stand, was mich sehr verwirrte, gewissermaßen daneben und sah zu, wie ein anderes „Ich" mit Panik und Zweifeln kämpfte. Ich hatte damals noch nichts von Hologrammen gehört, aber so fühlte ich mich. Es schien, als existierte ich nur als Projektion der Glaubenshaltungen und Reaktionen anderer Leute. Aber wie konnte ich das irgend jemand erzählen? Ich war ein Christ. Ich war bekehrt. Wenn die Dinge nicht nach Wunsch liefen, wenn ich nicht die Liebe, die Freude und den Frieden erlebte, die Gott *in jedem Fall* in die Herzen der Gläubigen ausgoß, dann fielen mir dafür nur drei mögliche Erklärungen ein.

1) Es gab gar keinen Gott. Ich hatte einen Fehler gemacht.
2) Ich hatte irgend etwas getan oder zu tun verabsäumt, irgend etwas, das von entscheidender Wichtigkeit war.
3) Nachdem er mich aus der Nähe besehen hatte, hatte Gott ge-

sagt: „Nein, danke, also wirklich nicht" und beschlossen, daß ich nicht ganz sein Typ sei.

Ich wollte die erste Erklärung nicht glauben, hoffte vage, daß die zweite zutreffe, und glaubte und fürchtete insgeheim, es sei allen Ernstes die dritte. Zuweilen las ich das Gleichnis vom Sämann: Darin wird erzählt, wie einiges vom ausgestreuten Samen auf steinigen Grund fällt, und nachdem es rasch aufgeschossen ist, welkt es in der Sonne, weil es keine wirklichen Wurzeln hat. War ich damit gemeint? Und waren alle diese sanftmütigen, adrett gekleideten jungen Leute, die nicht rauchten und für ihre Prüfungen lernten oder sich darauf vorbereiteten, zur Universität zu gehen, der Samen, der auf reichen Boden fiel und Frucht trug, manche hundertfach, manche sechzigfach, manche dreißigfach? Ich fühlte, daß es so sein mußte. Ich hatte keine Zweifel daran, daß sie alle jeden Morgen früh aufstanden und die vieldiskutierte und lebhaft empfohlene „Stille Zeit" mit Gott hielten. Ich tat es nicht. Ich behauptete es zwar, aber ich tat nichts dergleichen, ebensowenig wie ich in der Schule meine Hausaufgaben gemacht hatte.

Die ganze Angelegenheit entwickelte sich überhaupt zu einem genauen Gegenstück zu meinen Schultagen. Meine Uniform waren evangelikales Gerede und Gehabe, und sie saß mir so schlecht und schlampig am Leibe wie eh und je. Der Schuldirektor war Gott, ein fernes Wesen, das den Erfolgreichen freundlich begegnete, diejenigen aber, die zum Erfolg nicht fähig oder willens waren, letztendlich von der Schule verwies. Was war aus dem Jesus geworden, der mir gesagt hatte, er würde sich um mich kümmern und mich akzeptieren, wer und was immer ich war? Ich sang Lieder über ihn, debattierte über ihn, versuchte mit ihm zu reden. Wo zum Kuckuck war er? Falls Sie meinen, daß eine Menge Zorn in diesen Worten steckt – nun, da haben Sie recht. Noch während ich schreibe, überschwemmt die Erinnerung an dieses Gefühl zorniger Enttäuschung meine Seele und verdunkelt einen Augenblick lang den Frieden, den ich jetzt habe.

Nun, *werter Leser* (ich pflegte als Kind eine Menge viktorianische Literatur zu lesen) – heute kann ich deutlich sehen (und Sie können es gewiß auch), daß dieser ruppige, konfuse und zur Selbstverteidigung bis zu den Zähnen bewaffnete Teenager Gott und die bürgerliche evangelikale Christenheit miteinander verwechselte. Solange ich versuchte, wie andere Leute zu sein, die ganz anders waren als ich, hatte ich wenig Hoffnung auf Fortschritte. Ich erkenne jetzt auch, daß mein seelischer Vertrauensmechanismus vom langen Nichtgebrauch verrostet war und ständig mit dem Öl der Liebe geschmiert werden mußte, und zwar reichlich und über einen langen Zeitraum hinweg, bevor er allmählich wiederanspringen konnte. Rechnen Sie noch meine verschrobene Auffassung von Vaterschaft und erwachsenen Beziehungen hinzu, dann ist es wirklich nicht schwierig, das Chaos zu erklären, in dem ich mich befand.

Ich war jedoch längst nicht das einzige Opfer. Das Herz tut mir weh, wenn ich an all jene denke, die sich in den sechziger Jahren von Jesus angezogen fühlten und danach erfolglos versuchten, ihn in der Sicherheit organisierter Gruppen und durchgestylter Sprache zu finden. In der Gruppe, der ich mich anschloß, gab es zumindest eine Handvoll Leute, die wegen ihrer komplizierten, schwierigen Lebensgeschichte besondere Liebe und Disziplin gebraucht hätten. Diese Leute wandten sich schließlich wieder vom Christentum ab, weil der ständige Streß, es den anderen gleichzutun, unerträglich wurde. Sie sind besonders schlimm dran. Die meisten anderen Attraktionen dieser Zeitepoche – Drogen oder östliche Philosophie oder was auch immer – konnte man ohne Schuldbewußtsein fallenlassen. Das Christentum – wie es damals präsentiert wurde und heute noch vielerorts präsentiert wird – hinterließ jedoch oft einen Schatten von Schuld und Versagen, der einen Winkel der Seele verdunkelte und sich nicht leicht vertreiben ließ. Und diese Situation wurde noch weiter verschlimmert durch einen Umstand, der mir damals rätselhaft und verletzend erschien. Die Leute von der Kirche akzeptierten einen zwar vorbehaltlos, solange man noch unbekehrt war, tendierten aber dazu, jedes Abweichen von der Norm als sehr anstößig zu betrachten, sobald man einmal „den Rubikon überschritten" hatte.

Die Flucht in die Wirklichkeit, nach der ich mich so sehr gesehnt hatte, wollte mir einfach nicht gelingen. Warum verschwand Gott, kaum daß ich mit mir selbst allein war? Warum mußte ich immer noch die Masken tragen, die andere Menschen davon abhielten, mir nahe zu kommen? Warum, ach, warum war alles eine solche Belastung? Ich wußte es einfach nicht.

Drittes Kapitel

Es war schon nach Einbruch der Dunkelheit, als ich Bristol erreichte, zwei schlecht verschlossene, mit Bindfaden verstärkte Koffer in Händen. Ich hatte nicht die geringste Vorstellung davon, wo ich wohnen oder wovon ich leben sollte. Die Stadt erschien mir schreckenerregend groß, als ich aus dem Busbahnhof hinaustrottete und mich auf einer dieser gesichtslosen Straßen fand, die sich öde hinter riesigen Gebäuden dahinziehen. Es war ein geradezu bösartiger Ort, der einen nicht im geringsten willkommen hieß. Einen Moment lang stiegen mir die Tränen in die Augen, während ich mein Gepäck abstellte und einen Entschluß zu fassen versuchte, was ich als nächstes tun sollte.

Ich nehme an, es grenzte schon an ein Wunder, daß ich überhaupt dort war. Fast drei Jahre waren verstrichen, seit ich offiziell von der Schule abgegangen war. Nach ein oder zwei katastrophalen Versuchen, in die Berufswelt einzusteigen, hatte ich es geschafft, dank meiner Sprachbegabung am West Kent College für Erwachsenenbildung aufgenommen zu werden und dort einen Schauspielgrundkurs zu besuchen. Nichts hätte besser für mich passen können als ein solcher Kurs. Schließlich hatte ich es fertiggebracht, in den Kursen für englische Literatur und den Theaterübungen gelegentliche Geistesblitze aufleuchten zu lassen, was die Lehrer dann eine Zeitlang blendete und die Tatsache verschleierte, daß ich so gut wie gar nicht arbeitete.

Ein enger Freund, Hugh Card, schrieb mir kürzlich in einem Brief über diese Zeit:

„Wir lernten einander 1967 bei einem Treffen der Christlichen Studentengruppe an unserem College kennen. Du hattest einen Theaterkurs belegt. Mir fielen vor allem Deine Körpergröße und Dein unordentliches Äußeres auf. Du hast an einem Tisch gesessen, hast Zigarettenasche über die gelbe Kunststoffplatte verstreut und mehr Platz gebraucht, als mir recht und billig schien. Du hast mehr geredet als zugehört. Während Du Deine Ideen erklärtest, breiteten sich Papierzettel über den Tisch und bald auch über den Boden aus. Ein Agatha-Christie-Krimi fiel Dir aus der Tasche. Du warst der schlampigste Christ, den ich je gesehen habe."

Zwei Jahre lang genoß ich das Gefühl, in dieser Umgebung jemand von einiger Bedeutung zu sein. Das zweite Jahr verbrachte ich in dem behaglichen Wissen, daß ich mir einen Platz im Theaterkurs der Bristol Old Vic Schauspielschule hatte sichern können. Er sollte im Herbst 1967 beginnen.

Ich verließ das College schließlich mit ausgezeichneten Noten in Englischer Literatur, was mich entzückte und (insgeheim) verwunderte. In Französisch waren meine Kenntnisse gerade noch ausreichend, um mit engen Familienmitgliedern über so nützliche und vielseitige Themen wie „Das ist mein Kugelschreiber" oder „Kommen Sie bitte ins Wohnzimmer" in der Gegenwartsform Konversation zu machen. Zu mehr reichte es nicht. Nun war ich drauf und dran, wieder den alten Traum vom Aufstieg zum Star in der Welt des Schauspiels zu träumen, und diesmal hatte ich sogar einen wirklichen Platz in einem wirklichen Kurs an einer wirklichen und wohlangesehenen Schauspielschule. Sie befand sich allerdings in der Stadt Bristol, mehr als hundert Meilen von meinem Zuhause entfernt. Wäre ich nur besser vorbereitet gewesen! Aus irgendeinem Grund war ich nie dazu gekommen, rechtzeitig vor meiner Ankunft ein Quartier zu organisieren. Es war so leicht, meine chaotische Lebensführung zu rechtfertigen. Ich nannte es „im Glauben wandeln". Christen brauchten sich doch um solche Trivialitäten wie das Besorgen eines Quartiers nicht zu kümmern, nicht wahr? Gott würde für mich sorgen.

Jetzt freilich, als ich da trübsinnig neben meinem Gepäck in der Dunkelheit einer fremden Stadt stand, war ich mir nicht mehr so sicher. Es gab allerdings noch eine Chance. Eine Freundin in Tunbridge Wells hatte mir von einer Kirche im Stadtbezirk Redlands erzählt. Sie kannte den Pfarrer gut. Er war, wie sie mir erzählt hatte, ein wundervoller Christ. Wenn ich jemals irgend etwas brauchte, sollte ich zu ihm gehen. Er würde mir weiterhelfen.

„Na dann!" sagte ich zu mir selbst, während ich meine Koffer aufhob. „Auf geht's nach Redlands!"

Nach vielen Erkundigungen und einem ziemlich langen Fußmarsch fand ich mich schließlich auf der Türschwelle eines Hauses neben der Kirche, die meine Freundin mir genannt hatte. Auf dem polierten hölzernen Namensschild neben der Türe konnte ich gerade noch die ermutigenden Worte „Pfarrhaus" entziffern. Ich war zu dem Zeitpunkt bereits sehr müde, und mir tat alles weh vor Hunger, aber diese Grundbedürfnisse waren fast bedeutungslos im Vergleich mit meiner verzweifelten Sehnsucht, inmitten dieser fremden und feindlichen Welt einem Menschen zu begegnen. Ich hatte von jeher ein Faible für dramatische Auftritte gehabt, und so studierte ich meinen Text sorgfältig ein, bevor ich die Hand nach dem Messingklopfer vor mir ausstreckte. Dies hier mochte schließlich das erste Kapitel meiner eigenen christlichen Saga werden, die natürlich ein Bestseller würde.

Die Türe wurde von einer adrett gekleideten Dame geöffnet, die ich auf etwa fünfzig schätzte. Sie spähte argwöhnisch hinaus zu der riesigen dunklen Gestalt zwischen zwei Silhouetten, die im Gegenlicht wie übermäßig vollgepackte Pappschachteln wirken mußten.

„Ja?" fragte sie ziemlich ängstlich.

„Ich fange in diesem Semester an der Schauspielschule an", sagte ich, „und ich bin heute abend von Tunbridge Wells hierhergekommen."

„Ja?" Sie klang noch nervöser als zuvor.

Zeit für meine Pointe!

„Ich weiß nicht, wo ich übernachten soll, und der einzige, den ich in Bristol kenne, ist Jesus."

Nun sah sie unverkennbar entsetzt aus.

„Mein Gatte ist im Augenblick leider nicht zu Hause ... ich fürchte also ... ich weiß nicht recht ..."

Etwas in mir zerbröckelte. Vergeßt meine christliche Biographie! Alles, was ich wollte, war, ein bißchen bemuttert zu werden. Meine Stimme zitterte ein wenig, als ich weitersprach.

„Eine Freundin schlug mir vor, ich sollte hierherkommen, falls ich Hilfe brauchte." Ich nannte den Namen.

„O ja. Ich weiß." Es machte offensichtlich keinen Unterschied. „Ich fürchte, es wird noch eine Weile dauern, bis mein Mann zurückkommt." Die Türe schloß sich, sie zog sich zurück. „Versuchen Sie's doch später noch einmal, vielleicht ..." Der Riegel klirrte. Sie war verschwunden.

Was war schiefgelaufen? Falsches Drehbuch? Falsches Haus? Falsche Stadt? Falsche Welt? Ich fühlte mich verraten und verkauft. Meine letzten emotionellen und körperlichen Reserven waren dabei draufgegangen, diese Haustür zu erreichen. Der ganze alte Horror, überall unerwünscht zu sein, brach über mich herein, während ich mein Gepäck aufhob und in die Dunkelheit davonstolperte. Die Zauberworte hatten nicht gewirkt. Viel später in dieser Nacht fand ich schließlich ein Quartier, aber der Augenblick in dieser Herbstnacht 1967, unmittelbar nachdem die Türe ins Schloß gefallen war, blieb noch jahrelang eine alptraumhafte Erinnerung. Christen, Gott, Jesus – niemand schien seine Versprechen zu halten.

Ich war damals natürlich völlig auf mich selbst fixiert. Sonst hätte ich vermutlich mehr Verständnis dafür gehabt, daß Damen in mittleren Jahren, die spät nachts allein zu Hause sind, ganz vernünftigerweise nicht willens sind, riesenhafte religiöse Wahnsinnige mit großen Pappschachteln voll Mordwerkzeugen ins Haus zu lassen. Ich bin überzeugt, die betreffende Dame war im allgemeinen durchaus barmherzig, und in einer Weise hat sie sogar eine ausgesprochen positive Wirkung auf mich gehabt. Seit dieser Nacht habe ich niemals jemand von der Türe gewiesen.

Ich hatte nicht gewußt, daß man so einsam sein kann, wie ich es damals während meines ersten Semesters in Bristol war. Ich pflegte in dem Quartier, das ich schließlich doch noch gefunden hatte, auf meinem Bett zu liegen und Gott abwechselnd anzubetteln und ihm

Vorwürfe zu machen – diesem Gott, der, wie es mir schien, nur innerhalb der Grenzen von St. John's Church in Tunbridge Wells zu finden war.

Es wird Sie daher nicht allzusehr überraschen, lieber Leser, daß das darauffolgende Jahr nicht sonderlich erfolgreich verlief, was den Schauspielkurs anging. Kein Zweifel, ich hatte Talent, aber um meine Einsatzfreude und meine Selbstdisziplin war es sehr schlecht bestellt. Ich erkannte bald, daß mir die Art von Beharrlichkeit fehlte, die denen abverlangt wird, die sich diesem überaus harten und anspruchsvollen Beruf widmen. Wieder einmal trampelte die Realität meine Träume nieder. Ich stolperte in meiner üblichen zerfahrenen Art durch die Tage und Wochen, wobei ich meine dickleibige Bibel in den unpassendsten Situationen wie einen Talisman umklammerte. Immer noch hegte ich die Hoffnung, daß Gott das Skelett der Identität, die ich mir vom christlichen Glauben erwartete, doch noch irgendwann mit Fleisch umkleiden möge.

Nun, einigen von Ihnen, die meine Geschichte bislang aufmerksam verfolgt haben, wird wohl aufgefallen sein (und wahrscheinlich lechzen sie danach, mich darauf hinzuweisen), daß „der alte Gott", wie Bischof Peter Ball ihn zuweilen voll Zuneigung nennt, bereits allerhand Nettes und Nützliches zu meinen Gunsten getan hatte. Das ging schon seit einiger Zeit so, ohne daß er auch nur den geringsten Dank dafür geerntet hätte. Seit dem Jahr meiner Bekehrung hatte ich nicht weniger als fünf Leute kennengelernt, die mir die Art von Liebe und Annahme entgegenbrachten, die Gott mir an dem Abend versprochen hatte, an dem Denis Shepherd in der Kirche predigte. Ob sie es wußten oder nicht, ob es ihnen gefiel oder nicht, so war es. Meine Mutter, Murray und Vivien, John und Anthea, alle hielten sie Gottes Versprechen. Jeder auf seine Weise trugen sie dazu bei, den steinigen Grund in meinem Herzen umzupflügen und den reichen Boden zu schaffen, der in Zukunft wirkliches Wachstum ermöglichen würde. Ich wußte das damals natürlich nicht, aber wie gut verstehe ich es jetzt! Später, in meiner Arbeit mit Kindern, traf ich so viele gestörte Jugendliche, für die „Sicherheit" nur ein von Sozialarbeitern in die Welt gesetztes Gerücht war. Sie konnten von Liebe umhüllt sein und sie doch nicht erkennen. Ihre Überzeugung, daß die Welt sie nicht haben wollte, war kein Glaube. Es war Wissen. Man konnte ihnen nicht einfach durch gutes Zureden das Glück aufschwatzen, und man konnte sie nicht bestechen oder verlocken, sich „in Ordnung“ zu fühlen. Oft konnte man gar nichts weiter tun, als sie beharrlich zu lieben und ihnen diese Liebe beständig in Worten und Werken zu zeigen. Manchmal bekam man (falls überhaupt) über Jahre hinweg nur spärliche Reaktionen. Sie konnten abwechselnd aggressiv, abweisend, sentimental und apathisch sein. Ich saß einmal da mit einem fünfzehnjährigen Jungen, der auf meinem Schoß schluchzte, nachdem er alle meine Fensterscheiben eingeschmissen hatte.

Während jener qualvoll einsamen Zeit in Bristol war mein Kopf so voll von mir selbst, der Bibel, geistlichen Gaben, charismatischen Rednern und christinesischem Kirikallala, daß ich Jesus wahrscheinlich nicht einmal erkannt hätte, wäre er vor mir aus dem Boden gefahren und hätte vor meinen Augen die erstaunlichsten Wunder vollbracht. Noch viel weniger war ich imstande, die stille, beharrliche Liebe Gottes in den Augen und Armen und Stimmen derjenigen zu erkennen, denen ich lieb war.

Verflixter Gott! Ich hätte alle seine Fenster eingeschmissen, hätte ich nur gewußt, wo sie waren. Vielleicht hätte er *mir* dann erlaubt, auf *seinem* Schoß zu schluchzen!

Es war in Bristol, in jenem Jahr des Versagens an der Schauspielschule, daß Gott mir das wertvollste Geschenk von allen gab. Bridget Ormerod war eine Kommilitonin. Wie ich selbst neigte sie zu gewaltigen Stimmungsumschwüngen, aber sie besaß eine Herzenswärme und einen Sinn für Humor, die ich unwiderstehlich fand. Ihr Familienname, sagte sie mir, bedeute „Schlange auf der Lichtung“, was eine Art unverhülltes Übel andeutet. Wie unpassend für jemand, der nichts als Fürsorge und Freundlichkeit in das Leben anderer Menschen gebracht hat, so lange ich sie kenne!

Nach dem ersten Semester verbrachten wir bereits unsere gesamte Freizeit zusammen. Manchmal saßen wir von Mitternacht bis zur Morgendämmerung in einem Café, das die ganze Nacht offenhielt. Es befand sich an einem Ort namens Cumberland Basin, wo der Fluß und die Hauptstraße aneinander stießen und sich mittels einer schwenkbaren Betonbrücke kreuzten. Die ganze Szenerie war nachts beleuchtet wie eine Bühnenkulisse, was das Gefühl für Bühneneffekte, das wir gemeinsam hatten, besonders stark ansprach. Es war eine gesegnete Zeit. Nach einer langen Periode des Unglaubens hatte Bridget vor kurzem selbst ein Bekehrungserlebnis gehabt, und eine Zeitlang durfte ich mich an der neuartigen Erfahrung erfreuen, daß Gott und die Welt und ich zueinandergehörten – und natürlich zu Bridget. Ich war verliebt. Wir waren verliebt. Wir fühlten uns wie zwei Kinder, die Gott an der Hand in eine Zukunft führte, die weitaus vielversprechender aussah, als ich jemals zu hoffen gewagt hatte. Vielleicht war Gott doch ganz in Ordnung? Daumen halten!

Die unmittelbare Frage lautete, was wir als nächstes tun sollten. Wir würden heiraten, das wußten wir mit Sicherheit. Wir waren auch ziemlich sicher, daß unsere Zukunft nicht am Theater lag. Schließlich faßten wir den Entschluß, daß wir – obwohl wir nur sehr wenig davon verstanden – irgendwo im Bereich der Kinderfürsorge arbeiten wollten. Wir glaubten zu wissen, daß Gott uns diesen Weg führte. Nach ein oder zwei Fehlstarts und einem kurzen, aber sehr vergnüglichen Zwischenspiel als Hausarbeiter in Burrswood, dem christlichen Sanatorium in der Nähe von Tunbridge Wells, traten wir eine Arbeitsstelle als Hausvater und Hausmutter in einer Internatsschule für verhaltensgestörte Jungen des County Council in der kleinen Stadt Dursley in Gloucestershire an. Die Schule bot Raum für fünfzig halbwüchsige Jungen mit sozialen und emotionalen Problemen. Wir bewohnten Einzelzimmer für Mitarbeiter an gegenüberliegenden Flügeln des Gebäudes, das sich in die kunstvoll gestaltete grüne Landschaft von Gloucestershire kuschelte. Wir wollten im darauffolgenden Jahr heiraten. An dem Tag, an dem wir mit der Arbeit begannen, konnte ich mir kaum vorstellen, daß irgend etwas schiefgehen könnte.

In letzter Zeit war ich selbstsicher genug geworden, meine Kindheitserkenntnis „Jedermann ist Ich“ anderen Leute zugute kommen zu lassen. Vermutlich stellte ich mir die Kinder, mit denen ich arbeiten sollte, als kleine, vernachlässigte, leere Töpfchen vor, in die ich – eine Mischung aus Danny Kaye und Don Bosco – Fürsorge, Zuwendung und Mitgefühl gießen würde, bis sie voll waren und überströmten. Sie würden herzzerreißend dankbar sein.

Ich kann mich nicht erinnern, daß auch nur ein einziges Kind bereit gewesen wäre, in diesem berührenden Szenario eine Rolle zu spielen. Nach einem einzigen Arbeitstag mit den Jungen mußte ich meine Tagträume korrigieren: Nun träumte ich davon, daß ein Kind – irgendein x-beliebiges Kind – willens war, einem schmerzhaft unzulänglichen und verlassenen Hausvater nur fünf Minuten lang ein freundliches Gesicht zu zeigen.

Innerhalb weniger Wochen hing meine Menschenwürde in Fetzen. All die Techniken und Strategien, die mich im Meer erwachsener zwischenmenschlicher Beziehungen gerade noch über Wasser gehalten hatten, waren praktisch unbrauchbar gegenüber der Brandungswelle wilder Gefühle, die mir von diesen verletzten und bedürftigen Kindern entgegenschlug. Mit der unheimlich präzisen Scharfsicht, die aus Enttäuschung und Versagen geboren wird, durchschauten sie meine Maskerade gelassener Selbstsicherheit und provozierten mich zu Reaktionen, deren Gewalttätigkeit und Intensität mich erschreckte. Insbesondere einer der Jungen war ein Meister in der Kunst, meine psychologische Achillesferse herauszufinden und dort – bildlich gesprochen – Salz in offene Wunden zu streuen. Er war von seinem Vater, einem Polizisten, abwechselnd verprügelt und zurückgewiesen worden. Jetzt setzte er alles daran, den Beweis zu erbringen, daß ich – hochgewachsen und dunkelhaarig wie sein Vater – ihn genauso behandeln würde. Seine langfristige Kampagne von Aggression einerseits und winselnden Entschuldigungen andererseits führte zuletzt zum gewünschten Ergebnis. Eines Tages wurde mir mitten auf dem Fußballplatz klar, daß meine Frustration und Demütigung Ausdruck finden mußten. Ich würde entweder in Tränen ausbrechen oder ihm eine Ohrfeige verpassen. Als wir einander in diesem Augenblick gegenüberstanden, war der einzige Unterschied zwischen uns beiden die Körpergröße. Ich schlug ihn sehr fest, zweimal. Er hatte mich enttarnt als das, was ich war: Ein sehr unreifer Erwachsener mit viel zuviel Chaos im eigenen Innern, um mit ihm fertig zu werden. Ich konnte das damals allerdings nicht akzeptieren. Ich hatte so sehr das Bedürfnis, ein Mensch zu sein, der Kinder liebte. Die Schuld und Verwirrung, die ich bei dieser und anderen Gelegenheiten fühlte, wenn ich die Selbstbeherrschung verlor, blieben ungeprüft und ungelöst. Sie sollten später in meinem Leben tiefgreifende Probleme hervorrufen.

Dieses erste Arbeitsjahr war ein Alptraum zerstörter Würde, verlorener Schlachten und periodischer Fluchtversuche in die Tiefen meines Kleiderschranks, wo die Dunkelheit hinter den Türen kurzfristig Asyl vor der Welt bot – einer Welt, die wieder einmal entschlossen schien, mir zu beweisen, daß sie erschreckend real war. Gott sei's gedankt, daß ich Bridget hatte. Gott, so schien es mir, war auf Urlaub gefahren.

Das zweite Jahr war ein wenig leichter, aber es wurde überschattet von einem Ereignis von beträchtlicher Bedeutung: dem Tod meines Vaters. Eines Abends brachte ein Anruf die Nachricht, daß er gestorben war. Bridget und ich, inzwischen verheiratet, trafen gerade Vorbereitungen, zehn der schwierigsten Jungen auf Urlaub in ein Wohnheim zu bringen. Meine Mutter erzählte mir, der Krebs, der zwei Jahre zuvor diagnostiziert worden war, habe meinen Vater schließlich umgebracht. Ich wußte eigentlich nicht, wie ich darauf reagieren sollte, und der Urlaub – wir beschlossen, daß er wie geplant durchgeführt werden sollte – war mir, ehrlich gesagt, eine recht willkommene Ablenkung. Wieder einmal schob ich die unbehagliche Aufgabe, meine Gefühle einmal näher in Augenschein zu nehmen, vor mir her. Die ständige Aktivität, die mein Job erforderlich machte, bot mir eine willkommene Entschuldigung dafür. Als ich es schließlich riskierte, einen vorsichtigen Blick über die Mauer meiner Geschäftigkeit zu werfen, entdeckte ich, daß ich zutiefst unglücklich war. Mein Unglück hatte einen ganz bestimmten Grund. Der Tod meines Vaters war nicht unerwartet gekommen. Wir hatten bereits seit einiger Zeit gewußt, daß seine Krankheit tödlich war. So oft ich also von Gloucestershire nach Tunbridge Wells fuhr und mein Elternhaus besuchte, legte ich viel Wert darauf, daß wir „gut miteinander auskamen". Er tat mir leid in seinem abgezehrten, geschrumpften Zustand. Alle die alten Eifersüchteleien und Unsicherheiten schienen jetzt, wo er von meiner Mutter abhängig war wie ein hilfloses Kind, so trivial. Und überdies (um ganz ehrlich zu sein) versuchte ich eine Kollektion positiver Erinnerungen zusammenzustellen. Ich wußte, ich würde sie brauchen, um sie wie Sandsäcke gegen die unvermeidliche Attacke des Schuldgefühls aufzuhäufen, die nach seinem Tod erfolgen mußte.

Aber meine unmittelbare Niedergeschlagenheit hatte nichts damit zu tun, was während seines Lebens geschehen war, sondern was *jetzt* geschah. Hatte das dicke Gebetbuch funktioniert? Hatte die römisch-katholische Kirche funktioniert? Hatte Gott funktioniert? Wo war mein Vater jetzt? Mehr als alles andere wollte ich die Antwort auf diese Frage wissen. Ich erinnerte mich an Augenblicke aus der fernen Vergangenheit. Über alles Maß frustriert von der unüberbrückbaren Kluft zwischen dem, was er war und was seine Religion ihm zu sein gebot, war er auf dem Boden gekniet und hatte mit der Faust auf einen Sessel losgeschlagen und durch zusammengebissene Zähne geschrien: „O Christus, hilf mir! O Christus, hilf mir!" Hatte Christus ihn wirklich gehört, oder war das alles nur ein grausames, bedeutungsloses Spiel?

Inzwischen würde mein Vater alles über Himmel und Hölle wissen – sofern es etwas zu wissen gab. Ich hatte nur äußerst verschwommene Vorstellungen, was solche Begriffe bedeuten mochten, aber ich fragte Gott wieder und wieder danach.

„Sag es mir . . . bitte, sag es mir. Wo ist er?"

Ich begann schon zu fürchten, ich würde niemals Frieden finden, als ich eines Nachts einen Traum hatte.

Der Traum bestand aus zwei Teilen. Im ersten Teil hatte ich überhaupt nicht den Eindruck, daß ich träumte. Vielleicht träumte ich wirklich nicht. Der Augenblick kurz vor dem Einschlafen kann eine seltsame Mischung von bewußten Gedanken und ungebetenen, traumähnlichen Bildern sein. Ob ich nun wachte oder schlief – es bleibt sich gleich. Ich sah das Gesicht Jesu, genau über meinem, als ich in der Dunkelheit im Bett lag. Es war ein lächelndes Gesicht, und das Lächeln tröstete und ermutigte mich. Es war nur einige Sekunden lang zu sehen, und dann war es verschwunden, als würde ein Licht abgedreht. Fragt mich nicht, woher ich wußte, daß es Jesu Gesicht war. Ich wußte es einfach.

Der zweite Teil des Traumes dagegen war ganz unmißverständlich genau das – ein Traum. Er begann mit einem gedämpften Klopfgeräusch. Irgend jemand klopfte mit den Knöcheln gegen Holz und versuchte offenbar, Aufmerksamkeit zu erregen. Allmählich wurde mir bewußt, daß der Lärm aus der Richtung zu meiner Linken herkam, und als ich mich langsam in diese Richtung wandte, erblickte ich einen Sarg. Als ich den braunen hölzernen Behälter anstarrte, wußte ich mit der absoluten Sicherheit, die Träumen eigen ist, daß mein Vater darin lag, lebendig, und sich danach sehnte, aus der Dunkelheit befreit zu werden. Zugleich mit diesem Wissen überkam mich die Erkenntnis, daß jemand schweigend an meiner anderen Seite stand und darauf wartete, mit mir zu sprechen. Dieser Jemand war ein Pilger aus Tibet, dem Land, das ich immer mit geheimem Wissen und Mystizismus assoziiert habe. Er sagte, er habe eine lange Reise gemacht, um mir eine wichtige Botschaft zu überbringen.

Ich höre seine Worte heute noch so klar und deutlich, wie ich sie in dieser Nacht vor vierzehn Jahren hörte.

„Das Gerücht geht um, dein Vater sei von den Toten auferweckt worden."

Das war alles; der Traum endete mit diesen Worten. Am Morgen erinnerte ich mich an die Einzelheiten, aber erst später am Tage brachte ich die Botschaft des Traumes in Verbindung mit meinen ständigen Bitten an Gott, mich Näheres wissen zu lassen. Sobald diese Verbindung hergestellt war, fühlte ich Frieden bei dem Gedanken daran, wo mein Vater sich befinden mochte, obwohl es mir schien, als hätte ich bestenfalls einen göttlichen „Fingerzeig" erhalten – mehr nicht.

Diese Erfahrung ist übrigens ein sehr gutes Beispiel für die Art Ereignis, die sich besonders dazu eignet, in die Watte kanaanäischer Sprache gepackt und im höchstpersönlichen Museum von „Dingen, die beweisen, daß es einen Gott gibt" ausgestellt zu werden. In früheren Jahren hätte ich (und habe es wohl auch getan) die Ereignisse dieser Nacht etwa folgendermaßen geschildert:

„Ich lag wach – absolut hellwach –, als der Herr mir erschien und sich mir kundtat durch Seinen Geist und in großer Macht und reichen Segen spendete. Es ward mir eine Vision geschenkt wie das Bild eines Sarges, und ein gewaltiges Pochen ertönte daraus. Ein Bote des Herrn erschien mir und brachte die herrliche Nachricht, daß mein Vater in Glorie auferstanden sei. Von diesem Augenblick an hatte meine Seele Frieden, und ich wußte, meine Gebete waren auf wunderbare Weise erhört worden."

Beachten Sie, daß Tibet mit keinem Wort mehr erwähnt wird, und die ganze Sache wirkt viel sauberer und präsentabler. Nein, es schien mir, als sähe ich Jesus mich anlächeln; ein Mann in einem Traum deutete an, daß es meinem Vater gutginge; am nächsten Tag war ich nicht länger besorgt; ich hatte Gott um Zusicherung gebeten. Das allein war geschehen, und das war genug.

Bridget und ich waren drei Jahre lang in der Internatsschule tätig. Wir konnten in dieser Zeit einige befriedigende Erfolge verzeichnen, wir knüpften einige Beziehungen an, die uns Freude machten, und als es ans Abschiednehmen ging, mußten wir einige schmerzliche Trennungen ertragen. Dennoch bedeutete es eine überwältigende Erleichterung für uns, die Auffahrt hinunterzugehen und zum letzten Mal durchs Tor zu treten. Als wir inmitten unserer Koffer in der kleinen Busstation von Dursley saßen, sann ich über meine erstaunliche Fähigkeit zu nostalgischer Verklärung nach.

„Solltest du mich jemals sagen hören", sagte ich zu Bridget, „daß ich wünschte, wir könnten zu der guten alten Zeit in Gloucestershire zurückkehren, dann erinnere mich sofort und unbarmherzig daran, daß ich jetzt, in diesem Augenblick, MIT SICHERHEIT WEISS, daß das nicht stimmt!"

Sie versprach es mir und mußte es natürlich später auch tun, und zwar bei mehr als einer Gelegenheit.

Von Gloucestershire übersiedelten wir nach Bromley in Kent, wo man mir einen Studienplatz an einem College für Lehrerausbildung angeboten hatte. Damals war die hauptsächliche Qualifikation für beruflichen Fortschritt in der Welt der Jugendfürsorge ein Lehramtszeugnis, und obwohl ich von den Kindern in der Cam House-Schule bis auf die Wurzel zurückgestutzt worden war, wollte ich weiterhin in diesem Beruf arbeiten. Ich wollte auch eine bessere Qualifikation als Erzieher haben, einfach nur, um sie vorweisen zu können. Bridget hatte ein Diplom an der Universität Bristol erworben, bevor sie an der Schauspielschule angefangen hatte, und obwohl sie sehr bescheiden war, war sie überaus klug. Da mußte sich Klein Adrian natürlich dieselbe Medaille an die Brust heften können wie sie! Ich bekam meine Medaille zuletzt auch, ein nicht allzu eindrucksvolles Magisterdiplom, aber damals schien es nicht so viel auszumachen. Während des dreijährigen Studienlehrgangs wurde unser erster Sohn, Matthew, geboren. Ich war absolut hingerissen von diesem Menschlein. Er war etwas beständig Neues, eine Quelle unablässiger Faszination und Freude. Ich war entzückt von seiner so kompromißlos offen ausgedrückten Liebe zu uns, seinen Eltern. Jedes Geräusch, das er machte, jeder neue Ausdruck, jede Bewegung war für mich überaus interessant. Mein lieber Matthew war, und ist es immer noch, ein weiterer Beweis für Gottes liebende Anteilnahme an mir. Dasselbe gilt für eine Anzahl junge Leute, Mitglieder des Kirchenjugendclubs am Ort, bei dessen Leitung wir mithalfen. Sie sind inzwischen alle erwachsen (oder behaupten es jedenfalls), aber sie sind immer noch unsere engen Freunde. Zu ihnen gehört Madeleine Dawson, die später, so weit ihre beruflichen Verpflichtungen als Lehrerin es ihr erlaubten, eine regelmäßige Mitarbeiterin bei der Fernsehsendung Company wurde.

St. Augustin, die Kirche, die wir in Bromley besuchten, war eine anglikanische Gemeinde bester Machart. Damit meine ich, daß man sich dort eher wie einer Familie fühlte als a) in einem Leichenschauhaus, b) bei einem Hindernisrennen. Das Zentrum dieser Gemeinschaft bildete eine Minderheit von Leuten, die einen echten Glauben und eine innige Wertschätzung für Gott hatten, während die Mehrheit eine breite Palette von Temperamenten und geistlichen Größen und Formen aufwies. Es war eine sehr warmherzige und fürsorgliche Gemeinschaft und die erste Kirche, in der Bridget und ich uns einem geistlichen Leib von Gläubigen nahe und als ein Teil dieses Leibes fühlten. Die verschiedenen Theateraufführungen und Jugendgottesdienste, bei denen wir mithalfen, gehören zu unseren herzerwärmendsten Erinnerungen.

Trotz all dieser erfreulichen Aspekte des Lebens in Bromley litt ich jedoch immer noch Seelenqualen, was meine Beziehung zu Gott anging. Ich wurde von Zweifeln geplagt, die bis zum völligen Unglauben gingen. Okay, zu Hause lief alles gut, und was das soziale Leben in der Kirche anging, lief alles sogar sehr gut. Das College war von Anfang bis Ende ein einziger Streß, aber ich mußte nicht allzuoft dort sein. Allgemein gesprochen war alles in Ordnung. Wir teilten uns das Haus mit dem Kaplan, der übrigens niemand anderer war als mein bester Freund aus Tunbridge Wells, John Hall. Einmal in der Woche spielten wir (schlecht, aber mit großem Vergnügen) Golf auf dem städtischen Golfplatz. Wir nahmen auch unsere alte Gewohnheit wieder auf, von Zeit zu Zeit bis zum Morgengrauen durchzumachen und über Gott und die Welt zu diskutieren.

Ich war glücklich verheiratet. Matthew war eine ständige Quelle der Freude. Was wollte ich mehr?

Ich wollte Gott. Ich wollte immer noch den Gott, der damals, als ich sechzehn gewesen war, in St. John's all diese Versprechungen gemacht hatte. In welcher Form wollte ich ihn? Ich war mir nicht sicher. Ich wußte nur, daß in meinem Inneren ein Knoten von Schmerz und Zorn steckte, der sich niemals auflösen würde (ganz gleich, wieviel Gutes mir widerfuhr), bevor ich *wußte*, daß Gott mich so liebte, wie ich es mir immer von einem Vater ersehnt hatte, seit ich ein kleines Kind gewesen war. Und da ich das immer noch nicht wußte, gab es vielleicht gar keinen Gott.

Es hat etwas von extremer Ironie an sich: Als ich gegen Ende meines Aufenthalts in Bromley zuletzt doch einen wirklichen Kontakt mit Gott erlebte, war ich so erschrocken darüber, was er von mir verlangte, daß ich ihm den Rücken kehrte und wie Jona floh.

Ich hatte damals gerade einen Auszug aus den Schriften Meister Eckharts – eines deutschen Mystikers aus dem Mittelalter – gelesen. Besonders interessant für mich war seine Ansicht, daß „Buße ein fröhliches Geschäft sei". Gott, so sagte er, sei überglücklich, wenn Menschen ihr Leben zum Besseren verändern wollten. Er sei mehr als bereit, zu vergessen und vergeben, wenn es bedeute, daß dadurch eine wirkliche Freundschaft begründet werden konnte. Das altbekannte Gleichnis vom verlorenen Sohn sagt natürlich genau dasselbe aus, aber vielleicht war ich jetzt eher bereit, diese Wahrheit zu akzeptieren. Eckharts Worte inspirierten mich. Ich entwickelte eine Art Meditationstechnik, die eine überraschend befreiende Wirkung auf mich hatte. Ich pflegte mir vorzustellen, ich stünde in einem Nebel oder einer Wolke, umgeben von all den bösen und negativen Dingen in meinem Leben. Ich machte dann einen Haufen aus diesen Dingen – sie waren leicht zu stapeln – und stand oben auf dem Haufen, so hoch ich konnte. Der Stapel war immer hoch genug, daß mein Kopf sich über den Nebel hinaus in das klare, reine Licht der Sonne erhob. Gott war, auf eine undefinierbare Weise, in diesem Licht gegenwärtig. Weder er noch ich konnten den schändlichen Haufen Unrat sehen, der sich unter meinen Füßen im Nebel verbarg, und keiner von uns kümmerte sich darum. Es tat einfach gut, in dem Licht zu sein. Diese Meditation machte einen gewaltigen Unterschied in meinem geistlichen Leben. Das Gebet begann den Charakter eines freundschaftlichen Gesprächs anzunehmen. Das Erlebnis war so neu und ungewöhnlich, daß ich mich, was diese ganze Sache anging, ein bißchen hysterisch fühlte. Aber das Erlebnis war real, und das allein zählte. Dann, eines Abends, als ich allein zu Hause im Wohnzimmer saß, drang ein Gedanke in meinen Kopf ein. Ich kann es nicht anders beschreiben, und ich lege auch keinen Wert auf präzise Definitionen. Es waren nur wenige Worte, aber die Bedeutung war unmißverständlich.

„Du mußt Jason lieben."

Die Bedeutung war klar, aber ich war doch ziemlich verwirrt. Die fragliche Person (in Wirklichkeit heißt er nicht Jason) machte mir keineswegs den Eindruck, meiner besonderen Fürsorge oder Zuneigung zu bedürfen. Er war stark, kompetent, einer von diesen großen, handgeschnitzten, unabhängigen Christentypen. Warum sollte ich gerade ihn ganz besonders lieben? Und was hing da noch alles mit dran? Am nächsten Tag kam Jason von London angefahren, wo er ein Drogenrehabilitationszentrum leitete. Er sagte mir, er wollte im Vertrauen mit mir reden. Nach meiner Erfahrung in der vergangenen Nacht war ich ganz Ohr, wie Sie sich wohl vorstellen können. Hatte ich nun endlich einen wirklichen Auftrag für Gott zu erledigen? Jason wollte über einen dunklen und schwierigen Bereich in seinem Privatleben sprechen, etwas, das in schroffem Gegensatz zu seinem öffentlichen Image als Christ und professioneller Helfer stand. Einige Wochen hindurch trafen wir uns sehr häufig. Unsere Treffen schienen mir jedoch nicht sehr fruchtbar zu sein. Er redete, und ich hörte zu oder machte schwache Versuche, ihm Ratschläge zu erteilen. Seine Situation wurde immer komplizierter; ich empfand die Last als zunehmend drückender. Bald hatte ich den Boden unter den Füßen verloren und paddelte hilflos herum. Ich haßte den Gedanken, daß ich gerade jetzt, wo die Dinge im großen und ganzen so viel besser aussahen, wieder einmal versagen sollte. Ich wollte mich aus dieser Situation in Sicherheit bringen. Zu dieser Zeit wurde mir etwas angeboten, das mir genau die Gelegenheit gab, die ich gesucht hatte. Nach Abschluß meines Collegekurses hatte ich mich um einen Posten in einem regionalen Beratungszentrum in den Midlands beworben. Jetzt – nach einem ziemlich beängstigenden Einstellungsgespräch in der großen grauen Stadt Birmingham – wurde mir eine Arbeitsstelle als Hausvater in einer Abteilung für vierundzwanzig straffällige Jugendliche angeboten. Zur selben Zeit schlug Jason mir vor, mit ihm in London zusammenzuarbeiten.

„Du mußt Jason lieben."

Wir gingen nach Birmingham.

Meine neugefundene Beziehung zu Gott war viel zu zerbrechlich, um dieses willentliche Ausweichmanöver zu überstehen.

Heute weiß ich, daß Gott – wie er nun einmal ist – durchaus bereit gewesen wäre, mir mit einem tiefen Seufzer bedingungslos zu vergeben, daß ich ihn im Stich gelassen hatte. Ich hätte in Birmingham einen neuen Anfang mit ihm machen können. Aber ich war nicht bereit, mir selbst zu vergeben. Punktum.

Die folgenden fünf Jahre standen ganz im Zeichen der Arbeit, die ich in Birmingham, in Norwich und schließlich in Hailsham in East Sussex tat. Der Wechseldienst mit verhaltensgestörten Jugendlichen teilte meine Existenz in zwei Teile – Perioden, in denen ich an der Arbeit war, und Perioden, in denen ich darauf wartete, zur Arbeit zu gehen. Meine Freizeit wurde überschattet von der bevorstehenden Schicht. Sie dauerte nur selten lange genug, daß meine strapazierten Nerven sich erholen und die Wolken der Sorge sich zerstreuen konnten. Nie hatte ich Zeit genug, einmal innezuhalten und über das seltsame, spannungsgeladene Leben nachzudenken, das ich führte. Ich brachte es sogar fertig, einen hinreichend ruhigen und starken, mitfühlenden und fürsorglichen Eindruck zu erwecken. Vermutlich war ich vielen Kindern eine Hilfe, aber jede Begegnung war ein Rollenspiel, für das ich mir eine passende Persönlichkeit aus dem Fundus aussuchen mußte, den ich in meinem Inneren angelegt hatte. Das wachsende innere Chaos wurde in die tiefste Seele verdrängt und sorgfältig unter Kontrolle gehalten.

In der Zwischenzeit legte ich mir zu Hause meine eigene kleine Wohngruppe zu. Mein Sohn Joseph wurde 1978 geboren, mein Sohn David 1980. 1982 zogen wir aus dem Gelände des Kinderheims weg und mieteten gemeinsam mit einem jungen Freund, einem Lehrer, ein Haus. Sechs Jahre lang hatte die hektische Atmosphäre unserer beruflichen Situation alle unsere Versuche, uns zu entspannen, vergiftet.

Die Urlaube waren erfrischend. Es hat jedoch etwas zutiefst Demoralisierendes an sich, wenn man aus dem Urlaub zurückkehrt und bereits an der Haustüre von einem aufgeregten Kind empfangen wird, das einem in hellem Entzücken die Nachricht überbringt: Fred sei aus dem Heim entwichen, Gloria habe sich die Pulsadern aufgeschlitzt und eine Epidemie von Filzläusen sei ausgebrochen!

Sofortige Anteilnahme – sofortige Anspannung. Meine Familie mußte dann am Ende einer Schicht – oder nach dem zweiten oder dritten Nachtdienst innerhalb einer einzigen Woche – häufig mit den letzten Resten meines guten Willens vorliebnehmen. Als Familie bezahlten wir alle einen sehr hohen Preis dafür, mein öffentliches Image aufrechtzuerhalten. Der nervliche und emotionelle Aufwand für eine längere Arbeitsperiode war oft so groß, daß für meine Frau und meine Kinder, die ebenfalls ihren Anteil an meiner Zeit und meiner Zuwendung brauchten, nur wenig Zeit übrigblieb.

Alle meine alten Zweifel an Gott waren in diesen Jahren wieder akut geworden. Ich versuchte, die Affäre mit Jason und die Art, wie ich ihn im Stich gelassen hatte, vor mir selbst zu rechtfertigen. Hin und wieder betete ich. Gelegentlich wollte es mir scheinen, als versuchte Gott, mir nahezukommen, aber allgemein gesprochen befand ich mich in einer geistlichen Wüste. Und obwohl es mir zu der Zeit nicht völlig bewußt wurde, entwickelte sich parallel zu der ständig wachsenden Spannung in meiner beruflichen Umgebung ein immer heftigerer Groll gegen dieses Wesen, das entweder nicht existierte oder mich nicht ausstehen konnte. Zurück auf Feld eins! Wenn man mich fragte, woran ich glaubte, zerrte ich mein altes ungefüges Bündel evangelikaler Klischees hervor, aber mein Herz war nicht bei der Sache.

Dann, Anfang 1981, kamen Bridget und ich in Kontakt mit einer neuen Gruppe, die sich „Hailsham Christian Fellowship" nannte. Die Atmosphäre dort war entspannt, zwanglos und erfrischend. Wir erlebten beide, wie es uns leichter ums Herz wurde, als wir uns dieser kleinen Gemeinschaft von Christen aus verschiedenen Kirchen anschlossen. Vielleicht, dachte ich, würde ich auf dem Weg über diese Gruppe Gott wiederfinden und alles würde leichter werden.

Später im Jahr schrieben und inszenierten Bridget und ich für diese Gemeinschaft eine christliche Revue. Sie wurde auf der Bühne der Hauptschule am Ort aufgeführt. Wir spielten vor einem Publikum, das hauptsächlich aus Christen aus den Kirchen der Umgebung bestand. Die Revue hieß „Ein Platz für dich". Ihr Ziel war vor allem, jenen Christen Mut zu machen, denen das christliche Leben bislang wie ein langer Fußmarsch durch knöcheltiefen Morast erschienen war. Damals war die Hailsham-Gemeinschaft eine willkommene Zuflucht für solche Leute. Die meisten Mitglieder der Gemeinschaft arbeiteten in der einen oder anderen Funktion an dem Projekt mit, und diese gemeinsame Arbeit schloß sie enger zusammen. Wir fühlten uns wie neu geboren.

Wir hatten wirklich das Gefühl, daß Gott mit uns war, als wir diese Revue schrieben und einstudierten – daß wir zuletzt tatsächlich aus der Wüste herauskamen und ein paar tastende Schritte im gelobten Land machten. Es war eine wahrhaft befriedigende Erfahrung. Bridget und mich erfüllte ein warmes Gefühl der Zugehörigkeit zu dieser Gruppe von Menschen, deren Leben während der Wochen vor der Aufführung so eng miteinander verflochten waren. Ich hatte erst kürzlich dabei mitgeholfen, in dem Kinderheim, in dem ich arbeitete, eine neue Abteilung für ältere Kinder einzurichten, und fand, daß mir die Arbeit nun viel mehr Freude machte. Wohin ich auch blickte, alles schien gut zu laufen. Und obwohl Gott und ich noch eine Menge offene Fragen zu klären hatten, war ich wenigstens neugierig geworden, was er mir zu sagen hatte.

Sowohl Bridget als auch ich fühlten uns selbstbewußter und stabiler, als wir es in den letzten Jahren getan hatten. Gerade zu dieser Zeit rief ein Freund mich an und fragte, ob wir einen kleinen Artikel in der Lokalzeitung bemerkt hätten. Darin wurde über die neugegründete Fernsehgesellschaft berichtet, die im nächsten Jahr die Nachfolge von Southern Television antreten sollte. Die Gesellschaft sollte TVS heißen, und in dem Artikel war die Rede davon, daß Angus Wright, der Produzent religiöser Programme, sechs ganz alltägliche Leute suchte, die an einer neuen Art von Spätabendprogramm mitwirken sollten.

„Warum schreibst du ihm nicht?“ sagte mein Freund.

„Mach ich“, sagte ich.

Viertes Kapitel

Ich hatte das Spätnachtprogramm, das kurz vor Sendeschluß auf BBC oder einem der unabhängigen Lokalsender lief, schon zu verschiedenen Zeiten und in verschiedenen Teilen des Landes gesehen. Zuweilen waren die Sendungen interessant, aber generell war ich nicht sehr beeindruckt. Es gab eigentlich nur zwei Varianten.

In der ersten Variante wandte sich ein einzelnes Individuum mit einer Leichtigkeit, die kein Stocken und Stolpern kannte, an den Zuschauer und sprach über Themen mehr oder minder religiösen Inhalts. Diese Art säuberlich verpackter Rede hatte eine ziemlich abstoßende Wirkung auf mich. Der Redner, der seine Ansprache ja vorbereitet hatte, war durch diese Vorbereitung ebenso massiv geschützt wie durch den Umstand, daß niemand ihn unterbrechen oder dem Gesagten widersprechen konnte. Im günstigsten Fall war diese Art von Predigt harmlos, aber im schlimmsten Fall konnte sie ausgesprochen einschüchternd wirken. Man mußte den Eindruck gewinnen, daß die ehrwürdige Person, deren Augen einem durchs Zimmer zu folgen schienen, während man die Kakaotassen einsammelte, mit Erfolg all die Ecken und Kanten in ihrem Verständnis des christlichen Glaubens abgeschliffen hatte und als lebendes Beispiel dafür gelten konnte, wie man geistlich und psychologisch hübsch sauber aufgeräumt dastehen konnte. Für Zuschauer daheim, deren Lebenswege schwierig und zerrüttet waren, war das nicht immer ein erbauliches Vorbild. Hatten sie sich vorher schon unzulänglich und verwirrt gefühlt, so fühlten sie sich nach der Sendung vermutlich doppelt unzulänglich. Dasselbe geschieht natürlich in vielen Kirchen, wo einem die unmißverständliche, wenn auch unausgesprochene Aufforderung zuteil wird, seinen „Schatten" an der Türe zurückzulassen, bevor man sich niedersetzt und Hymnen darüber singt, wie glücklich man ist. Da scheint recht wenig Raum zu sein für Leute, die, wie Hiob, voll Verzweiflung sagen wollen, daß das Leben wild und tragisch ist und ihnen nicht gefällt; ist es also nicht großartig, daß man Gott vertrauen kann!

Die zweite Variante dieses Programms nahm die Form eines Interviews an. Das Gespräch verlief zwischen einem Fragesteller, der entweder in irgendeiner Weise religiös engagiert oder ganz einfach ausreichend liebenswürdig war, und einem Gast, der etwa eine Woche lang jede Nacht auftrat, um Fragen über sein oder ihr Leben und Werk zu beantworten. Die Hintergrundkulissen waren immer sehr schlicht. Die Teilnehmer tauchten für gewöhnlich zu Beginn des Programms aus dem Halbdunkel auf und verschwanden am Ende wieder darin. Gelegentlich blitzte Leben in diesen Begegnungen auf, aber die meisten Sendungen machten den Eindruck, als versuchten zwei Leute krampfhaft, eine wirkliche Konversation, die sie am Vorabend noch genossen hatten, vor der Kamera zu wiederholen. Ehrwürdig, aber langweilig, widerspiegelten sie die ganz allgemein klägliche Präsentation des christlichen Glaubens, an die wir uns ja bereits gewöhnt haben.

Angus Wright war daran interessiert, einen neuen Zugang zu finden, der es dem Zuschauer so weit wie möglich gestatten würde, sich mit den Vorgängen auf dem Bildschirm zu identifizieren. Statt daß ein oder zwei Personen entweder einander oder der Kamera vorgekaute Sätzchen lieferten, sollten drei oder vier Leute um einen Küchentisch sitzen, in einer richtigen Küchenkulisse, und ein wirkliches, nicht vom Drehbuch vorgeschriebenes Gespräch über tatsächliche Ereignisse und Geschehnisse in ihrem Leben führen. Man machte sich Hoffnungen, daß der Zuschauer sich sozusagen einen Sessel heranrücken und sich so intensiv wie möglich ins Leben und Denken der Teilnehmer hineinziehen lassen würde. Dabei waren natürlich die offenkundigen Grenzen des Mediums Fernsehen zu berücksichtigen. Die Sendung sollte zu einem vertrauten und beständigen Schlußpunkt des Programms werden und all diejenigen im Sendebereich von TVS ansprechen, die aus dem einen oder anderen Grund zu mitternächtlicher Stunde noch vor dem Fernsehapparat saßen. Sie sollte diesen Menschen Gesellschaft leisten. Dieses grundlegende Ziel inspirierte dann auch die Idee, daß die neue Sendung schlicht und einfach „Gesellschaft" – *COMPANY* – heißen sollte.

Obwohl es bereits Jahre her war, seit Bridget und ich die Schauspielschule verlassen und den Gedanken aufgegeben hatten, das Theater zu unserem Beruf zu machen, hatten wir niemals unsere Begeisterung für alles, was mit der Bühne zu tun hatte, verloren. Bei der Arbeit, in der Kirche und im Jugendclub in Bromley waren wir niemals glücklicher gewesen, als wenn wir uns eingefangen fühlen durften in der reichen Komplexität des Vorhabens, „eine Show abzuziehen". Wir beide finden die Bühne – jede Art Bühne – ungeheuer aufregend, ob wir nun hinter den Kulissen arbeiten oder tatsächlich bei einer Aufführung mitwirken. Als ich nach dem Anruf meines Freundes an Angus Wright schrieb, da hoffte der Schauspieler in mir natürlich, daß wir tatsächlich an diesem neuen Projekt mitwirken könnten. Es schien allerdings viel wahrscheinlicher, daß er mir schlicht und einfach dafür danken würde, meine Ideen beigetragen zu haben, und damit wäre die Sache dann auch schon erledigt. Als er meinen Brief dann tatsächlich beantwortete und den Vorschlag machte, daß seine Mitproduzentin Frances Tulloch uns zu einem Gespräch aufsuchen sollte, da waren Bridget und ich geradezu lächerlich aufgeregt. Ich kann verstehen, daß das nicht leicht zu begreifen sein mag. Warum sollte die Aussicht uns solches Vergnügen bereiten, in einer Fünf-Minuten-Sendung aufzutreten, die überdies erst ausgestrahlt wurde, wenn die meisten Leute bereits zu Bett gegangen waren? Ich nehme an, damals erschien es uns wie eine Bestätigung, daß sich ein Silberstreif am Horizont zeigte. Die Gemeinschaft, der wir uns angeschlossen hatten, die Revue, ein allgemeines Nachlassen der beruflichen Spannung und nun das hier! Es war, als sagte Gott zu mir: „Okay! Du hast deine Zeit abgesessen, nun kannst du dich ein Weilchen entspannen." Ja, Sie haben recht: Ich verstand Gott noch immer nicht im geringsten!

Nach unserem Treffen mit Frances – die in Zukunft die Verantwortung für die Produktion von Company übernehmen sollte – erhielten wir eine Einladung, an einem Vorsprechen teilzunehmen, das in Frances' Club in London stattfinden sollte. Wir waren immer noch freudig erregt, aber auch sehr, sehr nervös.

Als wir an jenem Tag nach London fuhren, saß im selben Waggon wie wir der berühmte Schauspieler Lionel Blaire, der in dieser Saison in Eastbourne spielte. Uns wurde ganz trübselig zumute bei dem Gedanken, mit welcher Leichtigkeit er mit der Prüfung, die uns bevorstand, fertig werden würde. Verkrampft vor nervöser Spannung umklammerten wir unsere Pappbecher mit dem Kaffee der britischen Eisenbahnen, während wir eine Station nach der anderen passierten und uns Victoria Station näherten. Ich bin mir nicht ganz sicher, was wir uns von diesem Schritt in die Welt des Fernsehens erwarteten – etwas weitaus weniger Sanftes und Zivilisiertes, vermute ich, als uns dann tatsächlich begegnete. Für das Vorsprechen hatte Frances die Dienste eines reizenden alten Herrn und seiner ebenso charmanten Frau in Anspruch genommen. Die beiden pflegten sich selbst und ihre einfache Videoausrüstung für die Aufzeichnung christlicher Meetings und ähnlicher Ereignisse zur Verfügung zu stellen. Angus Wright erwies sich als ein schlanker, nachdenklich wirkender Mann, mit einem etwas zerstreuten, aber ganz reizenden Benehmen. Schließlich wurden wir Maurice Harper vorgestellt, der bei Company Regie führen sollte. Maurice ist ein gutaussehender Ire mit einem vielschichtigen Charakter, der immer noch darauf wartet, daß das Leben ihm gute Karten mischt. Wir sollten ihn in der Folge sehr liebgewinnen.

Die Atmosphäre war entspannt und freundlich, während wir abwechselnd vor der Fernsehkamera saßen. Aber die Fünf-Minuten-Gespräche, die man uns vorzubereiten gebeten hatte, müssen auf unsere Zuhörerschaft sehr verkrampft und verschwitzt gewirkt haben. Wir hatten es eben mit Mühe und Not fertiggebracht, wieder tief und ruhig zu atmen, als Maurice zu uns sagte, er würde gerne wissen, wie wir im freien Gespräch wirkten.

„Könnt ihr einfach nur reden?" fragte er.

„Ja", sagte Adrian.

„Nein", antwortete Bridget im selben Augenblick.

Maurice fuhr sich mit einer Hand durchs Haar, eine Geste, die uns noch sehr vertraut werden sollte. Er war schon immer imstande gewesen, einen Fluch zwischen den Zähnen zu zerbeißen, wenn es notwendig war. Er schluckte auch jetzt einen hinunter.

„Könnt ihr nicht über irgend etwas diskutieren, das euch beide wirklich bewegt?"

Wir blickten einander an.

„Nun", antwortete ich, vorsichtig tastend, „vor einer Weile hatten wir tatsächlich ein Problem, als wir einen Gottesdienst gestalteten. Dieser Bursche. Er war ein bißchen entnervend – kam nicht zu den Proben und dergleichen mehr. Wir waren nicht sicher – sollten wir ihn durch jemand anderen ersetzen oder nicht. Wir hatten also –"

„Schön, sehr schön!" sagte Maurice. „Setzt euch an diesen Tisch dort. Und los geht's!"

So legten wir also los und hielten eine Debatte, die vor zwei Monaten aktuell gewesen war, in einem großen, fremdartigen Raum, unter den Augen einer Gruppe von Menschen, die wir eben erst kennengelernt hatten. Es war uns mit schrecklicher Deutlichkeit bewußt, daß jedes Wort, das wir sagten, jeder allzu ehrliche Gesichtsausdruck von dem ausdruckslosen Auge der Kamera und dem Mikrofon auf seinem Ständer zwischen uns aufgezeichnet wurde.

Die allgemeine Reaktion auf unsere Bemühungen schien durchaus positiv zu sein. Aber als wir eine Stunde später erschöpft im Zug saßen, der uns wieder in Richtung Süden trug, wußten wir immer noch nicht, welches Ergebnis das Vorsprechen nun eigentlich erbracht hatte. Die Tage vergingen, und wir hörten nichts. Dann, eines Tages, während ich in der Arbeit war, rief Frances an und sprach mit Bridget.

Ich kam an diesem Tag in meinem üblichen, leicht überdrehten Zustand von der Arbeit heim und plumpste müde aufs Sofa, voll Hoffnung, daß eine Tasse Tee und die Zeitung irgendwie in meine Richtung geschwebt kämen. Bridget, die im allgemeinen dieses Schweben bewerkstelligte, saß jedoch sehr still auf der Kante ihres Sessels. Irgend etwas an diesem Schweigen ließ mich Arbeit und Müdigkeit und meine Tasse Tee vergessen. Irgend etwas war nicht in Ordnung. Die Kinder? Ich fühlte, wie der kalte Schauder mich durchströmte, den ich immer fühlte, wenn mich der Gedanke überfiel, den Jungen sei vielleicht etwas zugestoßen. Bridget sprach.

„Frances hat angerufen."

Es ging also nicht um die Kinder. Warum klang Bridget so niedergeschlagen? Schlimmstenfalls hatte Frances angerufen, um uns zu sagen, daß wir bei dem Vorsprechen durchgefallen waren. Unerfreulich, aber doch wohl nicht tragisch.

„Ja . . . und?"

„Nun . . . also . . ."

Das wurde ja langsam albern! Ich stand auf, holte einen steiflehnigen Stuhl, der an der Wand stand, trug ihn zu Bridget hinüber, die auf der Kante ihres Polstersessels kauerte, und setzte mich so nahe wie nur möglich zu ihr. Es sah aus, als könnte sie es nicht ertragen, meinem Blick zu begegnen.

„Bridget, was ist los? Was hat Frances gesagt?"

Sie hob den Kopf und blickte mich nun endlich an. Ihre Augen waren groß vor innerer Anspannung.

„Sie sagten, sie wollten *mich* für Company haben – aber *dich* nicht." Ihr Gesicht wirkte ganz zerknittert vor Schmerz. „O Adrian, wenn du nicht mitmachst, will ich auch nicht mitmachen. Du hast doch damals den Brief geschrieben, und ich dachte . . ."

Arme Bridget. Es ging ihr wirklich und wahrhaftig mehr darum, wie ich mich fühlte, als um alles andere! Und wie fühlte ich mich? Ich fühlte mich, als hätte man mich soeben mit einem sehr dicken Knüppel über den Schädel geschlagen. Da hatte ich nun Gottes Güte! Es war wieder einmal passiert. Unerwünscht. Nicht angenommen. Nicht gut genug. Warum nicht? Tief in meinem Inneren brach der kleine Junge schluchzend zusammen, als sein Papa ihn wieder einmal enttäuschte.

Zugleich war mir bewußt, wie Bridgets Augen mein Gesicht nach dem geringsten Zeichen von Kummer oder Erbitterung absuchten. Sie hat mir später erzählt: Hätte sie nur das geringste Anzeichen davon entdeckt, was ich tatsächlich fühlte, sie hätte sich auf der Stelle dafür entschieden, Frances anzurufen und ihr zu sagen, daß sie beim Company-Team nicht mitmachen wollte.

Normalerweise hätte ich es niemals fertiggebracht, meine Gefühle zu verbergen. Wie so viele Ehemänner bin ich zuweilen ein großes Baby, und wenn ich Kummer habe, dann sorge ich dafür, daß meine Umgebung das auch weiß. Zumindest lasse ich sie wissen, daß ich meine Gefühle sorgsam verberge! Aber diesmal war es ganz anders. In den Bruchteilen von Sekunden, die Bridgets Worten folgten, wußte ich, daß die Art und der Inhalt meiner Antwort ihr entweder die Freiheit schenken würde, sich dieser interessanten und neuartigen Aktivität zu widmen, oder es ihr vollkommen unmöglich machen würde. Es war nicht recht und nicht fair, daß es so gekommen war – aber so lagen die Dinge nun einmal.

„Oh, Gott sei's gedankt! Einen Moment lang dachte ich schon, irgend etwas Schreckliches sei passiert." Ich wußte, daß es überzeugend klang.

„Willst du damit sagen, es macht dir nichts aus?" Bridget war verwirrt und immer noch argwöhnisch.

Ich hatte mich inzwischen völlig unter Kontrolle.

„Auf eine komische Art und Weise ist es sogar eine Erleichterung", log ich. „Komm, wir machen uns eine Tasse Tee. Was hältst du davon, wenn wir mit den Kindern demnächst ein Picknick oben bei den alten Eisenbahngeleisen veranstalten?"

Es war das einzige wirklich Heldenhafte, das ich jemals getan habe. Damals empfand ich es nicht als besonders befriedigend. Ich war so sehr daran gewöhnt, mir für meine Tugenden Belohnungen zu verschaffen. In diesem Fall jedoch wußte ich, daß mir nichts anderes übrigblieb, als die Klappe zu halten und zu leiden. Es mag einiges an Ironie darin liegen, aber hätte ich nicht genauso reagiert, wie ich es tat, so hätte letztlich vielleicht keiner von uns beiden an der Sendung mitgewirkt. Wie die Dinge standen, vergingen nur ein paar Wochen, bis ich ebenfalls eingeladen wurde, mich dem Company-Team anzuschließen – und ich konnte mich erholen von der Anspannung, so zu tun, als sei ich an Bridgets neuer Aktivität wohlwollend interessiert, aber gänzlich unbekümmert darum, daß ich selbst davon ausgeschlossen war.

Die ersten Teilnehmer an Company waren längst nicht so „alltäglich", wie das ursprüngliche Konzept es vorgesehen hatte. Da war beispielsweise Peter Ball, der anglikanische Bischof von Lewes, der bereits eine ziemliche Berühmtheit war. Bob Gordon war ein hervorragender Dozent über die Kunde des Alten Testaments und eben dabei, sich Colin Urquhart als Mitarbeiter und Ältester der Hyde Christian Community in der Nähe von Haywards Heath anzuschließen. Ken Gardner war ein anglikanischer Priester der Pfarrei St. Philip und St. Jacob in Waldeslade, in der Nähe von Gillingham, und Ann-Marie Stewart war eine Franziskanernonne, die nach zwanzig Jahren ihr Kloster verlassen hatte, um in Canterbury für das Leben nach franziskanischen Regeln neue Formen zu finden. Ann-Marie verdiente sich ihren Lebensunterhalt mit Putzarbeiten am Vormittag, während sie den Rest des Tages dem Gebet und gelegentlichen Verpflichtungen zum Predigen oder zum Unterricht widmete. Im Vergleich mit diesem Aufmarsch religiöser Experten waren Bridget und ich uns sehr bewußt, daß wir christliche Normalverbraucher waren. Ich war ein Experte für chaotisches Christenleben, und Bridget war eine Expertin darin, mit einem solchen zusammenzuleben, aber das war auch schon so ziemlich alles.

Eine Zeitlang fühlten wir uns etwas eingeschüchtert. Die Welt von TVS schien uns proppenvoll mit unglaublich kostspieliger Maschinerie und hochqualifizierten Technikern. Die Atmosphäre in dem neuen Studio in Gillingham war von großem Enthusiasmus geprägt. Wir standen am Anfang – nicht nur einer neuen Sendung, sondern einer neuen Fernsehanstalt. Jeder schien in heller Aufregung zu sein. Wir registrierten mit Staunen, wie viele Menschen erforderlich waren, um eine solch bescheidene Sendung zu produzieren. So oft sich ein technisches Problem bemerkbar machte, schienen sie in Horden aus der leeren Luft aufzutauchen. Für alles und jedes gab es einen speziellen Experten. Kameras, Beleuchtung, Ton, Make-up, Requisite, Garderobe – eine Unzahl von Spezialkenntnissen war erforderlich, um dieses Fünf-Minuten-Programm in einem kleinen Winkel des großen Studios, das vorzeiten ein Kinosaal gewesen war, zu produzieren. Was hatten *wir* eigentlich hier zu suchen? Was gab uns das Recht, im Kreise von Fachleuten zu sitzen und Dinge zu sagen, die Tausende von Bewohnern Südenglands von Malon in Essex bis Dorchester im Westen jede Nacht hören würden? Es war keineswegs – beeile ich mich hinzuzufügen –, daß die übrigen Mitwirkenden uns in irgendeiner Weise mit Absicht das Gefühl vermittelt hätten, wir könnten ihnen nicht das Wasser reichen. Bob war geradezu stürmisch bemüht, unser Vertrauen zu gewinnen, Ann-Marie war, wie sie selbst offen zugab, förmlich gelähmt vor Nervosität, und Peter – nun, über Peter wird noch mehr zu sagen sein, aber davon später. So hilfsbereit und freundlich jeder auch war, stellte sich für Bridget und mich doch die Frage: Welches Recht hatten zwei ganz alltägliche Leute, vor Tausenden von Zuschauern über das Christentum zu sprechen, wenn so viele andere besser informiert waren – und sicherlich überzeugender in ihrem Glaubensleben? Die Antwort lautete natürlich: Wir hatten überhaupt kein Recht. Und sobald wir das einmal erkannt hatten, erkannten wir auch, worin unser Beitrag bestehen sollte. Wir mußten es fertigbringen, ehrlich und offen über die Dinge zu sprechen, die uns widerfuhren, gute wie schlechte, und der Versuchung widerstehen, Entschuldigungen für Gott vorzubringen, indem wir die Spalten und Risse in unserem Leben übertünchten. Wenn wir das schafften, dann mochte es sein, daß wir anderen Leuten, deren Leben auf ebenso wackligen Beinen stand, Hoffnung und Ermutigung bieten konnten.

In der Theorie klingt das nach einer sehr bescheidenen Rolle, aber in der Praxis fühlten wir uns keineswegs demütig. Wir *liebten* einfach alles, was mit der Sendung zu tun hatte – das Palaver der Produktionstreffen, das Make-up, die Arbeit im Studio. Es roch so wunderbar nach Fernsehen. Wir traten im Fernsehen auf! Wir legten uns zwar eine Art kompensatorischer Nonchalance zu, was unsere Fernsehkarriere betraf, aber sie vermochte vermutlich niemand zu täuschen, am allerwenigsten uns selbst. Dieses Gefühl geballter Aufregung über die Faszination des Neuen hielt nicht lange vor, und möglicherweise war es ziemlich albern, aber ich glaube, es war gut und nützlich für uns. Es gab uns das Gefühl, wieder Kinder zu sein, und das ist für Christen immer eine sehr gesunde Erfahrung.

Einige Sendungen aus dieser Anfangszeit müssen wirklich schauderhaft gewesen sein. Ich konnte bald nicht mehr zählen, wie oft Maurice – wobei er sich mit beiden Händen zugleich durchs Haar fuhr – drohte, den nächsten zu erwürgen, der einen Satz mit den Worten begänne: „Als Christ meine ich –" Dann war da unsere Tendenz, ganz schrecklich höflich zueinander zu sein, solange die Kameras auf uns gerichtet waren. Nichts gegen Höflichkeit! Aber nicht selten wäre die lockere und lebhafte Diskussion, die sich nach der Sendung ergab, für die Zuschauer weitaus interessanter gewesen als die kuschelige, kopfnickende religiöse Pflichtübung, die soeben über den Bildschirm geflimmert war. Wir waren in Gefahr (und diese Gefahr blieb allgegenwärtig) haargenau denselben Fehler zu machen, den die Spätnachtprogramme alten Stils gemacht hatten, nur auf eine etwas kostspieligere Art. Dazu kamen unsere beiden großen Ängste: Wir hatten Angst vor Schweigepausen, und wir hatten Angst davor, die Sendung könnte zu Ende gehen, ohne daß wir unser spezielles kleines Goldklümpchen an Weisheit dazu beigetragen hatten. Ich füllte in diesen Tagen viele Schweigepausen mit absolut haarsträubendem Unsinn aus. Wahrscheinlich tue ich es gelegentlich auch heute noch. Ich erinnere mich, wie oft ich an diesem Küchentisch saß und auf eine Lücke – irgendeine Lücke – im Gespräch lauerte, damit ich meinen kleinen wohlvorbereiteten Spruch dort hineinzwängen konnte, ob er nun paßte oder nicht. Mit etwas Erfindungsgabe war es ja durchaus möglich, einen Zusammenhang zu erzwingen. Das Gespräch hätte beispielsweise folgendermaßen verlaufen können:

Ann-Marie: Eines der interessantesten Erlebnisse, die ich jemals hatte, ereignete sich an einem Montag, der immer ein ziemlich schlechter Tag für mich ist –

Adrian (erspäht eine winzige Lücke): Merkwürdig, soeben wollte ich über etwas sprechen, das sich an einem Mittwoch ereignete, der, wie man weiß, nur zwei Tage nach dem Montag kommt. Seht ihr, meine Mutter –

Bridget (grimmig entschlossen, nicht übergangen zu werden):

Findet ihr nicht auch, daß Gott ebensosehr eine Mutter wie ein Vater ist?

Adrian und Ann-Marie (beide innerlich kochend, aber nicht willens, vor 50 000 Zuschauern Ungeduld erkennen zu lassen): Ja ja, das ist er wohl. Wie interessant . . .!

Eine kleine Übertreibung natürlich, aber mit all diesen Problemen mußten wir uns herumschlagen. Wir entdeckten jedoch im Lauf der Monate, daß es tatsächlich möglich war, miteinander in Konflikt zu geraten, ohne daß wir einander gleich an die Kehle fuhren. Wir entdeckten auch, daß eine Schweigepause – sofern es eine natürliche Stille war – uns nicht nur keine Angst einzujagen brauchte, sondern bedeutungsvoller sein konnte als eine Menge Gerede.

Das Geheimnis schien auf zwei Gebieten zu liegen: Ehrlichkeit und Zuhörenkönnen. Wenn uns die Worte aus dem Herzen kamen und wir wirklich zuhörten und darauf eingingen, was andere sagten, dann war es gleichgültig, ob wir übers Töpfchengehen oder über die Prädestinationslehre sprachen. Es war auf jeden Fall echt. Wie Angus uns von Anfang an einhämmerte, wollten sich die Leute die Sendung nur dann ansehen, wenn auf dem Bildschirm irgend etwas *passierte.* Wir machen uns alle immer noch von Zeit zu Zeit derselben alten Fehler schuldig, aber, wie wir hoffen, weniger häufig als am Anfang.

Als Company zum erstenmal auf Sendung ging, waren Bridget und ich naiv genug zu glauben, daß die Küchenkulisse von den Zuschauern nicht weiter registriert würde. Sie diente ja offenkundig nur als Hilfsmittel, um eine geeignete Atmosphäre zu schaffen. Es war eine ziemlich alltägliche Küche im Stil der fünfziger Jahre. Sie sah keineswegs so aus, als würde sie viel Aufmerksamkeit erwecken. Auf dem Tisch, an dem wir saßen, stand zuweilen eine Blumenvase oder eine Obstschale, aber allgemein betrachtet gab es nur wenig, das geeignet schien, die Zuschauer von unserer „geistsprühenden“ Konversation abzulenken. Wir täuschten uns. Eines Tages – wir hatten eben einen Topf Malerfarbe in einem Geschäft am Ort gekauft – räusperte sich die Dame, die uns bedient hatte, in der bekannten „Ich hab was zu sagen"-Manier, als wir uns zum Gehen wandten. Sie legte meiner Frau eine Hand auf den Arm und sprach mit ernster Miene.

„Ich hoffe doch, es macht Ihnen nichts aus, wenn ich frage ..." Ihr Gesichtsausdruck war sehr ernst. Bridget lächelte ermutigend. „Sehen Sie ... mein Mann und ich, wir haben uns die ganze Woche hindurch Ihre Sendung angesehen und ... nun, da ist eine Frage, die wir beide Ihnen gerne stellen würden. Macht es Ihnen etwas aus?"

Wir fühlten uns geschmeichelt. Es war in der Anfangsepoche der Sendung, und es tat gut, in der Öffentlichkeit erkannt zu werden. Und nun war da diese reizende Dame, die gemeinsam mit ihrem Gatten eine Woche lang allem zugehört hatte, was wir sagten, und Hilfe bei der Lösung eines Problems suchte. Kein Zweifel, es ging um irgendeine Schwierigkeit in ihrem geistlichen Leben! Sie und ihr Gatte betrachteten uns als Leute, die ihnen auf ihre Fragen Antwort geben konnten.

„Wenn wir helfen können, natürlich ..." Bridgets ernster Ton paßte zum Ernst der Fragerin.

„Es ist nur ... wir machen uns nämlich schon die ganze Woche Gedanken darüber ..."

„Ja?" Bridget war die Geduld in Person.

Die Dame lehnte sich vor. Ihr Ton war jetzt noch vertraulicher als zuvor. „Dieses Obst in der Schale ... *ist das echt*?"

In Zukunft wurde der Kontakt mit den Zuschauern, seien es Briefwechsel oder persönliche Kontakte, sehr wichtig für uns. Das galt besonders in den pechschwarzen Tagen, die zweieinhalb Jahre nach den ersten Company-Sendungen über uns hereinbrechen sollten. Aber anfangs war es eine seltsame Erfahrung, auf der Straße erkannt zu werden, und eine, die uns zuweilen aus der Fassung brachte.

Eines Samstags verlor Bridget ihre Geldbörse, in der sich der größte Teil unserer Urlaubsersparnisse befand, die sie soeben von der Bank abgehoben hatte. In heller Panik irrte sie in der Stadt herum und schleppte dabei unsere zwei Kinder, beide im Vorschulalter, mit sich. Ihr Gesicht war tränenverschmiert, während sie vergeblich nach dem verlorenen Geld suchte, und sie stand kurz davor, vollends hysterisch zu werden, als eine Stimme an ihrer Schulter sagte: „Oh, verzeihen Sie, aber habe ich Sie nicht schon mal im Fernsehen gesehen?"

Bridget ist eine sehr zurückhaltende und damenhafte Person, aber nicht einmal das aufgeblasenste super-christliche Fernseh-Image hätte diesen Augenblick unbeschadet überdauert. Ich sollte wohl hinzufügen, daß die Geldbörse gefunden und später zurückgebracht wurde – von einem sehr ehrbaren Gentleman, der auf seinem Heimweg von der Arbeit darüber stolperte.

Dann war da die Dame, die die Arme um meinen Hals schlang und mich auf die Wange küßte, während ich mit dem achtjährigen Matthew an der Hand vor dem Kino Schlange stand. Sie fixierte mich mit dem durchdringenden Blick der Angesäuselten und sprach mit tiefem, vibrierendem Ernst.

„Sind Sie und Bridget in Wirklichkeit ebenso glücklich wie im Fernsehen?"

Während sie unsicher den Gehsteig entlang davonstolperte, ohne auf eine Antwort zu warten, wanderten Matthews Blicke in blankem Staunen von ihr zu mir und wieder zurück.

„Wumm, Papa", sagte er. „Du schließt aber schnell Freundschaft, was?"

Manchmal, wenn einer von uns allein in der Sendung auftrat, fiel eine Bemerkung darüber, daß wir kurz zuvor eine Sturmzone von Streit und Reizbarkeit zu überwinden gehabt hätten. Ich stand eines Tages im Supermarkt, als eine Stimme hinter meiner linken Schulter sagte:

„Tut mir leid zu hören, daß Sie und Ihre Frau Streit hatten."

Es war eine Dame, die ich nie zuvor gesehen hatte. Rasch stellte ich im Geist die nötige Verknüpfung her. Vermutlich hatte Bridget letzte Nacht dem ganzen Süden Englands unsere „Sturmzone" geschildert! Was hatte sie bloß gesagt? Was wußte diese Dame in der Schlange vor der Kasse, das ich nicht wußte? Ich widerstand der Versuchung, sie zu fragen, und sann über die Tatsache nach, daß

Ehrlichkeit auf dem Fernsehschirm zwar die beste Politik sein mag, einem jedoch ein paar recht unangenehme Augenblicke bescheren kann. Dennoch: Es war mir klarer als je zuvor, daß es eben diese Bereitschaft war, offen über die dunklen Seiten unseres Lebens zu sprechen, die uns befähigen würde, eine innige Beziehung zu den Zuschauern herzustellen. Das galt nicht nur für Bridget und mich, sondern für das gesamte Company-Team, das mittlerweile ständig anwuchs und seine Zusammensetzung änderte. Die Leute vor dem Fernsehschirm mußten wissen, daß sie mit ihrer Erfahrung von Mißerfolgen und Schwierigkeiten nicht allein standen.

Fünftes Kapitel

Worüber redeten wir denn nun eigentlich Abend für Abend? Nun, eine Weile lang versuchten wir es damit, alle Probleme der Welt im Schnellverfahren zu lösen. „Tod" am Montag, „Vergebung" am Dienstag, „Leiden" am Mittwoch – wir klärten all diese Fragen in fünf Minuten pro Thema. Zuweilen gelang es uns zwar tatsächlich, in einer so lächerlich kurzen Zeitspanne etwas zustande zu bringen, das einer vernünftigen Diskussion über diese abgründigen Fragen wenigstens nahe kam. Aber ich denke, wir fanden ziemlich bald heraus, daß die Dinge, die wir sagten, in unserer eigenen Erfahrung begründet sein mußten, oder wir würden nicht allzu überzeugend klingen.

Um ein Beispiel zu nennen: Zuweilen brachten wir die Schlagzeilen des Tages aufs Tapet, und wenn wir nicht gerade spezielle Kenntnisse auf einem speziellen Gebiet hatten, schien es uns besser, einen persönlichen, wenn auch nur mäßig informierten Kommentar abzugeben, mit dem sich die Mehrzahl der Zuschauer identifizieren konnte. Grundsätzlich war unser Gespräch in der Company-Küche ja viel mehr ein Geplauder als eine Debatte. Und wenn Freunde untereinander plaudern, worüber reden sie dann? Vermutlich darüber, was sie tagsüber getan haben. Man gibt so nebenbei seinen Kommentar zu den Neuigkeiten des Tages ab, tauscht Klatsch und Tratsch aus oder amüsiert sich einfach gemeinsam. Es ist natürlich nicht einfach, diese Art von zwanglosem Zusammensein unter Laboratoriumsbedingungen zu reproduzieren, wie es bei TVS von uns verlangt wurde.

Abgesehen vom Sondergebiet der Kindererziehung war das einzige, wovon ich wirklich etwas verstand, das „Ich-selbst-Sein". Also bestanden meine Beiträge eine beträchtliche Zeitlang vor allem aus Anekdoten. Das mag durchaus passend gewesen sein, denn auch meine Beziehung zu Gott bestand seit Jahren vorwiegend aus Anekdoten. Ich liebe es, Geschichten zu erzählen, und wenigstens hatten sie den Vorzug, wahre Geschichten zu sein. Da war beispielsweise die Geschichte vom Lastwagenfahrer und der Rose.

Die Sache ereignete sich, als ich einige Jahre zuvor per Autostopp unterwegs war. Ich hockte im Führerhaus eines riesigen Fernlasters, irgendwo auf der Überlandstraße M 4, und fuhr Richtung Westen.

Ich bin immer gern per Autostopp gefahren. Es ist eine so wunderbare Mischung aus Abenteuer und legitimer Untätigkeit. G. K. Chesterton sagte einmal, es gäbe nur wenig im Leben, das befriedigender sei als die Erfahrung, auf eine einsame Bahnstation verschlagen zu werden. Ich weiß, was er meinte. Der Geschmack zufälliger Einsamkeit ist köstlicher als „Marmite"-Brotaufstrich, und am intensivsten habe ich ihn gekostet, wenn ich mit erhobenem Daumen am Straßenrand stand und auf einen wartete, der mich mitnahm. Ich genieße dann die Tatsache, daß nur Gott und ich selbst wissen, wo ich mich gerade befinde. Dazu kommt das Wissen, daß jeder Autostopp Kontakt mit einem bislang unbekannten und völlig einzigartigen menschlichen Wesen bedeutet. Aus all dem ergibt sich das Autostoppen als die perfekte Beschäftigung für jemand wie mich, der von dem doppelten Laster der Neugier und Faulheit befallen ist.

An diesem speziellen Tag war ich ausgerechnet auf einer der Ausfahrten der Überlandstraße abgesetzt worden. Ich mußte also eine Weile auf der Zufahrtsschleife warten, bis mich wieder jemand mitnehmen würde. Es war schon spät am Nachmittag, als ein riesiger Fernlaster mit quietschenden Bremsen neben mir hielt. Der Fahrer beugte sich zur Seite und stieß die Beifahrertüre auf.

„Steig ein, Kamerad. Hier bleibt sonst nie einer für dich stehen."

Ich lächelte in mich hinein, während ich ins Fahrerhaus hochkletterte. Die Leute hatten mir das schon so oft gesagt, daß ich ziemlich häufig mit Absicht an „unmöglichen" Stellen wartete, weil ich wußte, daß irgendeine gute Seele mich zuletzt mitnehmen würde.

Während das kolossale Fahrzeug die Überlandstraße entlangdröhnte, begannen mein neuer Gefährte und ich selbst mit den vorsichtigen verbalen Abtastmanövern, die immer einer wirklichen Konversation vorausgehen. Sobald er einmal festgestellt hatte, daß ich manierlich zu plaudern verstand, etwas naiv und keineswegs gefährlich war, lehnte sich der Bursche hinter dem Lenkrad zu mir herüber und sprach im Ton eines Mannes, der eine wichtige Entscheidung getroffen hat.

„Ich sag dir was, was ich noch nie im Leb'n ein'm gesagt hab!"

Er zögerte und warf einen argwöhnischen Blick in alle Richtungen, als durchsuchte er das Fahrerhaus nach heimlichen Lauschern.

„Ich hab so 'n dämliches Gedicht geschrieben."

Er warf mir einen scharfen Blick zu, dann fuhr er fort, offenbar ermutigt von meinem ruhigen Interesse.

„Ich hab mir diese Rose angeguckt, siehste? In so 'n dämlichen Park. Ich sitz einfach so da, und ich guck mir die dämliche Rose an, und ich denk mir: ‚Ich pack's nicht! Guck dir so was mal an!' Desweg 'n hab ich das Gedicht geschrieben, verstehste?"

Seine Verletzlichkeit faszinierte mich und erschreckte mich zugleich. Das Vertrauen, das er mir entgegenbrachte, war ein so gläsern zerbrechliches Ding.

„Hast du's irgend jemand mal aufgesagt?" fragte ich.

„Du machst wohl Witze, was? Wenn ich den Kumpels sag, ich hab' so 'n dämliches Gedicht geschrieben, das bekäm' ich Tag und Nacht zu hören. Das mußte dir nur mal vorstellen, wie ich reingeh in die Kneipe und sag: ‚Hört mal, Jungs, ich hab 'n Gedicht geschrieben über so 'ne dämliche Rose!' Nee, kann ich mir nich' vorstellen."

„Dürfte ich es hören?"

Nach einigen inneren Kämpfen bellte er das Gedicht heraus. Seine Stimme übertönte den Lärm des Motors. Als er zum Ende gekommen war, sagte ich irgend etwas Anerkennendes, und eine Weile lang setzten wir die Fahrt fort, ohne miteinander zu sprechen.

Während ich blicklos durch die breite Windschutzscheibe vor mir starrte, fragte ich mich, was wohl Gott von all dem hielt. Nach ein paar Minuten mußte ich das Gesicht dem Seitenfenster neben mir zuwenden. Ich wollte nicht, daß der Fahrer die Tränen in meinen Augen sah. Ich hatte das Gefühl, als wüßte ich, was Gott jetzt denken mußte. Den ganzen langen Weg auf der Überlandstraße und hinein in die sinkende Sonne weinte er vermutlich mit mir zusammen um all die Menschen, die Gedichte in ihrer Seele tragen und nicht glauben können, daß irgend jemand sie hören will.

Diese Geschichte hatte eine besondere Bedeutung für mich, vielleicht, weil ich immer schon Freude daran gehabt habe, meine Gefühle durch Gedichte auszudrücken. Einige davon habe ich mit den Zuschauern von Company geteilt. Vor allem ein Gedicht war es, das mir die Spannung, die das Erbe meiner unbehaglichen Kindheit war, in Worte zu fassen schien. Es hatte eine seltsam reinigende Wirkung auf mich, dieses Gedicht durch die Kameralinsen hinaus in die Welt zu senden.

Als ich ein kleiner Bub in einer kleinen Schule war,
die Beine endlos lang
und mit Ohren, die weithin verkündeten,
daß mein Kopf voller Notfälle war,
als ich mich mit blutenden Fingerspitzen
an dreiunddreißig plus neun klammerte,
da gab es nur zwei Verbrechen.
Das eine war, in den Korridoren zu lärmen.
Das zweite war: ein Narr zu sein.
Und wenn die Glocke, die gesegnete Glocke
mir die Erlaubnis gab, mich heimzubegeben,
da dachte ich, es möchte doch eines Tages
die Chance kommen, in der Hölle zu herrschen,
aber nun höre ich niemals die Glocke,
und ein Teil von mir wird mein Leben lang
ein Narr sein,
der in irgendeinem heiligen Korridor lärmt.

Ein weniger poetischer, aber ebenso bedeutungsvoller Bericht betraf die Art und Weise, wie ich mit dem ersten Tag an meiner neuen

Arbeitsstelle in Sussex zurechtkam – oder besser gesagt, *nicht* zurechtkam –, nachdem wir von Norfolk in den Süden gezogen waren.

Egal, wieviel Erfahrung man in der Heimerziehung von Problemkindern hat, es ist immer wieder nervenzermürbend, mit einer neuen und erschreckend unvertrauten Gruppe von Kindern und Mitarbeitern konfrontiert zu werden, besonders in der spannungsgeladenen Atmosphäre eines großen Kinderheims. Ich sollte um 2.30 Uhr mit meiner Arbeit anfangen. Bereits um 1.30 Uhr hatte ich meinen gesamten Vorrat an Ablenkungsmanövern, Mut, Glauben und Spucke verbraucht. Ich wünschte, Harmagedon wäre für die nächste Stunde angesagt. Dann schlich sich eine Entscheidung, eine Art Lösung, in meine Gedanken. Wenn ich einfach auskniff – wenn ich die Abkürzung entlang der alten Eisenbahnstrecke und quer über den Spielplatz der Schule nahm, dann konnte ich die „Britannia Arms" noch rechtzeitig erreichen, um mir wenigstens drei Glas Bitterbier hinter die Binde zu gießen. Ich eilte aus dem Haus, wobei ich die unvermeidliche Last meiner Schuld wie einen Hafersack auf dem Rücken schleppte. Ich hatte Gott schon eine ganze Weile lang nicht viel zu sagen gehabt, aber ich glaubte zu wissen, was er von dieser Stippvisite im Wirtshaus hielt. Ich sah ihn geradezu vor mir: Die Augenbrauen hochgezogen, die Fingerspitzen trommeln gereizt auf eine Wolke. Ich trat ihm „mannhaft" entgegen.

„Tja, daran läßt sich nun nichts mehr ändern, Gott. Ich geh einen zwitschern, und basta. Ich will ein Bier, ich brauch ein Bier, und ich genehmige mir ein Bier. Und wenn es Dir nicht paßt, mußt Du Dir etwas einfallen lassen, um mich aufzuhalten."

Während ich den Fußpfad zwischen Büschen und Bäumen entlanghastete, unterbreitete ich Gott verschiedene diesbezügliche Vorschläge.

„Wie wär's mit Straßenräubern, Gott? Warum engagierst Du nicht irgend jemand, der hinter einem Baum hervorspringt und mich auf den Schädel schlägt? Oder wie wäre es mit einem dramatischen kleinen Bergrutsch! Ich könnte kurzerhand in einer Kluft im Boden verschwinden. Hast Du irgend etwas auf der Linie vor?"

Ich lachte ziemlich wüst, während ich über den Sportplatz jagte und den Hügel hinaufhastete, der Stadt entgegen. Ich war im Grunde gar nicht sonderlich stolz darauf, was ich hier tat. Dann tauchte endlich die Hauptstraße auf. Auf der gegenüberliegenden Seite – die Kneipe, das Bier.

„Letzte Chance, Gott. Verkehrsunfall? Muß ja nichts Ernsthaftes sein. Wie wär's mit einem gebrochenen Bein?"

Ich überquerte die verkehrsreiche Straße ohne den geringsten Unfall und eilte in die Salonbar der „Britannia". Ich bestellte ein Bier. Ich sah zu, wie es gezapft wurde; ich leckte mir die Lippen. Ich streckte die Hand aus und ergriff das schaumgekrönte Glas. Während ich es vorsichtig zu mir herüberzog, suchte ich mit der Hand in der Jackentasche nach der Geldbörse.

„Pech gehabt, Gott! Auf Dein Wohl!"

Plötzlich erstarrte ich. Panik – Entsetzen – kein Geld! Ich hatte eine andere Jacke als sonst angezogen. Ich hatte keinen Groschen Geld in der Tasche. Für den Barkeeper war ich ein Wildfremder.

„Es tut mir leid – ich habe kein Geld", sagte ich kläglich.

„In diesem Fall haben *wir* kein Bier", antwortete der Mann, offenkundig ein Charakter von alttestamentarischem Schlag, und er streckte die Hand aus und nahm mir mein Bierglas weg.

Ich begann erst zu lachen, als ich bereits den halben Rückweg zum Kinderheim zurückgelegt hatte. Ich lachte im stillen immer noch, als ich um 2.30 Uhr meinen Dienst antrat.

Es war fast, als wäre ich – betrunken.

Nachdem ich eines Nachts in der Sendung diese Geschichte erzählt hatte, entdeckte ich erst, daß wir eine beträchtliche Zuhörerschaft von Gastwirten hatten, von der wir bislang gar nichts gewußt hatten. Als ich im Verlauf der nächsten Wochen Wirtschaften in der näheren und weiteren Umgebung besuchte, stellte ich fest, daß die Wirte und Wirtsfrauen fasziniert waren von den Details der Geschichte. Welche Kneipe war es gewesen? Welche Sorte Bier? Sie erzählten mir, sie sähen sich Company ziemlich regelmäßig an, denn bis einmal die ganze Aufräumarbeit erledigt war, war es beinahe Mitternacht, und bis sie endlich dazu kamen, die Füße hochzulegen, waren unsere paar Minuten Plauderei das einzige, was vom Fernsehprogramm des Abends noch übriggeblieben war.

Mein Bericht war auch ein gutes Beispiel dafür, wie befreiend Offenheit wirken kann. Sobald ich einmal öffentlich die Enthüllung gewagt hatte, daß ich ein Christ war mit einem gesunden Appetit auf Bier und einer ungesunden Neigung, es zuweilen als Krücke zu mißbrauchen, schien es auch anderen leichter zu fallen, offen über ihre eigenen Laster und Schwächen zu reden. Obwohl ich keine Antwort auf solche Probleme parat hatte, schien es mir doch, es sei besser, offenherzig darüber zu reden, als sich von Schuldgefühlen lähmen zu lassen. Eine ähnliche Wirkung erzielten Bridgets lebensnahe Schilderungen, wie zuweilen einfach alles katastrophal schiefzulaufen drohte. Das geschah natürlich besonders dann, wenn ihr ganz besonders daran gelegen war, den Eindruck einer coolen, selbstbewußten Ehefrau und Mutter zu erwecken. Nicht wenige Frauen erkannten sich in diesen lebhaft gemalten Bildern wieder, allen voran diejenigen, die wissen, was es bedeutet, unter dem mißbilligend starren Blick von „Müttern-mit-braven-Kindern" dahinzuwelken, während sie sich erfolglos mit ihrer eigenen aufsässigen Brut herumschlagen. Ich denke, sie fanden die Erfahrung ausgesprochen erfrischend.

Wie ich nun einmal gebaut bin, dauerte es natürlich nicht lange, bis ich anfing, mich als Gottes Geschenk an die Zuschauer des Spätabendprogramms zu betrachten. Ich war überzeugt, daß die göttliche Vorsehung mich an diesen Küchentisch gesetzt hatte, um einem Heer von Schlaflosen Tröstung zu spenden. Was ich absolut nicht begriffen hatte, war die Tatsache, daß Gott viel eher vorhatte, im Lauf der nächsten Jahre *mich* einigermaßen auf Vordermann zu bringen. Der erste Schritt in seiner Kampagne (wobei er meine Mitwirkung bei Company als Hebel benutzte) bestand darin, etwas zu vollbringen, das ich seit Jahren vergeblich versucht hatte. Er fand einen Weg für mich, das Rauchen aufzugeben.

Ich war – bereits seit meinem sechzehnten Lebensjahr – ein leidenschaftlicher Raucher. Auf den meisten Fotos, die seit damals von mir gemacht worden waren, halte ich ein Päckchen Zigaretten und eine Streichholzschachtel in der einen Hand und ein Buch in der anderen. Zigaretten waren die einzigen unkomplizierten Tröster, die ich kannte, kleine Freunde, die immer verfügbar waren, niemals Widerworte gaben und nichts dagegen hatten, wenn man auf ihnen herumtrampelte. Als ich 33 war, rauchte ich mindestens sechzig Zigaretten am Tag; alle zwanzig Minuten eine – eine Summe von rund tausend Pfund pro Jahr. Ich rauchte, wenn ich zu Bett ging, und ich rauchte, bevor ich morgens aufstand. Ich zündete eine Zigarette an, bevor ich zur Tür hinausging, und die nächste, während ich auf den Bus wartete. Ich rauchte vor, nach und während dem Baden. Oft verließ ich ein Kirchentreffen oder eine wichtige Konferenz zwischendurch, offiziell, um zur Toilette zu gehen, in Wirklichkeit jedoch, um mir hastig ein paar aufbauende Lungenzüge zu genehmigen, bevor ich mich wieder in die Nichtraucherzone zurückwagte. Am köstlichsten jedoch – welche Wonne! – war es, nach dem Essen zu rauchen.

Ich rauchte mit einer eigenartigen unterschwelligen Intensität. Ich verteidigte meine Sucht mit Zähnen und Klauen, vielleicht in der Erkenntnis, daß ich sie als Waffe im Kampf benützte. In einer Weise half mir das Rauchen dabei, wirkliches Engagement in einer Welt, die mich niemals ganz zufriedenstellte, von mir zu schieben. Gleichzeitig jedoch hatte ich immer Schuldgefühle gehabt, weil ich Raucher war. Es war schließlich eins von den Dingen, derentwegen ein Christ Schuldgefühle haben *sollte*, nicht wahr?

Heute bin ich der festen Überzeugung, daß Gott sehr liebenswürdig ist. Damals jedoch litt ich an der fixen Idee, er sei etwas Ähnliches wie eine Kreuzung zwischen einem Schulvorsteher und einem Bankdirektor, vor dessen Angesicht ich die Rolle eines ungezogenen Jungen mit überzogenem Bankkonto spielte. Heute, wo ich längst nicht mehr rauche, bin ich vollkommen überzeugt, daß das Rauchen an sich um nichts mehr oder weniger sündhaft ist als andere Dinge, aber ich war der Sucht völlig verfallen, und es kostete ein Vermögen. Ich exerzierte alle nur erdenklichen spirituellen Verrenkungen durch, um mich aus der Abhängigkeit zu befreien. Ich faßte Entschlüsse bei Rüstzeiten. Ich ging nach vorne, wenn dazu aufgerufen wurde. Ich tat Buße und flehte und haderte mit dem unbeugsamen Gott, den mein Herz erschaffen hatte. Das einzige, was all diese Erfahrungen gemeinsam hatten, war das Vergnügen, mit dem ich die Zigarette anzündete, die unweigerlich jedem guten Vorsatz folgte. Geld, Gesundheit, Schuldgefühle – kein Motiv war stark genug, mich zum Aufhören zu bewegen. Zuletzt versuchte ich es ein paar Jahre lang überhaupt nicht mehr.

Dann kam ein Tag, an dem Bridget – wie schon so oft – einen erbitterten Kampf mit unserer rostzerfressenen alten Waschmaschine ausfocht. Und da passierte plötzlich etwas. Bridget brach in Tränen der Frustration aus, als der altersschwache Apparillo sie wieder einmal in die Knie zwang, und sie sagte nur zehn Worte.

„Wenn du nicht rauchtest, könnte ich eine neue Waschmaschine haben!"

Sie hatte niemals zuvor geklagt. Ich ging ins nächste Geschäft für Haushaltsgeräte und kaufte eine Waschmaschine auf Raten. Wenn ich meine tägliche Zigarettenration auf zwanzig reduzierte, dann, so rechnete ich mir aus, dann würde das gesparte Geld die Rückzahlungsraten decken. Ich beschloß, nur noch jede Stunde eine Zigarette zu rauchen, und zwar genau zur vollen Stunde. Ich lebte fortan für den Augenblick, an dem, wie mein jüngster Sohn es formulierte, der große Zeiger auf zwölf stand. Jede einzelne Stunde dauerte mehrere Monate lang. Jede Zigarette hielt nur ein paar Sekunden lang vor. Meine Familie ging mir aus dem Weg. Nach einem Monat wußte ich, daß der Augenblick einer endgültigen Entscheidung herbeigekommen war. Jetzt oder nie. Entweder das Rauchen völlig aufgeben, oder zurück zu sechzig Zigaretten am Tag. Ich entschied mich dafür, es aufzugeben. Der Unterschied bestand diesmal allerdings darin, daß ich ein weitaus wirksameres Mittel als in der Vergangenheit gefunden hatte, mir selbst die Hände zu binden. Einige Tage später sprach ich in der Sendung davon, daß ich das Rauchen aufgegeben hatte. Mir fiel das Herz in die Hosen, als ich so endgültig alle Brücken hinter mir abgebrochen hatte. Das Publikum von Company mochte ja zahlenmäßig ziemlich klein sein, aber ich wußte nur zu gut, daß es immer noch groß genug war, um von Stammzuschauern angesprungen zu werden, falls sie mich auf offener Straße rauchen sahen. Es war mein Stolz, der zuletzt den Sieg davontrug. Ich hatte gesagt, ich rauchte nicht mehr – und ich besaß nicht die Demut zu versagen. Und da redete man von „seine Schwächen mit anderen teilen"!

Die nächsten paar Monate waren grauenhaft. Jeden Morgen beim Aufwachen fiel es mir ein, daß ich das Rauchen aufgegeben hatte, und ein Stich des Entsetzens durchfuhr mich. Ich sah keinen Sinn mehr darin, aus dem Bett zu kriechen – zu arbeiten –, überhaupt irgend etwas zu tun. Wie ein Trauernder (und so fühlte ich mich auch) war ich untröstlich. Ich überließ mich völlig dem Leiden. Gebete? Gott? Fragt mich nicht!

Dann, eines Nachmittags, sechs Monate später, hielt ich es nicht mehr aus. Zu dem Zeitpunkt hatte ich die Arbeit im Sicherheitstrakt für gewalttätige und chronisch entweichende Kinder übernommen, und ausnahmsweise waren alle außer Haus. Wie ich da in dem kleinen Büro für Mitarbeiter saß, lag auf dem Schreibtisch vor mir eine einzelne Zigarette, weiß und verlockend, prall mit Tabak gestopft – wunderschön. Es war ein harter Tag gewesen. Ich war angespannt und nervös. Ich hatte genug. Company hin oder her, Stolz hin oder her, ich würde diese Zigarette rauchen. Ich kramte fieberhaft in der Schreibtischschublade, in der das Feuerzeug für gewöhnlich aufbewahrt wurde. Während ich herumstöberte, wiederholte eine kleine, schwache Stimme im Hintergrund meiner Gedanken ein ums andere Mal dasselbe verzweifelte Gebet.

„Laß es nicht da sein ... laß es nicht da sein ..."

Das Feuerzeug war jedoch da. Die Zigarette war in meinem Mund. Ich knipste das Feuerzeug an. Es funktionierte nicht. Ich probierte es nochmals. Es funktionierte noch immer nicht. Das blöde Ding hatte kein Benzin mehr! Ich mußte diese Zigarette einfach haben ...

Natürlich! Zündhölzer! Einige der Kinder bewahrten Zündhölzer in den winzigen taubenschlagähnlichen Spinden an der Wand auf. Ich beugte mich vor und begann die kleinen viereckigen Kästchen auszuräumen.

„Laß keine Zündhölzer da sein . . . bitte laß keine Zündhölzer da sein . . .“

Es waren keine Zündhölzer da. Kein einziges Zündholz. Auch egal – ich würde diese Zigarette rauchen. Der Eimer! Der Mülleimer! Man fand doch immer irgendein noch brauchbares Zündholz unter dem Kehricht. Ich hatte alle Würde fahren lassen. Ich leerte den metallenen Behälter auf dem Boden aus und fingerte in dem unappetitlichen Haufen aus Papier, Orangenschalen und allgemeiner Klebrigkeit herum.

„Bitte, laß kein –“

Nichts! Kein brauchbares Zündholz. Ich sprang auf und rannte fast den Korridor entlang, hinaus aus dem Sicherheitstrakt und hinunter in die Küche, wo die Mahlzeiten für das gesamte Kinderheim zubereitet wurden. Ich wußte, dort bekam ich Feuer. Ich blieb auf der Schwelle der weiträumigen, von Geschäftigkeit erfüllten Küche stehen und blickte mich um. Zu meiner Rechten brannte eine Gasflamme strahlend hell unter dem Wasserkessel. Genau vor mir hockte eine große gelbe Schachtel Streichhölzer dick und fett auf dem Regal. Zu meiner Linken arbeitete eine der Köchinnen am Herd. Sie war Raucherin. Ich wußte, daß sie immer Zigaretten und ein Feuerzeug in ihrer Schürzentasche mit sich herumtrug. Ich trat einen Schritt vor, dann blieb ich stehen. Ganz plötzlich wich der Wahnsinn von mir. Ich schob die zerknitterte Zigarette in meine Jakkentasche und schlurfte müde zurück zum Sicherheitstrakt. Seit diesem Tag habe ich keine einzige Zigarette mehr geraucht, aber es dauerte noch gut ein Jahr, bis es mir leichtfiel.

Warum war die ganze Angelegenheit so schwierig? Warum konnte das Bedürfnis zu rauchen nicht durch irgendeine göttliche Chirurgie einfach ausgemerzt werden? Manchen Leuten widerfährt das ja tatsächlich, wie man hört. Warum nicht auch mir? Ich denke, es gab da drei Dinge, die ich lernen mußte.

Zum ersten: Es gibt kein wirkliches Opfer ohne Leiden. Das hatte ich zwar gewußt, aber es war ein rein theoretisches Wissen gewesen.

Zum zweiten: Wenn du das Ende deiner eigenen Kraft erreicht hast, hilft Gott weiter – selbst wenn er dazu an Feuerzeugen herummanipulieren und Streichhölzer verstecken muß. Manchmal ist ein Wunder geradezu jener kleine Windstoß, der einem die Kraft verleiht, sich weiter mit den Rudern abzumühen.

Zum dritten ermutigte mich dieses Erlebnis, darauf zu vertrauen, daß Änderungen möglich sind. Es ist keine Übertreibung, wenn ich sage: Wenn es möglich ist, daß ein Schwächling wie ich das Rauchen aufgibt, dann kann eigentlich jeder alles schaffen. Oder fast alles.

So war also Phase eins des göttlichen Planes erfolgreich abgeschlossen. Einer meiner am tiefsten verwurzelten Verteidigungsmechanismen war demontiert worden. Wäre da nicht meine „öffentliche Erklärung“ in der Sendung gewesen, es wäre einfach unmöglich gewesen.

Aber das war erst der Anfang. Seit ich bei Company mitwirkte, begegnete ich immer wieder Menschen, die mich zwangen, meine ganze Auffassung von geistlichem Leben, Christentum und organisierter Religion zu überprüfen und nach neuen Erkenntnissen auszurichten. Der erste – und sicherlich auch einer der einflußreichsten – dieser Menschen war Peter Ball, der Bischof von Lewes.

Sechstes Kapitel

„Ich könnte den ganzen Tag einfach nur dasitzen und diesem Mann zugucken."

Ich saß hinter den Kameras im Studio zwei und beobachtete die drei Mitwirkenden an der nächsten Company-Sendung. Sie saßen leise plaudernd beisammen, während sie darauf warteten, daß die Aufnahme begann. Da wurde mir bewußt, daß der Techniker, der neben mir saß, mit merkwürdiger Eindringlichkeit auf die stille Gestalt in der Mönchskutte starrte, die an einer Seite des Küchentisches saß.

„Was meinen Sie?" Ich wußte, was er meinte.

„Nun . . ." Er lehnte sich in seinem Sessel zurück, ein wenig verlegen über seine eigene Bemerkung.

„Es ist . . . als säße man am Ufer eines Sees. Es ist nicht einmal notwendig, daß er irgend etwas sagt. Es ist einfach irgendwie entspannend, ihm zuzusehen."

Ich wußte genau, was er damit sagen wollte. Seit dem Tag, an dem ich ihm – im Februar 1982 – zum erstenmal begegnet war, war ich fasziniert und bezaubert gewesen von dem Phänomen Peter Ball, Bischof von Lewes. Ich hatte nie zuvor einen Bischof persönlich kennengelernt, und ich hatte ein vages und völlig uninformiertes Vorurteil gegen ehrgeizige Prälaten – die „Kirchenfürsten". Peter Ball, sollte ich bald herausfinden, mochte sie auch nicht. Bevor wir einander als Kollegen bei Company begegneten, hatte ich nie zuvor von ihm gehört, was ich als ausgesprochenen Glücksfall betrachte. Als er in seinem ziemlich altersschwachen blauen Auto vor unserem Haus in Hailsham auftauchte, um Bridget und mich zu den TVS-Studios in Maidstone zu fahren, fühlte ich mich nicht im geringsten verpflichtet, beeindruckt oder von Ehrfurcht überwältigt zu sein. Erst viel später erfuhr ich, daß dieser Mann von vielen

Leuten als einer der weisesten und gottgefälligsten Männer der christlichen Kirche betrachtet wird. So weit, so gut; seine Begrüßung lautete nämlich: „Hallo Adrian, wie wär's mit einem Schokoriegel?"

Während ich in den Beifahrersitz kletterte, registrierte ich seine äußere Erscheinung. Ein Mann in mittleren Jahren, von gesundem, aber erschöpftem Aussehen, in einer bodenlangen grauen Kutte gekleidet, ein bezauberndes Lächeln auf den Lippen, vielleicht eine Spur von Härte in den Augen. Während wir nordwärts, in Richtung Maidstone, fuhren, plauderten wir zwanglos miteinander. Peter sah absolut nicht so aus, wie man sich einen „Kirchenfürsten" vorstellt. Er wirkte viel eher wie ein ganz normaler, aber eigenartig glücklicher Mensch, der es irgendwie geschafft hatte, die Reife des Erwachsenen zu erreichen, ohne den Enthusiasmus und die Spielfreude der Jugend darüber zu verlieren.

„Ich hatte erwartet, Sie würden die ganze Zeit über Gott reden", bemerkte ich ziemlich brüsk, während wir die verkehrsreiche Tunbridge High Street entlangfuhren.

„Sie meinen, weil ich Bischof bin . . ."

Peters Lächeln erleuchtete den ganzen Wagen.

„Die Leute scheinen tatsächlich zu glauben, daß ich die ganze Zeit meine Ansichten über Gott im Munde führen müßte! Natürlich habe ich meine Ansichten, aber ich habe doch meine Schwierigkeiten damit, wenn die Leute annehmen, Gott wäre so etwas wie mein persönliches Hobby. Sie reden mit mir über Religion, wie man mit einem Philatelisten über Briefmarken redet oder mit einem Hobbyfotografen übers Entwickeln – und so weiter. Im Grunde betrachten sie mich gar nicht als einen wirklichen Menschen."

Bridget lehnte sich vor und sprach.

„Aber warum ist das so, Peter? Warum wollen die Leute Sie nicht als wirklichen Menschen betrachten?"

„Ach, wissen Sie . . ." Peter wurde ernst. „Ich glaube, Bridget, das Problem liegt darin, daß im Augenblick in der Kirche die Vorstellung herrscht, die wirklich guten Christen wären diejenigen, die einen Großteil ihrer Zeit mit religiösen Aktivitäten verbringen. Was für ein Unsinn! Es gibt überhaupt viel zuviel Religion."

Peter zuzuhören – das fühlte sich allmählich an wie ein herrlicher, aber unerwarteter kühler Regen an einem erstickend heißen Tag. Als wir in die Straße nach Hadlow einbogen und in das ländliche Kent hinausfuhren, erschien mir die Welt auf einmal als ein etwas erfreulicherer Ort als gewöhnlich.

„Wenn Sie ‚Religion' sagen ..."

„... meine ich religiöse Übungen. Je mehr Zeit man in der Kirche verbringt, je öfter man zu Bibelstunden geht, je mehr Gebetstreffen man besucht, ein desto besserer Christ ist man. Was für ein Unsinn! Wir sind hier, um die Welt zu verändern, nicht, um einen kuscheligen kleinen Christenclub zu gründen, in dem alle beständig mit religiösen Übungen beschäftigt sind. Natürlich müssen wir beten, natürlich müssen wir Gottesdienste abhalten – diese Dinge sind das Herz unseres Lebens. Aber gleichzeitig müssen wir leben, so intensiv wir können, in freudiger Selbstlosigkeit, und uns um die Menschen kümmern und das Alltagsleben verändern. Wir haben die Hoffnung, daß wir alles berühren können und sehen, wie es zu funkeln beginnt."

Seltsamerweise fand ich Peters Gebrauch der Fürwörter „wir" und „unser" weder unbehaglich, noch erfüllten sie mich mit Schuldgefühlen. Ich konnte ehrlicherweise nicht gerade behaupten, daß Gebet und Gottesdienst den Mittelpunkt meines Lebens ausmachten, und was die Vorstellung betraf, daß die Dinge zu funkeln begannen, wenn ich sie anrührte – nun, es sah absolut nicht danach aus! Freudige Selbstlosigkeit? Das mußte ein Scherz sein!

Ich stellte jedoch etwas Merkwürdiges fest. Peters Worte und sein Wesen waren von einer Kraft erfüllt, die mir das Gefühl gab, ich könnte all das werden, das er hier beschrieb. Etwas an seinem Gehaben legte mir den Gedanken nahe, ich sei vielleicht gar kein so übler Bursche.

Das war etwas völlig Neues für mich. Meine bisherige christliche Erfahrung hatte vor allem die unüberbrückbare Kluft zwischen der Vollkommenheit Gottes und meiner eigenen, sündenverseuchten, wurmartigen Existenz betont. Oft schien es mir, als sei es geradezu verpönt, sich von Gott „gemocht" zu fühlen. Von Gott „geliebt" zu werden – das ging in Ordnung, denn geliebt wurde man ja *trotz allem*, was man ist. Die Atmosphäre, die Peter umgab, enthielt jedoch eine Art großzügiger Ermutigung. Sie gestattete mir, mich zu entspannen und mich wärmen zu lassen von etwas, das man wohl am besten als Zuneigung beschreibt. Dieses Prinzip trifft übrigens auf viele Leute zu, die ich seit damals kennengelernt habe. Je näher sie Gott sind, desto wohler fühlt man sich in ihrer Gegenwart, was nicht im geringsten bedeutet, daß man seine Fehler und Schwächen bagatellisiert oder ignoriert. Ich finde das sehr ermutigend. Vermutlich ist Gott selbst die Quelle und das unübertreffliche Urbeispiel dieser Eigenschaft. Gott ist nett, und er mag mich. Was für ein Gedanke!

Als wir im Studio in Gillingham ankamen, hatten wir Gelegenheit, Zeugen des „Funkelprinzips" zu werden. Peter begrüßte Kameraleute, Maskenbildnerinnen und Sicherheitspersonal auf eine Weise, die erkennen ließ, daß jeder einzelne von ihnen ihm entscheidend wichtig war. Wie er sich in dem weitläufigen Studiogebäude dahin und dorthin bewegte, schien er seine eigene leuchtende Aura mit sich herumzutragen. Später, im Verlauf der Sendung, fragte ich ihn danach.

„Peter, lernen Sie gerne Menschen kennen – ganz beliebige Menschen . . .?"

Er klopfte mit der flachen Hand sanft auf den Tisch und nickte bedächtig. „Ja, Adrian. Ich habe, ganz ehrlich gesagt, eine Riesenfreude an Menschen. Ich sprühe geradezu vor Aufregung, sobald ich jemand neuen kennenlerne. Aber es kann Probleme mit sich bringen."

Bridget und ich sahen vermutlich beide verblüfft aus.

„Nun, sehen Sie, es gibt zwei Dinge, bei denen ich wirklich erstklassig gut bin. Das eine ist Squash, und das andere ist, Menschen das Gefühl zu vermitteln, daß sie einen ganz besonderen Wert für mich haben – den sie auch tatsächlich haben; aber ich treffe so viele Leute, und es ist einfach praktisch unmöglich, sich die ganze Zeit hindurch jedem einzelnen völlig zu widmen. Es wird dann sehr kompliziert. Manchmal, glaube ich, ist es sogar gefährlich, denn manche Menschen werden sehr zornig, wenn ich sie nicht anrufe oder ihnen schreibe . . ."

Bei dem Gedanken daran schüttelte er bestürzt den Kopf.

„Offensichtlich", sagte Bridget, „sehen diese Leute an Ihnen etwas Besonderes, was ich im übrigen ebenfalls tue; aber Sie haben nun mal nur 24 Stunden am Tag zur Verfügung, wie jeder andere Mensch auch. Meinen Sie, daß das, was die Menschen in Ihnen sehen, tatsächlich Jesus ist?"

Peters Gesicht leuchtete von innen her auf.

„Das hoffe ich, ja, das hoffe ich sehr. Es widerfährt mir nicht jede Minute des Tages, aber ich wünschte, es wäre so. Wir alle haben eine Persönlichkeit, und ich glaube daran, daß sie von Jesus verändert werden kann. Wir alle müssen wie ein winziger Diamant sein im Kaleidoskop der Glorie, die Jesus ist."

Plötzlich fühlte ich mich persönlich sehr stark angesprochen davon, was da gesagt wurde. Die Scheinwerfer und die Kameras um mich herum schienen aus meinem Blickfeld zu verschwinden, als ich eine weitere Frage stellte.

„Die Sache ist aber die, Peter, daß Diamanten wertvoll sind. Und eines der Probleme, die eine Menge Christen haben, heißt: Wie können sie weiterhin wertvoll sein, wenn sie doch wissen, was für Leute sie in Wirklichkeit sind? Wie sollten sie da ihren Wert in Gottes Augen schätzenlernen?"

Ich versuchte, distanziert zu klingen – ganz akademisches Interesse. Es fiel mir nicht leicht, denn in Wirklichkeit gierte ich nach der Antwort. Peter dachte einen Moment lang mit gerunzelter Stirn nach. Dann hellte sich sein Gesicht auf.

„Sehen Sie, die Kirche erzählt allen Leuten, Demut bestünde darin, daß man sich für einen Haufen Unrat hält. In der Fastenzeit zum Beispiel müssen wir uns die ganzen vierzig Tage lang als Mülltonnen betrachten. Demgegenüber müssen wir aber festhalten, daß Gott in Wirklichkeit einfach fasziniert von uns ist. Er nahm sich fünftausend Millionen Jahre Zeit, um uns zu erschaffen. Das ist eine ziemlich lange Zeit, selbst an den Maßstäben der Ewigkeit gemessen – ein, zwei Sekunden, nicht wahr? Er ist absolut entzückt von uns. Ich liebe das einfach! Wenn ich morgens zum Gebet niederknie, dann beginne ich nicht damit, daß ich sage: ‚O Gott, Du bist wirklich groß, Du bist wunderbar.' Was ich in diesem Augenblick wirklich empfinde, ist vielmehr das Gefühl, nach Hause zu kommen. Ich weiß, daß er großartig ist, aber ich komme nach Hause zurück, und er sagt: ‚Oh, ist das nicht wunderbar, daß du hier bist!' Ich verstehe es nicht. Sehen Sie – ich weiß, daß ich ein sehr, sehr sündiger Mensch bin, aber ich weiß mit derselben Gewißheit noch etwas anderes ..."

Ich war inzwischen viel zu routiniert darin, meine Gefühle zu unterdrücken, als daß ich buchstäblich in Tränen ausgebrochen wäre. Aber ich spürte, wie meine Augen naß wurden, als Peters sanfte Stimme fortfuhr, voll warmherziger Begeisterung für diesen Gott, den ich nur unter Schwierigkeiten wiedererkannte.

„Sehen Sie ... ich weiß, wenn ich heute drauflosmarschierte und das allerschlimmste aller denkbaren Verbrechen mit jedem einzelnen in dem Dorf, wo ich wohne, beginge, und in der Folge ins Gefängnis käme, und bereute, und sagte ganz ernstlich zu Gott: ‚Gott, es tut mir sehr, sehr leid, wirklich leid', dann würde er sagen ... nun, was meinen Sie wohl, was er sagen würde?"

Wir waren wie kleine Kinder, die eine Gutenachtgeschichte hören. Wir schüttelten mit großen Augen den Kopf.

„Er würde sagen: ‚Großartig! Dieses Gefängnis ist voller Leute, die du mit mir zusammen lieben kannst, und ich liebe dich, noch mehr als zuvor!' Also würde ich weiterlieben, eben dort, wo ich bin, und eine ganz neue Welt würde in diesem Gefängnis entstehen. Gott ist in Ordnung! Ich glaube das aus ganzem Herzen, und ich kann eigentlich nicht recht verstehen, warum es nicht alle glauben."

„Gott ist für Sie ganz real?" Es war eher eine Feststellung als eine Frage. Peter lehnte sich zurück. Seine Hände verschwanden in den Ärmeln seiner Kutte, als er die Arme verschränkte.

„Solange ich zurückdenken kann, Adrian, hat es niemals eine Zeit gegeben, in der Gott nicht die allerwirklichste Gegenwart in der Welt für mich gewesen wäre, realer als die menschlichen Gegenwarten, die man mit Händen berühren kann ..."

„Wenn also ... will sagen ..."

Bridget zögerte, die flachen Hände ausgestreckt, als prüfte sie, ob es regnete, während sie nach den rechten Worten suchte.

„Dann würden Sie also nicht sagen, daß Sie das Erlebnis hatten, das wir in der evangelikalen Kirche für gewöhnlich ein Bekehrungserlebnis nennen? Einen Punkt, an dem Sie Jesus in Ihr Leben baten, und dann erfüllte der Heilige Geist Ihr Leben, und dann begannen Sie den christlichen Weg zu gehen – etwas in dieser Art?"

„Nein." Peter setzte seine Worte mit Vorsicht, als er weiterredete. „Kein Erlebnis, von dem ich sagen könnte, wie es die Evangelikalen manchmal sagen: ‚Vorher war ich kein richtiger Christ, und hinterher war ich einer.' Ich finde es schwierig, so an die Sache heranzugehen. Ich meine, ich habe nicht die geringsten Zweifel daran, daß das wirkliche Erlebnisse sind, die diesen Leuten von Jesus Christus geschenkt wurden, und wenn ich so etwas höre, dann freue ich mich. Ich habe da keinerlei Vorbehalte. Aber ich glaube, statt daß ich Jesus eingeladen hätte in mein Leben, ist es doch eher so, daß Jesus mich auf eine überaus zarte und süße Weise in sein Leben hineinimmt. Es gab natürlich ganz besondere Perioden. Ich erinnere mich daran, wie mir zum ersten Mal bewußt wurde, daß ich nicht versuchen muß, meine Beziehung zu Gott selbst zu ‚machen'! Er war einfach da, und er akzeptierte mich völlig. Ich konnte überhaupt nichts tun, um mir meine eigene Erlösung zu erarbeiten. Ich fühlte, daß ich seinen Zusicherungen völlig vertrauen konnte. Es war eine ungeheure *Erleichterung*, zu wissen, daß ich mir Gottes Billigung nicht verdienen mußte. Ich konnte mich völlig entspannen. Das war eine grandiose Erfahrung."

Nach Sendeschluß tranken wir noch Kaffee in der Kantine im ersten Stock. Ich begann zu begreifen, warum die Leute so gerne mit Peter über Gott redeten. So schuldbewußt wie alle anderen nahm ich den Faden des Gesprächs dort auf, wo wir einige Minuten zuvor Schluß gemacht hatten.

„Peter? Warum, meinen Sie, sind die Leute so verkrampft, wenn es darum geht, ob Gott sie liebt oder nicht? Was geht da schief?"

Wieder eine beiläufige, desinteressierte Frage! Peter rührte gedankenvoll in seinem Kaffee, während er antwortete.

„Es ist nicht einfach so, daß Gott uns *liebt.* Er liebt uns über alle Maßen. Ich gebrauche da gerne den Ausdruck ‚über alle Maßen', denn manche Leute verwenden die Worte ‚Gott liebt uns' auf eine Weise, die für mich absolut widerwärtig ist. Manchmal klingt es nach einer Liebe, die einem aufgezwungen werden soll. ‚Er liebt dich, und er kriegt dich!' Oder: Er liebt dich und deshalb mußt du irgend etwas werden, das dir überhaupt nicht mehr ähnlich sieht. Diese Zeugnisse, die man da manchmal hört . . ."

Er grinste boshaft.

„Manchmal denke ich wirklich, manche Leute waren in ihrem alten, unerlösten Zustand weitaus anziehender. Nein – ich möchte den Ausdruck ‚über alle Maßen' gebrauchen, denn so liebt Gott uns wirklich. Das ist schließlich die Art und Weise, wie wirklich Liebende einander lieben, nicht wahr? Sie lieben einander nicht gemäßigt und zurückhaltend, oder, wenn sie das doch tun, dann fragt man sich, wozu sie eigentlich heiraten sollten."

Er hörte schließlich auf umzurühren und trank einen Schluck Kaffee. Dann stellte er die Tasse auf die Untertasse zurück und strahlte uns an.

„Über alle Maßen – überreichlich – extravagant – grenzenlos – so liebt uns Gott!"

Es war höchst ungewöhnlich. Nach diesem ersten Treffen hörte ich an allen Ecken und Enden von Peter Ball. So viele Leute waren ihm, wie es schien, begegnet oder hatten von ihm Ermutigung erfahren, oder sie waren wie verwandelt von irgend etwas, das er gesagt hatte, oder einfach beeindruckt von einer Begegnung mit ihm. Das Interessante daran war, daß die Leute nicht nur Kirchgänger der anglikanischen Kirche waren. Er schien eine magnetische Anziehungskraft auf eine große Anzahl von Leuten auszuüben, einschließlich vieler Ungläubiger, die sich von seinem zwanglosen Gehaben und seinem „Funkeln" angezogen fühlten. Er kam mit Leuten aus allen gesellschaftlichen Schichten und einer breiten Palette kirchlicher

Richtungen gut zurecht, einschließlich der extremen Evangelikalen. Selbst diejenigen unter ihnen, die sich nicht entscheiden konnten, ob Mutter Teresa nun „gerettet" sei oder nicht, konnten nicht anders, als in ihm den Geist eines herzlich liebenden Gottes zu fühlen. Ich habe niemals einen Mann kennengelernt, in dem Nervosität und Tüchtigkeit gleichzeitig und gemeinsam so stark gegenwärtig waren wie in Peter Ball. Ich hörte ihn einmal, als er eines Sonntagabends vor den Teilnehmern des „Growmore"-Treffens im Kongreßtheater in Eastbourne predigte. Der Gottesdienst bestand hauptsächlich aus Hymnen. Peter, der diese Art Gottesdienst etwas anstrengend findet, schlurfte aus dem hinteren Teil der Halle nach vorne, das Gesicht so grau wie seine Kutte, und hielt eine Rede, die durch ihren Humor, ihre Demut und ihre Einsicht bestach, in offenkundigem Gegensatz zu dem Gefühl schmerzlicher Unzulänglichkeit, das der Sprecher empfand.

Ich war so beeindruckt von dieser außergewöhnlichen Persönlichkeit, daß ich unbedingt herausfinden wollte, worin die Quelle seiner Energie bestand. Wie war er der Mann geworden, der er war? Wie konnte er der Mann bleiben, der er war? War es das Resultat irgendeines religiösen Kunstgriffs, oder hatte Gott aus irgendeinem ganz bestimmten Grund beschlossen, gerade Peter anzulächeln? Eines Tages besuchte ich Peter in seinem Heim in Littlington, einem kleinen Dörfchen in Sussex, das sich – nicht weit entfernt vom berühmten „Langen Mann von Wilmington" – an die niedrigen Hügel schmiegt. Dort, im heimeligen Wohnzimmer des Pfarrhauses, erzählte er mir von sich selbst und von seiner Arbeit.

Peter erzählte mir, er sei seit mehr als zwanzig Jahren ein Mönch, ebenso wie sein Zwillingsbruder Michael, der Bischof von Jarrow. Vor acht Jahren war er – ein wenig gegen seinen Willen – als Bischof von Lewes eingesetzt worden und hatte seine Kommandozentrale nun im alten Pfarrhaus von Littlington. Hier lebte er mit einer Gruppe junger Leute zusammen. Sie alle waren Mitarbeiter einer Kampagne, die er entwickelt hatte. Sie sollte Schulabgängern die Möglichkeit geben, zwei Monate mit Arbeit und geistlicher Zurüstung in der Pfarrei zu verbringen. Danach folgten zehn Monate

Gemeinschaft, wobei Arbeitsgruppen von zweien oder dreien aktiv in solchen Bereichen wie der Jugendarbeit und freiwilligen Hilfsdiensten tätig waren, während sie ihren Lebensunterhalt mit bezahlter Teilzeitarbeit verdienten.

Es war ganz klar, daß Peters Jahre als Mönch, in denen er an die Gelübde von Armut, Keuschheit und Gehorsam gebunden lebte, mit der Qualität und Beständigkeit seines Lebens eine Menge zu tun haben mußten. Aber ich wollte wissen, was ihn weitertrieb, nun, wo er ein Mönch war, aber auch ein Bischof, der in enger Verbindung mit allen Aspekten der wirklichen Welt stand. Wie kam er damit zurecht? Peter machte es sich mir gegenüber auf dem komfortablen Sofa bequem und sprach über seinen Tagesablauf.

„Nun, jeder Tag beginnt einmal damit, daß um 4.15 Uhr der Wecker rasselt –"

Er bemerkte, daß ich entsetzt zusammenzuckte.

„Wir Mönche verbrauchen eine Menge Weckeruhren, weil die Versuchung so groß ist, sie kurzerhand aus dem Fenster zu schmeißen. Aber im allgemeinen bringe ich es fertig, aufzustehen, und das erste was ich tue ist, Gott anzubeten, indem ich sage: ‚Herr, dies soll der *beste* Tag in meinem Leben werden', und das meine ich auch ehrlich, obwohl ich es nicht immer mit vollster Überzeugung sage ..."

Peter schmunzelte nachdenklich.

„Ich möchte es – wirklich. Jeden Tag bitte ich Gott, daß ich hinausgehe, um ihn mit meinem ganzen Wesen zu loben und zu preisen, und in den letzten dreißig Jahren habe ich das auch tatsächlich fertiggebracht – sagen wir, mindestens fünf Minuten lang."

Ich rang innerlich noch immer mit der Vorstellung, jeden Morgen um 4.15 Uhr aufzustehen.

„Dann wird es also ... nun, sagen wir, 4.30 Uhr. Ich verstehe nicht ganz, warum Sie so früh aufstehen müssen. Wie geht es dann weiter?"

Peter zog die Augenbrauen hoch.

„Nun, als nächstes rase ich hinunter, erledige, was morgens so sein muß, dann gehe ich mit dem Hund spazieren. Die Dorfstraße in aller Morgenfrühe entlangzugehen, das ist der schönste Teil des Tages. Die verschneiten Formen im Winter, die Frische im Sommer ... Dann – im allgemeinen so gegen dreiviertel fünf Uhr – laufe ich in unsere kleine Kapelle im Keller hinunter, um eindreiviertel Stunden in – hoffentlich – ununterbrochenem Gebet oder in Meditation zu verbringen, wie immer man es nennen will. Ich hoffe, es ist Anbetung. Gott umarmt mich in dieser Zeit. Ich denke, er freut sich jedesmal sehr, mich zu sehen."

Ich schwieg einen Augenblick lang und dachte an mein eigenes bruchstückhaftes, undiszipliniertes Gebetsleben. Jeden Morgen um 6.30 Uhr hatte Peter bereits mindestens zwei Stunden damit verbracht, mit Gott Gemeinschaft zu haben und sich von ihm in die Arme nehmen zu lassen. Das alles, bevor der Tag auch nur angebrochen war! Ich seufzte ziemlich reuevoll.

„Okay, also was spielt sich dann um 6.30 Uhr ab?"

„Da beginnt die übliche Morgenandacht ..."

Lieber Himmel! Schon wieder Gebete!

„... dann die tägliche Frühmesse, und dann ist's Zeit für das Frühstück."

Frühstück! Wenigstens etwas, das wir gemeinsam hatten! Frühstück gab's bei mir auch.

„Wir essen unser bescheidenes Frühstück in aller Stille, in völligem Schweigen, denn der Teufel hat eine Vorliebe dafür, Leute anzufechten kurz nachdem sie gebetet haben, vor allem früh am Tage, weil er ihnen damit den ganzen Rest des Tages verderben kann. Das Schweigegebot bedeutet, daß man nur *denken* darf, der oder jener sei ein absoluter Kotzbrocken. Sagen darf man es nicht."

„Ist es denn weniger schlimm, wenn man es nur denkt?"

„Sagen wir mal so: Es ist nur eine halbe Sünde." Peter brach in Gelächter aus, als er den Ausdruck auf meinem Gesicht sah. Immer noch lächelnd fuhr er fort:

„Nach dem Frühstück machen wir den Abwasch, und dann putzen wir das Haus jeden Tag vom Dachfirst bis zum Keller. Wir tun es mit einem Gefühl von Dringlichkeit, denn wir stehen an der Grenze zwischen Himmel und Hölle. Wir glauben daran, daß wir dazu berufen sind, in einer ganz großartigen Weise das Sprachrohr der Schöpfung zu sein. Das gilt natürlich für jeden Christen, aber im klösterlichen Leben ist es vielleicht noch mehr der Fall. Im christlichen Gebet und Gottesdienst stehen wir im Zentrum des Lebens. Nicht an der äußersten Peripherie, wie manche Leute meinen.

Wir sind hier, um zwischen die Welt und den Teufel zu treten, um ihn zu bekämpfen, bevor er verderben und zerstören kann, und manchmal ist es ein Kampf bis aufs Messer mit seiner höllischen Majestät."

Ich konnte ihm nicht mehr folgen. Frühstück, Putzen und der Teufel?

„Warum ist der Hausputz denn so wichtig, Peter?"

„Adrian, unser Ziel ist es, in jeder Hinsicht vollkommene Arbeit zu tun. Jeder von uns muß rundum tipptopp sein. Sehen Sie, der Herr ist gegenwärtig. Sein Geist ist bei uns und wir wissen, daß wir unsere Arbeit so vollkommen wie möglich tun wollen, denn der König der Könige ist jede Minute des Tages gegenwärtig – selbst in Ihnen ist der König der Könige gegenwärtig."

„Selbst in mir?"

Durch das Wohnzimmerfenster konnte ich gerade noch die Hügelketten in der Ferne erkennen. Aus irgendeinem Grund fand ich Peters Kommentar, so leichtherzig er ihn auch hingeworfen hatte, zutiefst tröstlich. Selbst in mir war der König der Könige gegenwärtig . . .

Ich wollte Näheres hören, was Peters Bemerkung anging, er stünde keineswegs an der Peripherie des Lebens.

„Wie kann man als Mönch im Mittelpunkt des Lebens stehen?"

Peter sah plötzlich sehr ernst aus.

„Adrian, ich muß es ganz ernsthaft sagen – aus tiefstem Herzen – ich bin kein Heiliger. Aber wenn du Stunden um Stunden in Gemeinschaft mit Gott verbringst, dann kann es sehr leicht geschehen, daß du die Dinge klarer und mit mehr wirklichem Wissen betrachtest als die Leute, die dort leben, wo *in meinen Augen* die Randzonen sind. Deshalb suchen die Menschen Hilfe bei heiligen Männern und Frauen, selbst wenn diese sich seit zwanzig Jahren in einem

Kloster zurückgezogen haben. Sie fühlen, hier ist jemand, der mitten im Leben steht. Jemand, der beispielsweise Recht und Unrecht auf eine ganz besondere Weise unterscheiden kann. Ob Sie's glauben oder nicht, ich habe es erlebt, daß Leute einen Mönch, der seit Jahren im Kloster lebt, allen Ernstes fragten, welches Benzin sie verwenden sollen!"

„Und hat er die Antwort darauf gewußt?"

Peter lächelte. „Das weiß ich nun nicht. Aber es gibt keinen Zweifel, man bekommt Mitteilungen über gewisse Dinge."

Ich war hingerissen, versuchte aber, nicht allzu interessiert zu klingen.

„Wie zum Beispiel . . .?"

Seine Stimme klang leise, als er antwortete.

„Bei zwei Gelegenheiten habe ich mit Leuten gesprochen und gewußt, daß sie demnächst sterben würden."

„Wirklich?" bemerkte ich töricht und vermutlich auch ein wenig nervös.

„Ja. Ich konnte den Tod rund um sie sehen. Ich erinnere mich da an einen Burschen – er war gar nicht besonders ernsthaft erkrankt, aber nach dem Besuch kehrte ich zu den Klosterbrüdern zurück und sagte: ‚In sechs Monaten ist er tot.' Und so kam es auch. Ich sah den Tod rund um ihn."

„Und das war eine der Gelegenheiten, wo Sie die Welt vom Zentrum aus sahen?"

„Ja – und da ist noch ein Ereignis, an das ich mich erinnere."

Peter beugte sich vor, als es ihm plötzlich wieder in den Sinn kam.

„Da war eine Dame. Sie hieß Doreen Flag, und sie war hochschwanger. Eines Nachts erwachte ich um dreiviertel zwölf, und irgend etwas – ‚ob im Leibe oder außer dem Leibe, ich weiß es nicht', wie Paulus sagen würde – drängte mich, ich sollte aufstehen und für Mrs. Flag beten, weil sie gerade ihr Kind bekäme. Also stand ich auf. Später hörte ich, das Kind sei genau zu dieser Zeit geboren worden."

„War dieses ‚Drängen' so etwas wie ein Gedanke, der Ihnen durch den Kopf schoß, oder . . .?"

Er verschränkte nachdenklich die Hände.

„Um noch mal Paulus zu zitieren, ‚ob im Leibe oder außer dem Leibe, ich weiß es nicht'. Aber ich weiß, daß es nicht den geringsten Zweifel daran gab."

Was für eine Show hätten manche Christen aus diesen Ereignissen gemacht! Peter jedoch schien es nicht zu kümmern, wie man sie etikettierte und einordnete. Sie waren einfach charakteristisch für den Blick „von der Mitte aus", von dem die Rede war. Ich fragte mich, wie Peter wohl die Art und Weise betrachtete, in der andere Kirchen mit geistlichen Gaben umgingen.

„Man hört heutzutage so viel von Dingen wie Prophetie und Zungenreden, und die Gabe der Erkenntnis ist zur Zeit ja ebenfalls ‚en vogue'. Wie stehen Sie zu diesen Dingen, Peter? Die Vorstellung, daß Gott sich kurzerhand in einen Gottesdienst einschaltet und sagt: ‚Ich habe hier eine Botschaft für Fred, und zwar folgendes ...'"

Zum erstenmal im Verlauf unseres Gesprächs hatte ich den Eindruck, daß der Bischof sich nicht mehr rundherum wohl fühlte. Seine Antwort kam langsam, und er wählte seine Worte mit Bedacht.

„Ja ... ich sehe es mit Freuden. Paulus läßt keinen Zweifel daran, daß alles anständig und gesittet zugehen soll, und es ist sehr schwierig, dieses Gleichgewicht zu finden. Die katholische Kirche hat, alles in allem genommen, die Liturgie so sehr in starre und stereotype Formen gepreßt, daß es wirklich sehr schwierig ist, irgend etwas Informelles darin unterzubringen. Auf der anderen Seite haben manche Evangelikale daraus so viel ‚Jubel, Trubel, Heiterkeit' gemacht, daß es für die Leute schwierig ist, sich auf Gott zu konzentrieren, sich ihm im Sakrament und seinem Wort zuzuwenden. Es ist überaus schwierig, das richtig hinzukriegen. Im großen und ganzen ist meine Meinung: Wir brauchen den formellen, eucharistischen Gottesdienst, und wir brauchen den ekstatischen Gottesdienst, aber wir sollten die beiden wohl am besten säuberlich auseinanderhalten."

Es war eine sehr vorsichtige Antwort.

„Und die Gaben selbst ...?“

„Ich bin absolut überzeugt davon, daß es Menschen gibt, die die Gabe der Erkenntnis oder der Prophetie haben. Ich war schon in einer Menge Kirchen, in denen dergleichen geschieht ...“

Seine Stimme wurde um einen Ton entschiedener.

„Was mir an der Prophetie soviel Kopfzerbrechen macht, ist die Tatsache, daß sie immer so trocken und dürftig zu sein scheint.“

Ich wußte nicht, was er damit sagen wollte.

„Nun, wir leben hier in einer Welt, die am Rande des Atomkrieges stehen könnte, in der der Reichtum des Westens in krassem Gegensatz steht zu Ländern, in denen der Hunger wütet. Dennoch hört man niemals etwas davon, daß irgend jemand den starken Tobak ausspräche, den man meiner Meinung nach von einem Propheten erwarten sollte. Das verblüfft mich. Die meisten Prophezeiungen, die ich so höre, sagen einfach: ‚Gott ist Liebe und er liebt dich sehr.‘ Ja, natürlich, das tut er, aber ist die Prophetie dazu da, uns *das* zu sagen?“ Er stockte, starrte in die Ferne, dann lächelte er und ließ sich mit einem Plumps entspannt in seinen Sessel zurückfallen. Seine Beine zappelten in der Luft, als er landete.

„Ich mag Zungenrede! Ich höre gerne zu, wenn die Leute in Zungen singen. Ich habe schon immer gesagt, wenn man mit jemand wirklich gut Freund ist, dann muß man imstande sein, zwei Dinge gemeinsam zu tun. Man muß imstande sein, gemeinsam zu schweigen, und man muß imstande sein, miteinander Unsinn zu schwatzen ...“

Ich lachte, als mir die Erinnerung daran kam, wie John Hall und ich einander kennengelernt hatten. Wir hatten damals oft stundenlang den haarsträubendsten (aber sehr vergnüglichen) Unsinn miteinander geschwatzt.

„... und der Unsinn ist ja auch im Grunde gar kein Unsinn. Die Liebe ist so groß, daß sie überschäumt, und Zungenrede ist diese Freiheit, die Liebe einfach überschäumen zu lassen. Es ist bezaubernd; man macht einfach immerzu weiter.“

Eine kurze Pause folgte. Ich betrachtete den Bischof, der da lachend die Beine in die Luft streckte. Niemand, der jeden Morgen um 4.15 Uhr aufstand, hatte ein Recht darauf, so glücklich zu sein!

„Haben Sie jemals an der Existenz Gottes gezweifelt, Peter?"

Er wurde wieder ruhig und ernsthaft.

„Zweifel an der Existenz Gottes hatte ich niemals, nein. Es gab aber Zeiten, in denen es mir schwerfiel, weiter dranzubleiben. Zeiten, wo die Versuchung sehr stark war, ungehorsam zu sein, oder *scheinbar* ungehorsam zu sein." Peter wurde sehr still; seine Stimme klang jetzt so leise, daß ich mich vorbeugen mußte, um sicherzugehen, daß mir nichts von dem Gesagten entging.

„Ich wollte einmal heiraten . . . als ich 23 war. Mir lag sehr viel daran. Und Gott schien zu sagen: ‚Werde ein Mönch.' Es war gerade zur Weihnachtszeit. Ich werde die Zeit nie vergessen . . . es waren wirklich schwarze Tage. Alles hing so völlig in der Schwebe. Ich mußte nichts weiter tun, als einen Stift zur Hand zu nehmen und diesem Mädchen zu schreiben: ‚O. K., wann können wir uns treffen?' Es hätte nicht länger als dreißig Sekunden gedauert, aber es hätte den Unterschied zwischen zwei völlig unterschiedlichen Lebenswegen gemacht." Ein Ausdruck des Staunens lag auf seinem Gesicht.

„Ich muß daran denken, daß Jesus den Matthäus zum Jünger berief, ‚als er vorüberging'. Fünfzehn Sekunden Zeit, sich zu entscheiden. Jesus warf einen Blick über die Schulter und sagte: ‚Hallo, Matthäus. Komm schon – folge mir nach!' Dann ging er einfach weiter. Wahrscheinlich drehte er sich nicht einmal um, um zu sehen, ob dieser Bursche auch wirklich mitkam . . . Erstaunlich!"

„Wer traf die Entscheidung über Ihre Zukunft? Waren Sie das oder war es Gott?"

„Wir trafen sie beide gemeinsam, denke ich . . ." Er erhob in gespieltem Zorn die Stimme. „Er machte den Vorschlag, und ich stimmte zu, und da habe ich noch ein Hühnchen zu rupfen mit ihm!"

Plötzlich lachte er, als wollte er nie wieder aufhören.

„Ich bin wirklich nicht nachtragend", sagte er, als seine Heiterkeit schließlich nachließ, „aber manchmal bin ich nahe daran."

„Dann kommen Sie also mit dem Zölibat gut zurecht, Peter?"

Er blickte mich einen Augenblick lang an. Seine Augen zwinkerten mir zu.

„Adrian, wie ich Ihnen schon gesagt habe, Gott liebt mich über die Maßen. Ich bin nicht nur keusch – ich bin hemmungslos keusch!"

Peter kam noch oft auf das Doppelthema von Extravaganz und Verwandlung zu sprechen. Er hat eine Vorliebe dafür, die Geschichte zu zitieren, wie Jesus die Fünftausend speiste, und er weist dann besonders darauf hin, daß zwölf Körbe voll Reste nach der Mahlzeit eingesammelt wurden. Ein Zeichen, sagt er, für Gottes überreichliche Freigebigkeit.

Er ist der Meinung, die Kirche habe die Aufgabe, die Gesellschaft zu verändern, statt einmal in der Woche frommes „Häschen in der Grube" zu spielen. Zum Beispiel, sagt er, sollten die Ortskirchen ebenso daran interessiert sein, ein gutes Fußballteam aufzustellen wie einen guten Bibelkreis zu organisieren. Er ist für viele Menschen eine Inspiration, für manche ein Rätsel.

Was mich betrifft, so gab er mir den Anstoß für das Verständnis, daß Christentum nichts mit Systemen zu tun hat, sondern mit einzelnen Menschen und den Beziehungen, die sie durch einen unverblümten, langfristigen Kontakt mit einem Schöpfer aufbauen, der ein echtes und warmherziges Interesse an ihnen hat. Peter ist ein Mann, der wirkliche Disziplin hat, ein wirkliches Gebetsleben und wirkliche Freude. Er ist einer von der kleinen Gruppe Menschen, die ich kenne, die ihre Gotteserfahrung unmittelbar von Gott beziehen.

Unglücklicherweise wirkte Peter nur kurze Zeit bei Company mit, bevor der Arbeitsdruck und andere Verpflichtungen es ihm unmöglich machten, weiter mitzutun – seine äußerst seltenen Gastauftritte ausgenommen. Drei Jahre später traf ich immer noch Leute, die sich daran erinnerten, was er in diesen Sendungen der Anfangszeit gesagt hatte. Peter hat sich nicht verändert. Was immer er berührt, scheint zu funkeln. Sogar ich beginne ein klein wenig zu glitzern.

Siebentes Kapitel

Es ist etwas Problematisches daran, wenn man in einem öffentlichen Medium – wie es das Fernsehen nun einmal ist – den Zuschauern erzählt, daß man Christ sei. Die Leute entwickeln eine unbehagliche Neigung, einem Glauben zu schenken. Und dann muß man möglicherweise feststellen, daß hübsch durchgestylte Glaubensaussagen in der Wüstenhitze echter menschlicher Not ziemlich rasch zu verdorren drohen.

Mein Freund und Kollege Ian machte eine schwere Zeit durch. Sein Vater, der ihm über Jahre hinweg liebender Vater, unübertrefflicher Angelgefährte und enger Freund gewesen war, war tot. Krebs. Während der letzten Monate hatten Ian und ich gemeinsam in der Sicherheitsabteilung eines Erziehungsheims gearbeitet, in der wir es mit gewalttätigen oder chronisch entweichenden Teenagern aus ganz East Sussex zu tun hatten. Ian war mir sehr lieb geworden. Er war ein warmherziger, verletzlicher, komplizierter Mensch und ein Charakter, dessen emotionelle Bandbreite von tiefer Zufriedenheit bis zu schwerer Depression reichte. Er hatte ein grandioses Talent dafür, Zuneigung auszudrücken, und eine wirkliche Begabung für den Umgang mit schwierigen und verzweifelten Kindern. Es tat mir weh, seinen Kummer zu sehen. Ich wünschte, es gäbe irgend etwas, das ich sagen oder tun könnte, um ihm zu helfen. Es gab tatsächlich etwas; aber als ich erfuhr, was es war, fühlte ich mich ziemlich verängstigt.

Es stellte sich heraus, daß Mrs. Figg, Ians Mutter, in den sieben Monaten seit der ersten Company-Sendung Bridget und mich bereits einige Male im Fernsehen gesehen hatte, wenn sie spät nachts noch vor dem Fernsehapparat saß, und sie war mit vielem, was wir sagten, einverstanden gewesen. Ian und ich hatten nur selten über Glaubensdinge gesprochen, aber nun fragte er mich, ob ich die Leichenrede bei der Einäscherung seines Vaters halten wollte. Er wünschte, daß ich es tun würde, denn wie er sagte: Zum einen sei ich sein Freund, und zum zweiten sei ich, obwohl Christ, nicht so religiös. (Ich denke, das sollte ein Kompliment sein, obwohl es mich damals sehr nachdenklich stimmte.) Ich sagte natürlich zu, aber von diesem Augenblick an begann ich mich sehr unbehaglich zu fühlen. Ich hatte schon früher Reden gehalten, aber niemals bei einer solchen Gelegenheit. Es war ja schön und gut, in dieser kleinen Lichtinsel im Fernsehstudio zu sitzen und die Zuhörer mit meinen Ansichten über Gott zu beglücken, aber hier ging es um Menschen, hier sah ich mich mit einem wirklichen Ereignis konfrontiert, das voll Schmerz und Tränen und der Furcht vor dem Tode war. Was wußte ich denn schon wirklich von Gott? Was wußte ich, wenn wir schon davon redeten, über Ians Vater? War er ein Christ gewesen? Wenn nicht, was sollte ich sagen? Irgend etwas Unbestimmtes, aber Tröstliches vielleicht. Das wäre der einfachste Ausweg, aber wäre es recht und richtig? Oder sollte ich in die alte evangelikale Kerbe hauen, beinhart die „biblische Linie“ predigen und die Leute sollten sehen, wie sie den Brocken hinunterwürgten? Es schien mir, daß ich auf eine eigenartige Weise weder demütig noch arrogant genug war, überhaupt viel zu sagen.

Je näher der Tag der Einäscherung kam, desto unbehaglicher fühlte ich mich. Am Tag vor der Zeremonie fuhr ich nach Brighton hinunter, um Ians Mutter kennenzulernen und bei Ian und seiner Frau Sue zu übernachten.

Mrs. Figg war unter dem Tod ihres Mannes beinahe zusammengebrochen. Ich ergriff ihre Hand, als wir Seite an Seite auf dem Diwan in ihrem hübschen kleinen Wohnzimmer saßen, das jetzt so traurig wirkte.

„Erzählen Sie mir etwas über Frank“, sagte ich entschlossen. „Ich möchte gerne wissen, was für eine Art Mensch er war.“

„Er war der erste Mensch, der mich wirklich liebte“, antwortete sie.

Sie erzählte mir, daß sie als Kind streng religiös erzogen worden war. Eine Menge Zeremoniell, eine Menge Bibelstudium, eine

Menge Kirchenbesuche und überhaupt keine Liebe – keine Zuwendung. Dann, als junge Erwachsene, lernte sie Frank kennen. Sie verliebten sich und heirateten. Frank, Tischler von Beruf, war an seinem Arbeitsplatz und im ganzen Ort immer schon sehr beliebt gewesen, vor allem, da er eine große Begabung dafür hatte, Streitigkeiten und Zänkereien zu schlichten. Sie zeigte mir Fotografien des intelligenten, gutaussehenden Mannes, der ihr so viel bedeutet hatte, und weinte ein wenig. Sie sagte, Frank hätte sich wohl kaum einen Christen genannt, und Ian – der schweigend zugehört hatte, während seine Mutter sprach – fügte hinzu, er würde es auch nicht gerne sehen, wenn irgend jemand ihn nach seinem Tode als Christen etikettiere. Ich seufzte innerlich. Es würde nicht eben leicht werden . . .

In dieser Nacht lag ich wach in meinem Bett in Ian und Sues Gästezimmer, starrte zur Decke hinauf und wünschte, Gott würde das Ende meiner Rede für mich verfassen. Auf dem kleinen Tisch neben mir lag ein Blatt Papier, auf dem ich Überschriften und Notizen für die Leichenrede am folgenden Tag notiert hatte. Aber ich brachte es nicht fertig, den Schluß zu schreiben. Während ich da in der Dunkelheit lag, wurde mir klar, was für ein verknotetes Bündel von halbdurchdachten Glaubensaussagen, Gefühlen und Gedanken das ausmachte, was ich leichtherzig als „meinen christlichen Glauben" bezeichnete. Ich wußte einfach nicht, was ich am nächsten Tag all diesen Leuten sagen sollte ohne Gott zu kompromittieren oder Frank oder mich selbst oder . . . Ich bat Gott um Ideen, bis ich über dem Grübeln und Beten einschlief.

Schlaf ist etwas Seltsames. Die Gedanken machen mit ihrer Arbeit weiter, während der Körper sich ein paar Stunden Erholung gönnt. In meinem Fall ist die „Nachtschicht" oft effizienter und wirkungsvoller als der Tag – oder Gott fällt es leichter, Ideen und Vorschläge einzubringen, wenn ich weniger verteidigungsbereit und bewußt aggressiv bin. Was auch immer der Grund sein mochte: Als ich am nächsten Morgen aufwachte, *wußte* ich, wie ich diese Leichenrede beenden würde. Es war, als stünden die Worte klar und deutlich lesbar auf einem geistigen Spickzettel geschrieben.

Ich brauchte sie nur auf das Blatt Papier auf der Nachtkonsole zu übertragen.

Ich war immer noch ziemlich nervös wegen der ungewohnten Aufgabe, die mich erwartete. Aber die zentrale Wahrheit, den Kern des Ereignisses, hatte ich fest im Griff. Als ich an diesem Morgen vor dem Spiegel stand und die Krawatte, die mich bei formellen Anlässen immer halb zu erwürgen droht, knotete, den Knoten löste und wieder knotete, da wußte ich, daß alles gutgehen würde. Meine natürliche Nervosität allerdings verschlimmerte sich noch mehr, als es vor der Aufbahrungshalle zu einem absurden Zwischenspiel kam. Der Bestattungsleiter fragte uns nämlich, wo der Geistliche sei, da dieser den Leichenzug ins Gebäude geleiten sollte. Wir alle guckten uns ein paar Minuten lang unruhig nach allen Richtungen um, als plötzlich jemand – offenkundig ein hellerer Kopf als der Rest – auf den Gedanken kam, daß *ich* ja bei dieser Gelegenheit der Geistliche war. Ich schwitzte leicht vor Verlegenheit. Ich führte die Trauernden ins kühle Innere der Kapelle, und nach einer Hymne und einem Gebet begann ich mit meiner Rede vor den fünfzig oder mehr Zuhörern, die den verfügbaren Raum bis zum letzten auszufüllen schienen. Einige Minuten lang sprach ich darüber, was ich über Frank von seiner Frau und seinem Sohn gehört hatte: Wie sehr sie ihn geliebt hatten, wie viele Freunde er gehabt hatte, wie sehr man ihn vermissen würde, wie bedeutungsvoll es war, daß Ian, inzwischen über dreißig, immer noch lieber mit seinem alten Vater angeln ging als mit sonst jemand. Ich brauchte nichts davon zu erfinden. Es war alles die reine Wahrheit. Als ich zuletzt zum Ende meiner Rede kam, legte ich meine Notizen auf den Tisch neben mir. Ich brauchte sie nicht mehr. Der letzte Absatz stand mir klar vor Augen geschrieben. Ich sprach unmittelbar zu Ian und seiner Mutter, die mir gegenübersaßen wie zwei verlorene Kinder. Sie hielten einander an den Händen, ihre Augen waren naß von Tränen.

„Ich weiß nicht genau, was Frank von Jesus dachte", sagte ich, „aber in einem bin ich mir sicher. Inzwischen sind sie einander begegnet. Und ich glaube, Jesus blickte ihm geradewegs in die Augen und lächelte und sagte: ‚Frank, du hast Liebe in die lieblose Welt eines Mitmenschen gebracht, du warst ein Friedensstifter, und du warst ein Zimmermann. Da haben wir drei Dinge gemeinsam. Ich meine, es gibt da eine Menge, worüber wir beide miteinander reden sollten.'"

Am folgenden Mittwoch schilderte ich dieses Ereignis den Zuschauern von Company und wies bei dieser Gelegenheit darauf hin, wie verletzlich ich mich gefühlt hatte, als Ian mich zum ersten Mal ersuchte, den Gottesdienst zu leiten. Ich hatte Angst gehabt zu versagen, die christlichen Werte nicht gebührend zu würdigen, das Ereignis nicht bedeutungsvoll und erinnerungsträchtig genug zu gestalten, und (wenn ich ehrlich bin) nicht genügend Eindruck zu machen. Nach Sendeschluß erschien es mir jedoch, daß ich immer noch hinterhältige Spielchen mit Ehrlichkeit und Offenheit spielte. Ich hatte wiederholt zu anderen Leuten gesagt, ich hätte nichts dagegen, mir in die Karten schauen zu lassen, wenn ich dort in der Company-Küche saß, ich hätte keine Scheu davor, wirklich verletzlich zu sein – aber stimmte das? Später, als ich mich im Zug nach Victoria Station behaglich in meinem Sitz zurücklehnte, starrte ich mit gerunzelter Stirn durch das schmierige Glas des Fensters und führte ein Streitgespräch mit mir selbst.

„Was soll das heißen? Wie kannst du behaupten, ich wäre gar nicht verletzlich? Ich habe soeben Gott weiß wie vielen Leuten erzählt, was für erbärmlich selbstsüchtige Gefühle ich hatte, als Ian mich bat –"

„Ach ja. Das hast du, stimmt. Hast du es Ian damals gesagt?"

„Nein, das nicht – aber . . ."

„Und sag mal – hast du nicht im Grunde eine Menge Spaß daran, Selbstkritik zu üben wegen Dingen, *die bereits passiert sind*? Du kommst dir gut vor, und zugleich bist du sicher vor wirklicher Kritik."

„Nun ja –"

„Also, wie steht's?"

„Ja, mag sein – aber jetzt sieh mal: Wie steht's damit, wie ich über die Streitereien und Probleme gesprochen habe, die Bridget und mir zuweilen zu schaffen machen? Die sind doch real genug, oder nicht?"

Mein inwendiger Inquisitor kicherte. „Oh, ja! Ich weiß, was du meinst. Du meinst die Gelegenheiten, bei denen ihr beide da am Küchentisch sitzt, zum Platzen voll mit Selbstvertrauen und offenkundig schwer ineinander verknallt, und über die fürchterlichen Beziehungsprobleme redet, die ihr miteinander habt."

„Aber wir haben tatsächlich Probleme! Es muß doch recht und billig sein, über solche Dinge zu reden."

„Oh, ja. Kein Zweifel. Aber davon ist jetzt nicht die Rede. Wir reden über deine Behauptung, daß du zuweilen verwundbar bist. Darf ich dir mal eine Frage stellen?"

„Ja?"

„Hat es dich jemals wirklich etwas gekostet, geistig oder seelisch, die Dinge zu sagen, die du so am Küchentisch von dir gibst?"

East Croydon flog an uns vorbei. Ich seufzte.

„Nein – hat es nicht."

„Bist du nicht im Grund eisern entschlossen, keinem Menschen deine wirklichen Gefühle zu zeigen, geschweige denn einer Fernsehkamera?"

Unwillkürlich sprach ich das gereizte „Ja!" laut aus, mit dem ich diese Frage beantwortete, und erschreckte damit eine sehr etepetete gekleidete ältere Dame, die mir gegenübersaß. Vielleicht dachte sie, ich übte mich im positiven Denken.

Am nächsten Tag schilderte ich Bridget dieses innere Zwiegespräch, und wir beschlossen, das Thema „Verletzlich sein" unter den restlichen Teilnehmern an Company so bald wie möglich aufs Tapet zu bringen. Wir hatten bald Gelegenheit dazu, denn wenig später traf sich das ganze Team, einschließlich Frances, Angus und Maurice, um verschiedene Aspekte der Sendung und deren allgemeine bisherige Entwicklung zu besprechen. Zu der Zeit hatte sich die Zusammensetzung des Teams geändert, und es war beträchtlich größer geworden. Peter Ball wirkte nicht mehr bei Company mit, aber wir hatten einen „Ersatzbischof" in Gestalt von George Reindorp, einem sehr munteren Siebzigjährigen, der kürzlich als Bischof von Salisbury in den Ruhestand getreten war. Er freute sich nun auf einen aktiven Lebensabend mit seiner Frau Alix, einer Ärztin. Andere Neuhinzugekommene waren, um nur einige zu nennen: Steve Flashman, eine ungewöhnliche Kombination von Baptistenpfarrer und hochbegabtem Rockmusiker; Robert Pearce, der für das Hilfswerk Christian Aid arbeitet; Shirley Allan, eine Schauspielerin, die in der Gegend von Maidstone tätig ist, und Ann Warren, die sich bereits als christliche Schriftstellerin einen Namen gemacht hatte. An einem geeigneten Punkt der Tagesordnung brachte Bridget das Thema „Offenheit und Verletzlichkeit“ aufs Tapet. Bald war eine allgemeine Diskussion im Gange über die Vorzüge und Schwierigkeiten, die sich ergeben mußten, wenn man versuchen wollte, echte Gefühle im Fernsehen zum Ausdruck zu bringen. Wir kamen schließlich überein, daß echte zwischenmenschliche Kommunikation der Sendung nur zum Vorteil gereichen könnte. In letzter Zeit war das Team nämlich immer öfter der Versuchung erlegen, in jeder Sendung nur noch höfliche Übereinstimmung in relativ uninteressanten Wahrheitsfragen zu bekunden. Wir alle nickten feierlich mit den Köpfen und schworen, in Zukunft *wirklich* verletzlich zu sein. Ich nickte natürlich mit allen anderen. Aber ich zweifelte ernstlich daran, daß ich nach all den Jahren, in denen ich mein Seelenleben so geschickt abgepanzert hatte, wirklich fähig sein würde, mich zu öffnen. Weniger als zwei Jahre später sollte ich überrascht sein, in welchem Ausmaß ich – der damals auf dem absoluten Tiefpunkt angelangt war – mich vor anderen Menschen offenbarte. Aber Anfang des Jahres 1983 war es George Reindorp, der den ersten Schritt tat, indem er den Zuhörern von einer Tragödie erzählte, die sich vor vielen Jahren in seinem Leben abgespielt hatte.

Man möchte meinen, George Reindorp habe sein ganzes Leben lang darauf trainiert, ein Großvater zu werden. Nach einer einzigen Begegnung mit diesem schlanken, weißhaarigen, vor Leben sprühenden alten Herrn wußten Bridget und ich, daß hier ein Mann war, an dem Kinder ihre helle Freude haben, und es gibt nur wenig schönere Komplimente! Auf seine eigene Weise war George fähig, mit seiner ansteckenden, strahlenden Freundlichkeit und seinem koboldhaften Sinn für Humor Ereignissen und Menschen einen ganz eigenen Glanz zu verleihen. Er hat hierin Ähnlichkeit mit Peter Ball, obwohl die Art und Weise, wie George die Welt zum Funkeln bringt, eine ganz andere ist.

Als ich George Reindorp erstmals kennenlernte, hatte ich ihn – obwohl ich ihn für sehr charmant und tüchtig hielt – freilich auf ziemlich arrogante Weise im Verdacht, er sei mehr Anglikaner als Christ. Er schien sämtliche Antworten und Kommentare zu allen nur erdenklichen Aspekten des christlichen Glaubens fein säuberlich etikettiert in seinem Kopf archiviert zu haben, so daß sie bei Bedarf leicht aufzufinden waren. Tatsächlich schien es mir, daß in seiner Sicht der Dinge die Kirche von England Gottes offizielles Empfangsbüro war, das stets aufs peinlichste sauber aufgeräumt und auf Hochglanz geputzt war. Geleitet wurde dieses Büro von hocheffizienten Empfangschefs wie George, die dafür zu sorgen hatten, daß die Dinge glatt abliefen und nicht Probleme geschaffen wurden, wo keine waren, indem man unnötige Fragen stellte oder alternative Arbeitsmethoden ausprobierte.

In meiner tiefen Weisheit war ich zu dem Schluß gekommen, daß George, durch die Privilegien seiner hohen kirchlichen Stellung vom realen Leben bestens abgeschirmt, niemals echtem Leid ausgesetzt gewesen war. Ich wußte nicht, daß George bereits eine schwerwiegende Tragödie in seinem Leben durchgemacht hatte.

Eines Nachts, kurz nachdem wir einander das erstemal begegnet waren, ließen George und ich uns ein gemeinsames Abendessen in einem Hotel in Rochester schmecken, bevor wir am nächsten Tag zu den Aufnahmen fuhren. Wir aßen und tranken aufs beste, unterhielten uns ausgiebig (George ist ein sehr guter Gesellschafter) und suchten uns zuletzt einen komfortablen Platz zum Kaffeetrinken. Bei dieser Gelegenheit sprach er dann mit mir über den Tod seiner Tochter Veronica Jane, die 1947 noch als Baby gestorben war.

George war damals Pfarrer gewesen. Er hatte seine Frau Alix in Südafrika während des Krieges geheiratet. Danach lebten sie mit ihrem kleinen Sohn Julian auf dem Vincent Square in der Nähe von Victoria Station, in einem Haus, das nur drei Türen von demjenigen entfernt lag, das er später während seiner Pensionierung bewohnte. Das Leben schien damals voll Überfluß und Segen zu sein. George konnte es – nach einer langen und ereignisreichen Zeit als Feldkaplan in der Marine während der Kriegsjahre – kaum erwarten, die Arbeit in der Pfarre in Angriff zu nehmen. Er hatte einen großen Pfarrbezirk zu betreuen, der zwölftausend Bewohner von Arme-Leute-Wohnungen ebenso einschloß wie die faulen oder fleißigen Reichen der Umgebung. Es gab ein großes Betätigungsfeld für den Einsatz und die Weiterentwicklung jener feinnervigen Begabung, mit seinen Mitmenschen im Gespräch in Verbindung zu treten, die er zuweilen wie ein Zauberer zu gebrauchen versteht. George hatte immer schon die Meinung vertreten: Wäre David Jenkins, der umstrittete Bischof von Durham, imstande gewesen, das Leben als schlichter Pfarrer kennenzulernen, dann hätte er sich die Kenntnisse und das Wissen einfacher Leute erworben. Dies hätte ein Gegengewicht zu seiner akademischen Bildung dargestellt und das Resultat wäre vielleicht eine vorsichtigere und liebevollere Formulierung seiner Ansichten über Ereignisse wie die Jungferngeburt und die Auferstehung gewesen. George, der schwer arbeitende Pfarrer, fühlte, daß es von entscheidender Bedeutung war, sich wirklich tief einzulassen in so simple Dinge wie die Frage, wer die Altarblumen versorgt, und die Debatte, wer dran sei, die Kirchenbänke zu säubern. Es waren nämlich diese anscheinend trivialen, alltäglichen Sorgen, bei denen man Menschen begegnen und von ihnen lernen konnte. Erst damit konnte ein Geistlicher sich – vielleicht – das Recht verdienen, einmal so mannshoch über den Widersprüchen zu stehen, um das Kirchenvolk anzupredigen. George denkt heute genauso wie damals. Irgendwie ist er immer im Bilde über die persönlichen Lebensumstände und Probleme vieler Leute, die sonst kaum beachtet werden. Oft, wenn wir gemeinsam durch das TVS-Gebäude gingen, rief er einer Putzfrau oder einer Aushilfskraft in der Cafeteria einen fröhlichen Gruß zu und fügte eine Frage nach der Gesundheit oder den Fortschritten von Freunden, Kindern oder Eltern hinzu.

Nicht nur seine Arbeit motivierte und inspirierte George. Er war auch von Herzen verliebt in seine blauäugige, gutaussehende Frau, die sowohl eine erfolgreiche Ärztin war als auch die ideale Ehefrau für einen Geistlichen, obwohl sie sich niemals in ein Klischee pressen ließ.

Ihr einziger Makel in Georges Augen war ihre Unfähigkeit, das Rauchen aufzugeben. Er schätzte, daß sie „pro Jahr einen halben Kaplan" rauchte. In jeder anderen Hinsicht jedoch war sie die perfekte Gefährtin für ihn, denn sie war – wie er selbst zugab – weniger egozentrisch und besaß viel mehr Selbstbeherrschung, als er jemals aufgebracht hatte.

Ihre Freude war vollkommen, als sie ein zweites Kind bekamen, Veronica Jane, ein bildhübsches kleines Mädchen. Das war im Jahre 1947. George war entzückt von ihr. Vierhundert Leute kamen zur Taufe dieses außergewöhnlichen „Pfarrbabys", und keiner von ihnen war stolzer als der kleine Julian, der seine winzige Schwester hinreißend fand.

Bis dahin hatte George leichtherzig dahingeplaudert, als er sich an diese ersten, erfreulichen Jahre nach dem Krieg erinnerte. Nun jedoch breitete sich über sein Gesicht ein zerknitterter Ausdruck des Schmerzes wie eine vielbenutzte Landkarte. Er starrte über meine Schulter hinweg in die Ferne, während er mit leiser Stimme über den Tod seiner Tochter sprach.

„Sie lag im Kinderwagen, wie es oft der Fall war. Ich befand mich im Wohnzimmer und sprach eben mit einem anderen Geistlichen, als die Türe plötzlich aufgerissen wurde und Alix hereinkam. Sie gerät nicht leicht aus der Fassung, und sie sagte einfach: ‚Hol einen Arzt, schnell!' Das kam mir überaus merkwürdig vor, denn sie selbst war ja Ärztin. Auf jeden Fall holte ich einen Arzt, der in der Nähe wohnte. Ich wußte ja bereits, daß mit Veronica Jane etwas nicht stimmte, aber ich war sicher, alles würde ein gutes Ende nehmen. Sie gingen beide nach oben, und nachdem ich mich eine Weile in der Diele herumgedrückt hatte, folgte ich ihnen . . ."

Georges Augen wurden ein wenig feucht, als er weitersprach. „Als ich den ersten Blick auf sie warf, dachte ich noch, sie bewege sich. Später erkannte ich, daß sie nichts dergleichen tat. Es war einfach die Wirkung der künstlichen Beatmung, die sie an ihr versucht hatten. Alix hatte gewußt, daß die Kleine tot war, kaum daß sie sie aufgehoben hatte. Ich war wie betäubt. Ich weine oft über alles mögliche, aber das war . . . ich weiß nicht . . ."

Er schüttelte langsam den Kopf, während er noch einmal den Schrecken dieses Augenblicks durchlebte.

Lieber George! Als ich ihn anblickte, schämte ich mich. Ich dachte, ich sei ein guter Menschenkenner, aber ich hatte gar nichts erkannt. Niemals gelitten? Ich dachte an meine eigenen Kinder und erlebte einen schwachen Widerhall des Schmerzes, den der Tod jedes einzelnen für Bridget und mich bedeutet hätte, und für ihre Brüder natürlich auch.

„Wie war das mit Julian, George? Wie wurde er damit fertig?"

Er lächelte und entspannte sich in der Wärme der Erinnerung.

„Veronica Jane blieb noch lange Wirklichkeit für Julian. Ich erinnere mich, wie eines Tages ein kleiner Freund zu ihm kam, um mit ihm zu spielen – etwa drei Monate nach ihrem Tod. Sie verschwanden im Schlafzimmer oben, und wenig später hörten wir Julian seinen Freund anschreien, also stürzten wir besorgt hinauf. Es stellte sich heraus, daß dieser andere Junge ein kleines Wollspielzeug in die Hand genommen hatte, und Julian schrie: ‚Das darfst du nicht nehmen! Das darfst du nicht nehmen! Es gehört Veronica Jane!' Im Herzen dieses kleinen Fünfjährigen war sie, wie Sie sehen, noch sehr lebendig. Und tatsächlich erinnere ich mich – das geschah sehr viel später, als wir schon drei weitere Kinder hatten –, daß einmal jemand zu Alix und mir sagte: ‚Wie viele Kinder haben Sie denn?' Ich antwortete, wir hätten vier, aber Julian, der da natürlich schon viel älter war, unterbrach mich hastig und rief: ‚Nein! Fünf! Du vergißt Veronica Jane!' Und er hatte natürlich recht."

„Und wie steht es mit Ihnen? War sie für Sie auch immer noch da?"

George nahm ein gefaltetes Stück Papier aus seiner Jackentasche, entfaltete es und schob es mir zu.

„Als sie starb, waren wir natürlich völlig am Boden zerstört, und eine ganze Weile lang fiel es mir schwer zu verstehen, wie Gott in dieses Geschehen hineinpaßte. Dann schrieb mir ein guter Freund – ein wahrer Heiliger – diesen Brief." Er wies auf das Papier in meiner Hand. „Das ist eine Kopie des Briefes. Er hat mir Frieden gebracht, und seit damals habe ich festgestellt, daß er auch für viele andere Leute, denen ich Kopien gegeben habe, erstaunlich hilfreich war."

Ich las den Brief.

„Es hat mich tief betrübt, vom Tode Deines Kindes zu hören. Die Religion Christi war immer aufrichtig und klarsichtig. Er weigerte sich, die Tatsache zu verdrängen, daß Tragödien Tragödien sind und weinte am Grab des Lazarus. Wenn es uns trifft, daß wir uns von einem Kind trennen müssen, dem wir unser Bestes schenken wollten, so müssen wir unsere gebrochenen Herzen im Bannkreis Seiner Liebe betrachten.

Er konnte weinen über den Tod eines Geliebten, obwohl er doch wußte, daß Er in so kurzer Zeit die Antwort liefern würde, die jeder Tragödie eine Hoffnung schenkt, selbst der Tragödie der Sünde. Das beweist doch, daß hier in Raum und Zeit Kummer und Hoffnung Seite an Seite an uns herantreten können.

Ich bete, daß ihr beide, Du und Deine Frau, das ebenso erlebt.

Ich durfte zu der Erkenntnis kommen, daß unsere Pilgerreise zu Gott einer Straße gleicht, die in der Mitte durch jene niedrige Mauer, die wir Tod nennen, geteilt wird. Unser Alter, unser Entwicklungsstand, unsere Beziehungen zu anderen Menschen – nichts von alledem ändert sich wirklich, wenn wir die niedrige Mauer überqueren. Unser Dasein entwickelt sich weiterhin parallel zum Dasein jener Menschen, die uns nahestanden. Ich glaube nicht, daß Gott Deine Verantwortung für Dein Kind oder Deinen Dienst an ihm auch nur um ein Jota geändert hat.

Ich bin überzeugt, Deine Tochter wird im Geiste Seite an Seite mit Dir heranwachsen, so wie sie auf Erden herangewachsen wäre. Eure Gebete und Eure Liebe werden sich auf ihre Entwicklung auswirken, als finde diese Entwicklung hier auf Erden statt. Das Leben im Jenseits hat nichts Statisches an sich.

Unsere Schwierigkeit liegt darin, daß unser geistliches Auge im Vergleich zu dem, was wir von unserem irdischen Dasein wissen, so wenig entwickelt ist. Wir können daher Entwicklung und Wachstum in diesem Bereich nicht so beobachten, wie wir es hier auf Erden tun könnten. Aber der Glaube vermag viel durch die Erkenntnis, daß unsere Hoffnung auf Wahrheit gegründet ist. Wir können unser Denken und unsere Vorstellungskraft darin üben, in den Begriffen der Wahrheit zu denken, selbst wenn die Bilder, in die wir unser Denken fassen, dem irdischen Leben entliehen sind. Die Gemeinschaft, die Dir geschenkt wurde, bleibt Dir erhalten, ebenso wie das Heranwachsen Deines Kindes, dem Du mit solcher Freude entgegengesehen hast. Du darfst weiterhin darüber wachen und es im Auge behalten.

Ich werde in diesen Tagen oft für Dich beten. Ich habe Dir die Wahrheit geschrieben, davon bin ich überzeugt. Ich bete, daß Dir die Fähigkeit geschenkt werden möge, in dieser Wahrheit zu leben und darin die Antwort auf die Tragödie zu finden, die Dich betroffen hat."

Als ich zu Ende gelesen hatte, faltete ich das Blatt Papier und reichte es George zurück.

„Danke", sagte ich. „Danke, daß Sie mir erzählt haben, was mit Ihrer Tochter geschehen ist und daß Sie mich diesen Brief sehen ließen."

Ich schwieg eine Weile. „Werden Sie bei der Sendung morgen über Veronica Jane sprechen, George?"

„Ja", antwortete er lebhaft, „ich dachte schon daran, das zu tun. Es hilft vielleicht anderen, die jemand verloren haben, den sie sehr liebten."

Am folgenden Abend wiederholte George die Geschichte von Veronica Jane, während wir um den Küchentisch im Studio in Gillingham saßen. Es fiel ihm sichtlich schwer, alles noch einmal zu durchleben, und ich war froh, daß seit der Tragödie mittlerweile 35 Jahre vergangen waren, die sich wie eine Pufferzone zwischen George und seinen schweren Verlust schoben. Eine ungewöhnliche

Stille hing über dem Studio, als die Sendung dem Ende zuging. Die Leute, die im Studio und im Kontrollraum arbeiteten, waren tief berührt von Georges Geschichte, und vermutlich waren es die Zuschauer ebenfalls. Diesmal hatten wir an unserem Küchentisch nicht eine religiöse Vorstellung geliefert, sondern Menschen waren einander begegnet. Bischof Reindorp hatte unzweifelhaft eine Pioniertat gesetzt, er hatte als erster gewagt, sich in jener Verletzlichkeit zu zeigen, die wir alle für so notwendig hielten. Aber nehmen wir an, grübelte ich, jemand wollte über eine Tragödie sprechen, die sich nicht vor 35 Jahren in ferner Vergangenheit abgespielt hatte, sondern sich in der Gegenwart ereignete? Wäre das möglich, ja wäre es überhaupt wünschenswert? Es sollte nur wenige Wochen dauern, bis wir das herausfanden. Bald darauf nämlich berichtete George in einer Company-Sendung über die zweite große Katastrophe in seinem Leben. Damals waren wir nicht im geringsten darauf vorbereitet, was er sagte, und es ging nicht um ein längst vergangenes Ereignis. Es ging um ein Geschehen, das sich jetzt und hier ereignete.

George und Tragödien – das paßte irgendwie nicht zusammen. Es machte so viel Spaß, mit ihm zusammen Sendungen zu gestalten. Er hatte einen Vorrat an Geschichten, die überaus amüsant und immer gut erzählt waren. Was uns noch mehr bedeutete – es schien ihm nie etwas auszumachen, mitten in seinen Versuchen, sie zum zweiten oder dritten Mal zu erzählen, unterbrochen zu werden. Seine Fähigkeit, sich aus einem würdevollen Onkel in einen aufgeregten kleinen Jungen zu verwandeln, war geradezu herzerwärmend. Sie bereicherte unsere Treffen sehr, besonders, wenn wir alle uns einmal ziemlich schlapp und nicht in Form fühlten. George verstand es, unordentliche Winkel der Welt fein säuberlich in Ordnung zu bringen. Gelegentlich kreuzten wir spielerisch die Klingen. Ich hatte beobachtet, daß George eine sehr nützliche Gesprächstaktik entwickelt hatte, die er in der Diskussion gerne anwendete. Er pflegte seinen Standpunkt mit viel Kraft und Energie zu vertreten. Dann schob er das Kinn aggressiv vor gegen die Person, die er angeredet hatte, und sagte in einem Ton, der bedeutete, daß jeder

Versuch, eine andere Meinung zu äußern, als Symptom fortgeschrittener Unzurechnungsfähigkeit gewertet werden müßte: „Oder denken Sie anders?“ Ich machte George freundlicherweise darauf aufmerksam. Er reagierte sehr liebenswürdig darauf, wie zu erwarten war, aber ich bemerkte, daß er die Frage seitdem umformulierte: „Sie denken doch ebenso, nicht wahr?“ Das hat zumindest den Vorzug, wie eine ernstgemeinte Frage zu klingen. Er ließ sich Zeit und wartete geduldig auf eine Gelegenheit zur Rache. Sie kam eines Tages, als ich eine Samstagabend-Sendung damit einleitete, daß ich einen bestimmten Gedanken beschrieb. Dieser Gedanke, so erzählte ich, war mir gekommen, als ich am Vorabend in einer Gastwirtschaft gesessen war.

„Ich war gerade bei meinem zweiten Bier“, sagte ich, „als mir plötzlich aufging, was Jesus meinte, als –“

George fand die Vorstellung mystischer Erleuchtung, die sich bei einem Pegelstand von zwei Glas Bier einzustellen beginnt, überaus komisch. Er erinnerte mich noch lange bei jeder sich bietenden Gelegenheit daran.

„Wissen Sie, Adrian“, sagte er darauf, „Sie haben wirklich Glück. Die meisten Leute müssen den ganzen Abend lang trinken, bevor sie anfangen Visionen zu haben.“ Er zögerte, dann schob er das Kinn vor, seine Augen glitzerten. „Oder denken Sie anders?“

Es war eine solche Freude, mit George zu arbeiten, und er schien ein so glücklicher Mensch zu sein, daß die Enthüllung seines großen Kummers ein richtiger Schock war. Wir hatten beschlossen, eine Sendung zu machen, deren Thema das soeben vergangene Jahr 1982 war. Obwohl wir den Inhalt nicht im Detail besprochen hatten, nahmen Bridget und ich an, daß der Großteil der Diskussion Ereignisse betreffen würde, die Schlagzeilen im Jahre 1982 gemacht hatten. Politik, Sport, bedeutsame soziale Änderungen – solche Sachen. George sollte bei dem Gespräch den Anfang machen. Als der Aufnahmeleiter ihm das Stichwort gab, begann er zu sprechen. Aber was er sagte, war nicht das, was wir erwartet hatten.

„Das Wichtigste, was mir in diesem Jahr widerfuhr, kam nie in den Zeitungen oder im Fernsehen zur Sprache“, sagte er. „Wie Sie wissen, hofften meine Frau Alix und ich, uns aufs Land zurückziehen zu können, sobald ich aufhören würde, ganztags zu arbeiten. Aber dazu wird es nun niemals kommen. Alix leidet an der Alzheimer-Krankheit, und sie wird in ein Pflegeheim ziehen." Georges Stimme klang ein wenig brüchig, als er weitersprach. „Die Sache ist so, müßt ihr wissen – die Krankheit führt zu einer immer weiter fortschreitenden Degeneration des Gehirns, also . . . also wird Alix den Rest ihres Lebens im Pflegeheim bleiben müssen."

Bridget und ich saßen in betäubtem Schweigen da, fürs erste unfähig zu begreifen, was er da sagte. Wir hatten seine Frau niemals persönlich kennengelernt, aber wir hatten so viel von ihr gehört. Alix. Das Mädchen mit den lebhaften blauen Augen; die Blumenliebhaberin, die wunderbare Mutter, Gattin und Freundin, voll Sympathie und innerer Kraft, die Gastgeberin, die mehr als tausend Leute im Jahr bewirtet hatte, Georges „Gedanken-Kameradin", der man quer durch den Raum Blicke zuwarf, wenn irgend jemand etwas Albernes sagte und man sein heimliches Lachen mit der einzigen anderen Person teilen wollte, die wirklich verstand. Sie würde nicht bei George sein in seinen letzten Jahren.

Er fuhr fort mit seiner Schilderung, wie Alix sich immer mehr und mehr in sich selbst zurückgezogen hatte, über einen langen Zeitraum hinweg, bis ihm zuletzt klar wurde, daß irgend etwas Entsetzliches im Gange war. Als die Krankheit diagnostiziert wurde, waren Georges erste Sorgen ganz praktischer Art. Wo sollte sie den Rest ihres Lebens verbringen? Glücklicherweise (George sagte, ihm sei zumute gewesen wie Christ in Bunyans „Pilgerreise", als er seinen Packen ablegen durfte) machte ihm jemand zu diesem Zeitpunkt ein anonymes Geschenk, und dank der Großzügigkeit dieser unbekannten Person war es möglich, für Alix eine erstklassige Pflege auf unbegrenzte Zeit zu arrangieren. Die nächste und größte Aufgabe, der George sich gegenübersah, bestand darin, allein leben zu lernen und seinen Pensionsjahren ohne die ständige, liebevolle Unterstützung seiner Frau ins Gesicht zu blicken.

Er sagte: „Es sind nicht die großen Dinge, verstehen Sie. Man hatte einen guten Tag – oder vielleicht hatte man auch einen schlechten Tag. Man kommt heim, sie fragt: ‚Wie war's?' und du erzählst ihr, was geschehen ist und wer was sagte, sie sagt: ‚Und wie fühlst du dich dabei?' Das vermißt man so sehr, diese Art ganz gewöhnlicher, gemütlicher Schwätzchen. Und man vermißt es, jemand in den Armen zu halten, und davon abgesehen, war man gut Freund . . . solch gute Freunde."

Am Schluß der Sendung waren Bridget und ich und Frances, die Produzentin, in Tränen ausgebrochen. Aber hinter meinen Tränen flammte all der alte Zorn wieder auf. Ich ertappte mich dabei, wie ich im stillen zu Gott sagte: „Nun, wie steht's? Das erklär mir jetzt mal!"

Im Verlauf der folgenden Wochen bekam George seine Situation ganz gut in den Griff, obwohl eine Unterströmung von Traurigkeit natürlich bestehen blieb. Es schien, daß er ein neues Verständnis von Gottes Liebe für ihn als einen Sohn und Freund gewonnen hatte, ganz abgesehen von der offiziellen und zeremoniellen Beziehung, die über die Jahre hinweg zwischen ihnen bestanden hatte.

Ich hatte wahrscheinlich mehr Schwierigkeiten, das Geschehene zu akzeptieren, als George. Vielleicht ist das auch gar nicht überraschend, wenn man bedenkt, daß er über ein halbes Jahrhundert hinweg unbeirrbar den Pfad der Pflicht gegangen war und gute Gründe hatte, Gott zu vertrauen. Viel später, als wir eines Tages in seiner Wohnung auf dem Vincent Square beim Essen saßen, erzählte ich George, wie ich mich gefühlt hatte, als ich von Alix' Krankheit hörte. Und ich stellte ihm die Frage, die ich ihm damals schon gerne gestellt hätte.

„Wo ist Gott in all dem, George? Hat er es zugelassen? Will er irgend etwas damit sagen? Was passiert da überhaupt?"

„Ich stellte mir auch eine Menge solcher Fragen", antwortete er langsam. „Man geht in Gedanken alle nur denkbaren Möglichkeiten durch. Gibt es etwas, das ich lernen soll? Sagt Gott vielleicht ‚Du hast ja eine Menge über Glauben geredet, also – wie steht es damit?' All das fragt man sich."

Ein paar Augenblicke lang studierte er die Zinken seiner Gabel, dann legte er sie sanft auf den Tisch nieder.

„Zuletzt wußte ich nichts anderes zu sagen als der alte Polykarp, der Bischof von Smyrna, der ein Märtyrer und ein wirklicher Heiliger war – sehr zum Unterschied von mir! Sie sagten zu ihm: ‚Nun sieh mal, wir haben im Grunde gar keine Lust, dich hinzurichten, also sei ein guter Kumpel und wirf ein paar Körnchen Weihrauch auf den Altar für den Kaiser, nur damit die Sache in Ordnung kommt, dann läßt er dich leben.‘ Und er sagte: ‚Seht, sechsundachtzig Jahre lang habe ich Gott gedient. Soll ich nun im Alter von ihm abtrünnig werden?‘ Nun, Gott war wunderbar zu mir. Wir haben wunderbare Kinder und wir sind eine sehr glückliche Familie. Also . . . obwohl ich zuerst all diese Fragen stellte, und obwohl ich es immer noch nicht wirklich verstehe, weiß ich, daß darin irgendwo – Gott weiß wo – (und ich meine das buchstäblich) daß darin irgendwo Gott IST. Und ich klammere mich an diese Bibelworte: ‚Denen, die Gott lieben, gereichen alle Dinge zum Besten . . .‘ Ich habe das gepredigt – tausendmal darüber gesprochen. Ich muß weiterhin Vertrauen haben.“ Er hielt eine Sekunde lang inne. „Lieber Himmel! Das klingt, als wollte ich sagen, es wäre *leicht.* Ich fühle mich oft sehr einsam, um so mehr, als Alix sich in ihrem Wesen jetzt so verändert hat, und wenn ich sie einmal in der Woche besuche, scheint sie oft gar nicht an mir interessiert zu sein und beendet meinen Besuch schon nach kurzer Zeit. Es ist manchmal sehr hart, wenn ich dorthin fahre, mich danach sehne, sie zu sehen, und dann . . .“ George rückte sein Besteck neben dem Teller zurecht.

„Glauben Sie, daß Sie Alix wiedersehen werden, so wie sie war, an einem anderen Ort – nach dem Tode vielleicht?“

Da war mehr Leidenschaft und Sicherheit in Georges Antwort, als ich jemals zuvor gehört habe.

„Oh, Adrian . . .“ Einen Augenblick wußte er nicht, was er sagen sollte. „Irgendwie . . . wenn Christus ist, was er meiner Überzeugung nach ist und was ich glaube und in meinem Herzen weiß, daß er ist, so weit mein kleiner Verstand das erfassen kann, dann bin ich völlig sicher, daß alles in Ordnung kommt. Werden wir die wiedersehen, die wir lieben? Ja! Wie werden sie dann sein? Das wissen wir nicht! Wenn ich nur Dir gleich auferstehe, so bin ich's zufrieden.“

Jeder Satz, den George zitierte, schien ihm neue Kraft zu verleihen. Ich begriff, daß diese Worte eine Bedeutung für ihn hatten, die weit mehr war als intellektuelle Zusicherung.

„Ein Band der Liebe, wie es zwischen Alix und mir bestand, kann niemals völlig zerrissen werden“, fuhr er fort. „Mein Gott ist einer solch kapriziösen Laune nicht fähig. Wir werden in irgendeiner Weise wieder zusammensein, nicht als Mann und Frau, sondern in einer anderen, besseren Weise. Im Augenblick kann ich nur einen Tag um den anderen leben, aber für das, was ich gehabt habe, danke ich.“

Ich hatte noch eine weitere Frage. „Wenn Jesus jetzt hier an Ihrer Stelle in diesem Sessel säße, und Sie ihm nur ein Wort sagen wollten zu all dem, was Ihnen widerfahren ist – was würden Sie sagen?“

Durch das große Vorderfenster von Georges Wohnzimmer konnten wir die gegenüberliegende Straßenseite sehen. Zwei Lehrer der nahe gelegenen berühmten Schule spielten Golf auf dem Sportplatz. Einer von ihnen versetzte seinem Ball einen gewaltigen Schlag, und ich beobachtete, wie er in den Himmel sauste und verschwand und irgendwo auf der anderen Seite der Rasenfläche landete. Als George sprach, war seine Stimme sehr sanft.

„Ich würde vermutlich sagen: ‚Für die Vergangenheit – hab vielen Dank. Warum?‘“

Das „Warum?“ war keine Forderung, nur eine schlichte Frage. George vertraute auf Gott. Ich wußte das jetzt. Und ich fragte mich: War er imstande gewesen, in der Company-Sendung verletzlich zu sein, weil er es gewohnt war, Gott gegenüber verletzlich zu sein? Eine interessante Frage.

Und wie stand es mit mir? Würde ich es jemals zulassen können, daß andere Menschen *mich* zerbrochen und verwundet sahen? Niemals!

Achtes Kapitel

Peter Ball, George Reindorp und andere Stammgäste und Gäste bei Company warfen alle ihr ganz individuelles Licht auf die Wahrheit. Pater Tony Cashman zum Beispiel brachte mein Verständnis des römisch-katholischen Glaubens auf den neuesten Stand, als er uns berichtete, daß geistliche Gaben wie Zungenrede und Prophezeiung unter katholischen Christen zunehmende Verbreitung finden. Robert Pearce, ein Bezirkssekretär des Hilfswerkes „Christian Aid", hat mein Verständnis für internationale Angelegenheiten erweitert, besonders als er von seinen Reisen ins Ausland erzählte und seine persönliche Reaktion auf den Anblick von Menschen in akuten Notlagen schilderte. Am meisten freute ich mich jedoch über die Begegnung mit Mutter Frances, einer anglikanischen Nonne, die das „Helenenhaus" in Oxford leitet, das einzige Kinderhospiz im Land. Ihre Persönlichkeit war geprägt von einer köstlichen Mischung aus Kraft und Freiheit, und sie besaß einen Sinn für Humor, der selbst die Luft um sie herum zu beleben schien. Ein anderer willkommener Gast war der römisch-katholische Bischof von Arundel, Cormac Murphy O'Connor, ein Ex-Rugbyspieler und ein Mann, der sich mit tiefem Engagement dafür einsetzt, Brücken zwischen den Konfessionen zu schlagen. Ich bin sicher, Cormac wird mich und Bridget nicht so bald wieder vergessen. Nachdem wir unsere Sendung an diesem Dienstag im Kasten hatten, machte er uns das freundliche Angebot, uns auf dem Heimweg nach Arundel mit dem Wagen nach Hailsham mitzunehmen. Unglücklicherweise verließ mich mein Orientierungssinn völlig, nachdem wir etwa die Hälfte der Strecke zurückgelegt hatten, und wir irrten eine Ewigkeit lang, wie es uns erschien, über die endlosen Landstraßen von Sussex. Zuletzt jedoch kamen wir doch noch nach Hause, und Bischof Cormac war überaus geduldig!

Als Vishal Mangalwadi sich uns als Gast zugesellte, war ich fest entschlossen, seinen Namen richtig auszusprechen. Vishal arbeitet für die Armen in seiner Region Indiens und hat wegen seiner stillen Entschlossenheit, ein wahrer Nachfolger Jesu zu sein, Gefängnishaft und Mißhandlungen erlitten. Bevor die Sendung anlief, wiederholte ich Vishals sperrigen Namen ein ums andere Mal, um sicherzugehen, daß ich ihn glatt über die Lippen bekam: „Mangalwadi . . . Mangalwadi . . . Mangal –" Der Aufnahmeleiter gab mir sein Zeichen, und ich wandte mich voll Selbstbewußtsein an Kamera drei.

„Hallo. Wir haben das Vergnügen, heute abend einen besonderen Gast bei uns zu haben, sein Name ist –" Mein Mund klappte auf und zu wie ein Fischmaul. Ich hatte seinen *Vornamen* vergessen!

Alle diese Leute zählten zu der einen oder anderen Kategorie von Christen. Aber dann kam eine Zeit, wo Frances ankündigte, daß ein neues Teammitglied zu uns stoßen würde, ein Mann, der kein Christ war, sondern ein jüdischer Rabbi. Sein Name war Hugo Gryn.

Hugo entpuppte sich als ein wahres Energiebündel. Er war ein kleingewachsener, körperlich sehr dynamischer, glattrasierter Mann mit einem köstlichen Sinn für Humor, enormen Kraftreserven und einer knirschenden Stimme mit einer reizvollen Kombination von transatlantischem und zentraleuropäischem Akzent. Wie ich es früher getan hatte, rauchte er ununterbrochen und mit einer Art Hingabe, als wehrte jede neue Zigarette einen wilden Entschluß in einer fürchterlichen Sache ab. In Gesellschaft verhält er sich kaum jemals ruhig. Immer auf dem Sprung, studiert er ständig die Gesichter der anderen und lernt aus ihren Augen, paßt sich hier und da in seinen Antworten ein wenig an. Vielleicht wendet er, wenn auch in modifizierter Form, immer noch die Überlebenstechniken an, die er in der harten Schule von Auschwitz und anderen Lagern während des Krieges lernte. Mit einer erstklassigen Erziehung und zahlreichen natürlichen Gaben ausgestattet, ist er ein faszinierender Redner und unübertrefflicher Geschichtenerzähler. Hugo Gryn ist Rabbi an einer Synagoge in West-London mit tausend Mitgliedern und eine Schlüsselfigur der Reformierten Synagogen von Großbritannien. Man möchte glauben, er sei schon überall gewesen und kenne so ziemlich jeden. Er ist immer unterwegs – in der Stadt, im Land, in der Welt. Infolge seines geschickten Umgangs mit den Medien hatte er reiche Erfahrung mit Radio- und Fernsehsendungen. Was unterhaltsame und interessante Themen angeht, eröffnete er den Gesprächen am Company-Küchentisch eine ganz neue Dimension. Hugo „verkündigt" immer. Er ist kein Mann, der es leicht nähme, einmal steckenzubleiben, und es kam sehr selten vor, daß ich irgend etwas anderes an ihm gesehen habe als strahlende Tüchtigkeit. Vermutlich ist er der Meinung, daß niemand daran interessiert sei, ihn traurig zu sehen; also hütet er sich, seine Traurigkeit jemals zum Vorschein kommen zu lassen. Und wie er einmal zu mir sagte: Wenn er verletzt würde, so neige er mehr dazu, sich in sich selbst zu verkriechen, als sich an andere Menschen zu wenden.

Bevor ich Hugo kennenlernte, habe ich mich oft gefragt, wo eigentlich all die jüdischen Witze herkommen. Heute glaube ich, wenn Hugo sie nicht überhaupt alle selbst erfindet, so ist er doch der Hauptverantwortliche dafür, daß sie in Umlauf gesetzt werden. Sooft wir einander heutzutage begegnen, freue ich mich bereits auf die nächste Geschichte. Ich unterbreche ihn nicht. Aber ich erinnere mich, wie ich ihm bei unserer ersten Begegnung nach dem ersten halben Satz ins Wort fiel, als er einen Witz erzählte.

„Sitzen zwei Juden im Bus . . ."

Ich unterbrach ihn pompös. „Müssen es Juden sein, Hugo?" War ich nicht ein wundervoller Antifaschist?!

Hugos ausdrucksvolles Gesicht verzog sich, als er scharf nachdachte. Dann entspannte er sich. Eine Augenbraue hob sich humorvoll. „Okay, ich fang' noch mal an. Sitzen zwei Chinesen im Bus und fahren zur Bar Mizwah –"

Ich brach zusammen.

Eine Geschichte, die bei den Zuschauern von Company großen Anklang fand, war Hugos Anekdote von dem ältlichen Juden, der sich verzweifelt danach sehnt, die wöchentliche Lotterie in seiner Gemeinde zu gewinnen. Dieser Mann stand vor dem offenen Thoraschrein in der Synagoge und rief mit lauter Stimme:

„Gott! Laß mich diese Woche die Lotterie gewinnen! Ich brauche das Geld. Bitte laß mich gewinnen!"

Zu seiner Bestürzung kam keine Antwort, und jemand anderer gewann das Bargeld in dieser Woche. In der folgenden Woche kehrte er zurück zur Synagoge und stand wieder vor dem Thoraschrein, schlug sich an die Brust und rief noch lauter:

„O Gott! Du mußt mich erhören! Ich war mein Leben lang ein frommer Jude. Ich habe immer alle deine Gebote gehalten. Ich bin jede Woche in die Synagoge gegangen. Nun bitte ich dich, mir zu helfen. Bitte! Bitte, laß mich diese Woche die Lotterie gewinnen!"

Wiederum herrschte Schweigen, und wieder ging ein paar Tage später der Jackpot an einen anderen.

In der nächsten Woche warf er sich vor dem offenen Thoraschrein zu Boden, flehte und bestürmte Gott, sein Gebet zu erhören und ihn die Lotterie gewinnen zu lassen, nur ein einziges Mal. Nachdem das einige Minuten so gegangen war, lag er erschöpft und atemlos auf dem Boden der Synagoge. Plötzlich ertönte eine Stimme aus dem offenen Thoraschrein. Es war die Stimme Gottes.

„Hör mal, komm mir doch einen Schritt entgegen! Kauf ein Los!"

Meine Mutter (die zu der Zeit, als Hugo zu uns stieß, bereits in den Sechzigern war und als ein sehr zuverlässiges Barometer für die Qualität der Sendung fungierte) schloß den Rabbi richtig ins Herz. Ihrer Ansicht nach war er ein gutherziger, gutaussehender und origineller Mann; ein sehr hohes Lob aus ihrem Mund!

Auf einer ernsthafteren Ebene fragte ich mich, wie wir mit der Kluft zurechtkommen würden, die zwischen Hugos Glauben und dem der anderen Teilnehmer klaffte. Die meisten von uns waren Christen der einen oder anderen konfessionellen Schattierung. Er war Jude. Sollten wir auf Konfrontationskurs gehen? Sollten wir Kompromisse schließen? Sollten wir die Differenzen ignorieren und über andere Dinge sprechen? Im allgemeinen neigten sämtliche Gesprächsteilnehmer dazu, sehr höflich zu sein und alle strittigen

Punkte auszuklammern, wenn wir über unseren Glauben sprachen. Bei einer Gelegenheit wurde Hugo gefragt, wie er zu der enormen Vielfalt von Glaubensrichtungen stünde, die in der Welt existieren. Waren sie alle irregeleitet, oder hatten sie vielleicht jeder auf seine Weise die Wahrheit erkannt? Hugo hatte sich der letzten Meinung verschrieben. Er vertrat die Ansicht, wie ein Kristall verschiedene Facetten desselben Lichtes widergibt, so zeige jede Religion oder vergleichbare Gruppe eine Facette derselben einzigen, zentralen Antwort, die da Gott heißt.

Es war eine gute Antwort und eine diplomatische Antwort, aber als ich dann die Sendung sah, konnte ich mich nicht entscheiden, ob Hugo tatsächlich glaubte, was er da gesagt hatte. Was hätte ich selbst gesagt, wäre ich an dieser Diskussion beteiligt gewesen? Ich wäre höflich gewesen, nehme ich an. Ich hätte genickt und gesagt: „Wie interessant." Was glaubte ich wirklich? Hielt ich es mit der Kristall-Idee? Oder glaubte ich, daß alle Juden – es sei denn, sie wendeten sich zu Jesus – am Tag des Gerichts aus Gottes Gegenwart verstoßen würden? Ich stellte mir vor, wie Hugo und ich Seite an Seite vor das Angesicht Gottes traten. Ich stellte mir vor, wie ich angenommen und der Rabbi verworfen würde. Mein Denken wollte da nicht mitspielen. Umgekehrt hätte ich es mir vielleicht noch vorstellen können – aber nicht so. Ich spürte ein Stück von der Liebe Gottes in Hugo. Mit seiner Religion hatte das nichts zu tun. Es war einfach da. Gott würde diesen Teil seiner selbst gewiß willkommen heißen, wenn er zu ihm zurückkehrte. Wer war ich, daß ich richten sollte? Es gab nicht viel, was ich zugunsten meines eigenen Glaubens vorweisen konnte. Was wußte ich vom Leiden im Vergleich zu diesem Mann, der noch ein halbes Kind gewesen war, als er zum erstenmal ein Todeslager der Nazis betrat und zusehen mußte, wie sein jüngerer Bruder zur Hinrichtung geschleppt wurde, weil er den Deutschen nichts nütze war? Warum war Hugo bis zum heutigen Tag nicht nur ein gläubiger Jude, sondern sogar ein Rabbi? Und das nach Erfahrungen, von denen man meinen sollte, sie würden die Existenz eines liebenden Gottes eher in Zweifel ziehen als bestätigen! Wir hatten niemals Zeit genug und auch nie eine angemessene Gelegenheit, dieses Thema während der Company-Sendungen mit Hugo zu erforschen, aber ich wollte die Antwort auf diese Frage wirklich wissen. Und ich wollte noch mehr wissen: Wo lag der Unterschied zwischen Hugo und George, wenn man die Art und Weise betrachtete, wie sie mit persönlichen Tragödien fertig wurden? Wo lag der Unterschied zu Peter Ball, der auf die Wärme und Erfüllung der Ehe verzichtet hatte, um demselben Gott wie Hugo zu dienen? Warum folgten sie alle ihm immer noch nach, allem zum Trotz, was ihnen widerfahren war? Die einzige Möglichkeit, Hugo diese Fragen zu stellen, war, um einen Termin bei ihm zu bitten. Sein Terminkalender war immer übervoll. Er nannte mir jedoch ein Datum, und an diesem Tag – einem Tag von seltsamer Bedeutsamkeit, wie ich später erfuhr – suchte ich ihn in seinem Büro in London auf.

Hugo war an diesem Morgen merkwürdig unruhig. Zum Teil lag es daran, daß er einen selbst für seine Begriffe ungewöhnlich harten und strapaziösen Tag vor sich hatte. Es gab aber noch einen anderen Grund, über den ich erst Näheres erfuhr, als wir miteinander sprachen. Viele Menschen forderten seine Aufmerksamkeit, sie bedrängten ihn persönlich und per Telefon bis zu dem Punkt (und darüber hinaus), wo wir uns zum Gespräch niedersetzten. Er spielte linkisch mit dem Telefonhörer, als er ihn zuletzt auflegte, ihn halb fallen ließ und dann wieder aufhob. Er blickte hastig auf, um zu sehen, ob ich seine Ungeschicklichkeit – die so gar nicht zu ihm paßte – bemerkt hatte.

Schließlich ließ er sich – die unvermeidliche Zigarette zwischen den Lippen – nieder, lehnte sich in seinen Sessel zurück und zog die Augen zu schmalen Schlitzen zusammen, als der Rauch vor seinem Gesicht aufstieg wie eine dünne graue Wand.

Ich hatte ein Buch mitgebracht. Es trug den Titel „Heimkehr“ und enthielt eine Sammlung von Bußmeditationen jüdischer Schriftsteller und Dichter aus alter und neuer Zeit. Ein Gedicht vor allem hatte mich mehr bewegt als alles, was ich seit langem gelesen hatte. Ich wußte, daß es Hugo vertraut war, denn er hatte im Gebetsbuch-Ausschuß der Reformierten Synagogen von Großbritannien den Vorsitz geführt. Der Ausschuß hatte dem Herausgeber Jonathan Magonet bei der Zusammenstellung dieser Anthologie geholfen. Ich las das Gedicht laut vor.

Denn Gott verschließt sein Haus nicht vor denen,
die danach Sehnsucht empfinden,
noch werden die Dochte erlöschen,
die auf den Armen des Leuchters sich winden.
Zu einem einzigen werden die Pfade,
die eben noch vielfältig waren.
Auf der Suche nach Nestern kommen die Wandertauben in Scharen.
Und wenn du am Ende blutroter Nächte und vom Wahnsinn durchzitterter Tage
dich krümmst in der Finsternis, in der Wirrnis dämonischer Plage,
das Haupt mit Asche bestreut, in Labyrinthen gefangen,
Treibsand unter den Füßen, das Blut voll bleiernem Bangen –
dann steht da Gottes Haus, so still im Abendlicht.
Es höhnt nicht, zankt nicht, spottet, schilt dich nicht.
Die Türe steht weit offen, und der Leuchter strahlt an seinem Ort.
Und wie dich niemand lockt, treibt dich auch niemand fort.
Kein harter Vorwurf weist dich hier zurück. Nur Segen spendet
die Lieb', die auf der Schwelle deiner harrt,
die deine Wunden heilt und deinen Jammer wendet . . .

Ich hörte auf zu lesen und sah hoch. Hugo nickte voll Eifer.

„Ja, ich kenne den Text gut. Tatsächlich geht es darin um Verlassenheit – die Art von Verlassenheit, die wir in den Lagern erlebten. Es erinnert mich . . . habe ich Ihnen jemals von den Postkarten erzählt?"

Ich schüttelte den Kopf.

„Es war in einem relativ kleinen Lager in Schlesien. Etwa viertausend Häftlinge, glaube ich, waren dort inhaftiert. Es muß im Jahre . . ." Hugo runzelte die Stirn, während er in seiner Erinnerung grub, dann stach er triumphierend mit seiner Zigarette in die

Luft. „Es war im Sommer 1944! Wir mußten von morgens bis abends arbeiten, sechseinhalb Tage in der Woche. Ich denke, es war der Sonntagnachmittag, an dem wir frei hatten. Dann spielte manchmal, so absurd das klingen mag, das Orchester des Lagers. Können Sie sich das vorstellen, Musik inmitten des Todes? Jedenfalls wurde eines Tages zu unserer großen Überraschung jedem von uns eine Postkarte und ein Bleistift ausgehändigt. Man sagte uns, wir könnten an *jede beliebige Person* schreiben, der wir schreiben wollten, *an jedem beliebigen Ort der Welt*, und das Rote Kreuz würde die Karten zustellen.

Da stand ich also mit meinem Bleistift und meiner Postkarte, und allmählich ging es mir auf, daß ich niemand hatte, an den ich schreiben konnte. Mein Vater war mit mir zusammen im Lager, aber ich hatte keine Ahnung, wo meine Mutter war. Der Rest der Familie war in Auschwitz umgekommen. Alle waren tot. Großeltern, Brüder, Kusinen, Tanten, Onkel, alle, die ich aus der Heimat kannte . . . zu dieser Zeit waren sie bereits alle tot. Ich wußte, daß ich irgendwo in Amerika Verwandte hatte, aber ich kannte ihre Namen nicht und schon gar nicht irgendwelche Adressen. Ich zermarterte mir den Kopf, ob mir irgend jemand einfiele, aber zuletzt war ich einer von vielen, die eine leere Karte abgaben. Ich hatte niemand, dem ich schreiben konnte, und ich mußte daran denken, daß es niemand in der Welt gekümmert hätte, ob ich schrieb oder nicht schrieb, ob ich lebte oder starb. Es war ein Gefühl grenzenlosen Verlassenseins."

„War das sehr schmerzlich?" (Wieder eine grandiose Plass-Frage).

„Es war zutiefst schmerzlich. Ich mußte mich der Erkenntnis stellen, daß ich keinem Menschen außerhalb dieses Lagers auch nur das Geringste bedeutete. Ich bin dankbar, daß es mich betroffen machte, denn eine Menge Leute um mich herum wurden sich selbst gleichgültig, und dann, nun . . . die Selbstmordrate war sehr hoch."

„Aber Ihr Vater war dort bei Ihnen?"

Hugo drückte seine Zigarette aus.

„Ja, das war er, und er war der Grund, daß es mir gelang, die wilden Ausbrüche zu vermeiden, zu denen viele andere Häftlinge getrieben wurden. Er war ein sehr vernünftiger, sehr intelligenter, sehr guter Mensch, und er hielt mich davon ab, wirklich bizarre oder schändliche Dinge zu tun. Ich will damit nicht sagen, ich wäre ein besonders guter Mensch gewesen. Ich hatte einfach dieses gewisse besondere Glück, daß er da bei mir war. Er hielt die Hoffnung am Leben. Sehen Sie, ich erinnere mich, wie er einmal die Margarine-Ration über Wochen hinweg aufsparte, und er machte eine kleine Schale aus Lehm und einen Docht aus Kleiderfäden, damit er eine Kerze anzünden und Chanukka, das Lichterfest, feiern konnte. ‚Wie es auch um uns steht', sagte er, ‚wir lassen uns das Feiern nicht nehmen.' Und er trommelte alle die Leute zusammen, um die Menora anzuzünden."

„Haben Sie verstanden, warum er das tat?"

Hugo breitete die Hände aus und riß die Augen auf. „Nein! Damals dachte ich nur, es sei schade, die Margarine so zu vergeuden. Ich sagte das auch. Besonders, weil die Kerze nicht brennen wollte, als es soweit war. Sie knisterte nur und flackerte und erlosch. Aber er nahm mich beiseite – ich war damals dreizehn oder vierzehn – und er sagte zu mir: ‚Du mußt das verstehen. Du und ich, wir haben Schlimmes durchgemacht. Wir haben einen langen Gewaltmarsch überstanden, fast ohne etwas zu essen, und einmal hatten wir ein paar Tage lang kein frisches Wasser. Du kannst ziemlich lange ohne Nahrung überleben. Du kannst sogar ein oder zwei Tage ohne Wasser leben, aber ich sage dir, du kannst keine drei Minuten lang ohne *Hoffnung* leben. Du mußt Hoffnung haben!' Und er hatte recht. Solange die Menschen sich so viel Mühe machen, um eine einzige Kerze für eine religiöse Zeremonie zustande zu bringen – nun, so lange muß Hoffnung da sein, selbst mitten im Leiden. Mein Vater lehrte mich das."

„Starb Ihr Vater in den Lagern?" Ich verkrampfte mich innerlich, während ich auf Hugos Antwort wartete.

„Er überlebte den ganzen Krieg, aber . . . sehen Sie, wir kamen schließlich in dieses Lager in Österreich, einen ganz üblen Ort. Es war nur ein paar Tage vor Kriegsende. Wir hatten einen Gewaltmarsch gemacht, um dort anzugelangen. Mehr als die Hälfte der Häftlinge starb unterwegs. In diesem Lager herrschte nicht nur der Hunger, dort wütete auch eine Typhusepidemie. Alle Insassen waren krank. Als die Amerikaner das Lager am 5. Mai befreiten, lagen überall unbegrabene Leichen, und die Häftlinge, die noch lebten, waren alle krank. Alle, die noch lebten – und mein Vater war unter ihnen –, wurden in eine Art provisorisches Spital gebracht, obwohl ich glaube, sie wußten gar nicht, womit sie uns behandeln sollten. Mein Vater und ich lagen dort in einem gemeinsamen Bett . . . Und damals starb er."

„Also starb er, nachdem –"

„Ja! *Nach der Befreiung!* Als sie ihn abholen kamen, wollte ich es nicht zulassen, obwohl ich genau wußte, daß er tot war. Ich war hysterisch – völlig außer mir. Es war der schlimmste Betrug, den ich mir vorstellen konnte. Sehen Sie – er hatte tatsächlich überlebt . . . die Szene, als man ihn fortbrachte, war sehr schlimm. Ich hatte ebenfalls Typhus, und alles erschien mir sehr verschwommen und verworren. Ich weiß jedoch – denn sie sagten es mir später –, daß ich in diesem Augenblick einen der deutschen SS-Männer attackierte, die als Pfleger arbeiten mußten. Ich meine . . . ich wollte ihn wirklich umbringen. Ich war völlig außer Kontrolle. Und danach . . . da war einfach Vergessen. Ich konnte nicht einmal anwesend sein, als sie meinen Vater begruben, vermutlich in einem Massengrab . . ."

Hugo nahm eine weitere Zigarette aus dem Päckchen, das neben ihm lag, und schnippte mit geübter Hand sein Feuerzeug an. Er verfügte über sehr viel Selbstbeherrschung, aber einen Augenblick lang hatte ich einen sehr jungen und verzweifelten jüdischen Jungen vor mir gesehen.

„Wissen Sie, an welchem Tag er starb?" fragte ich.

Er streckte mir die Hand entgegen, die Handfläche nach unten, die Finger ausgestreckt, als tätschelte er die leere Luft. Es war eine seiner charakteristischen Gesten. „Adrian, Sie haben mich an einem ganz, ganz besonderen Tag erwischt. Nachdem ich wieder zu Bewußtsein kam, nannten mir einige fromme Juden, die dabei gewesen waren, als mein Vater starb, das Datum. Sie sagten mir, ich sollte nicht vergessen, daß meine ‚Yahrzeit' – der Jahrestag des Todes meines Vaters – der vierte Tag des Monats Sivan nach dem jüdischen Kalender sei. Ob sie recht hatten oder nicht, weiß ich nicht, aber das ist das Datum, das sie mir nannten."

„Und dieser Tag ist –?"

Hugo nickte energisch. „Heute!"

Kein Wunder, daß er so geistesabwesend wirkte – weniger konzentriert als gewöhnlich. Die Zeit heilt Wunden, aber Narben können grausam schmerzen. Sollte ich weiterreden?

„Ist es . . . ein schlechter Tag –"

Hugo unterbrach mich mitten im Satz. Er beugte sich vor und lächelte mich an. „Eigenartig! Nicht schlecht, nur eigenartig."

Ich stürzte mich von neuem ins kalte Wasser. „Was geschah mit Ihrer Mutter, Hugo?"

„Sie überlebte. Sie ging durch Auschwitz, wie wir auch, und wurde von dort in ein anderes Lager weitertransportiert, wo sie mithalf, einen Fluchttrupp von Frauen zu organisieren."

„Dann war sie also nicht bei Ihnen, als Ihr Vater starb?"

Hugos Antwort auf diese Frage war ein seltsames, sanftes, süß gebrummtes „Nei-ei-eiein."

„Wann wurde sie befreit?"

„Sie war bereits vor einigen Monaten entlassen worden – im März, glaube ich. Sie war also bereits in unsere Heimatstadt zurückgekehrt. Und schließlich schaffte ich es, ebenfalls dorthin zu gelangen."

„Erinnern Sie sich an Ihr erstes Zusammentreffen mit ihr, als Sie zurückkehrten?"

Seine Antwort klang heftig. „Ich erinnere mich sehr, sehr, sehr gut daran!" Er lehnte sich in seinen Stuhl zurück. „Die Heimreise aus dem Lager gestaltete sich überaus schwierig. Es gab damals in Europa kaum Transportmöglichkeiten, man mußte sich behelfen, so gut man konnte. Ich fuhr mit dem Zug. Ich fuhr mit dem Schiff. Ich ging zu Fuß. Ich stahl sogar einmal mit ein paar anderen Leuten zusammen einen Pferdekarren und benützte ihn drei Tage lang, bis ich ihn schließlich in irgendeiner Stadt stehenließ. Schließlich gelangte ich nach Budapest. Damit war ich immer noch nicht zu Hause, aber ich erinnerte mich daran, daß ich Verwandte in dieser Stadt hatte. Es gelang mir, herauszufinden, wo sie wohnten, und dann stand ich vor ihrer Türe."

Hugo zögerte ein paar Augenblicke lang. Seine Hand stockte mitten in einer Gebärde. Seine Augen waren auf das Bild in seinem Inneren gerichtet. Es schien keine glückliche Erinnerung zu sein. Er fuhr fort zu sprechen, in einem Ton, der nach Entschuldigungen für die Leute suchte, die ihm damals die Türe geöffnet hatten.

„Ich muß wohl sehr befremdend ausgesehen haben . . . und ich glaube, sie fühlten sich sehr unbehaglich in meiner Gegenwart. Sie luden mich nicht einmal ein, hereinzukommen . . ."

Den letzten Satz ließ er ganz beiläufig fallen, aber ich fing ihn auf. In mir löste er die Erinnerung aus an die Türschwelle des Pfarrhauses in Bristol und an das grenzenlose Elend, weggeschickt zu werden, als ich es am dringendsten nötig gehabt hätte, eingelassen zu werden. Das war schon schlimm genug gewesen. Wie mußte Hugo sich erst gefühlt haben nach so vielen Jahren verzweifelten Überlebenskampfes, so viel Verlust und Tod! Menschen, die mit ihm hätten lachen und weinen können, auch wenn sie nur entfernt mit ihm verwandt waren, hatten ihn nicht einmal ins Haus gelassen! Ich wußte nicht, wie tief ihn das verletzt hatte, und aus irgendeinem Grund brachte ich es nicht fertig, ihn zu fragen. Um meiner selbst willen, nehme ich an.

Dann merkte ich, daß Hugo bereits weitersprach.

„. . . und dieser Zug fuhr und fuhr und fuhr, bis wir eine Gegend erreichten, die etwa drei oder vier Stationen vor meiner Heimatstadt in Rußland lag. Vor dem Krieg war die Tschechoslowakei meine Heimat gewesen, aber inzwischen waren die Grenzen neu gezogen worden und plötzlich lebte ich in Rußland. Na, wenn schon! Wie immer es genannt wurde, es war meine Heimat und ich war fast am Ziel angelangt. Nun, wie auch immer – der Zug hielt an einer Station, wenige Meilen vor meinem Ziel, und ein Mann stieg dort ein und setzte sich ins selbe Abteil wie ich. Wir kamen ins Gespräch, und nach einer Weile stellte sich heraus, daß er meine Familie kannte.

‚Wissen Sie', fragte er mich, ‚daß Ihre Mutter zu Hause ist?'

Natürlich wußte ich das nicht. Es war das erste Mal, daß ich davon hörte. Das sagte ich ihm.

‚Ja', sagte er, ‚sie ist da, und es geht ihr gut, und sie wartet auf Sie und Ihren Vater. Wo ist Ihr Vater denn überhaupt?'

Er erzählte mir dann, was geschehen war: Irgend jemand war aus dem Lager zurückgekehrt, in dem mein Vater und ich zuletzt gewesen waren, nachdem es eben von den Amerikanern befreit worden war, und dieser Mann hatte meiner Mutter die Nachricht überbracht, wir hätten *beide* überlebt. Jetzt wußte ich also, daß meine Mutter zu Hause war und darauf wartete, daß mein Vater und ich gemeinsam vor der Türe standen. Tja . . ."

Ich starrte Hugo schweigend an und befeuchtete meine trockenen Lippen mit der Zungenspitze, während ich mir vorzustellen versuchte, wie er sich fühlte. Kein Schriftsteller hätte eine qualvollere dramatische Situation erfinden können.

„Als der Zug schließlich in meiner Heimatstadt anhielt", fuhr Hugo fort, „wollte ich gar nicht aussteigen. Ich sagte zu diesem Mann: ‚Hören Sie einmal, ich fahre noch ein paar Stationen weiter, und dann komme ich zurück.' Ich hatte Angst auszusteigen! Aber . . . man ließ mich nicht weiterfahren. Ob man den Zug tatsächlich eine ganze Weile anhielt, weiß ich nicht mehr, aber irgendwie überredete man mich – brachte mich mit List dazu – auszusteigen, und ich begann auf mein Elternhaus zuzugehen. Glauben Sie mir, ich hatte nicht viel Gepäck zu schleppen! Ich ging also die Straße entlang, auf das Haus zu. Es war ein Sommernachmittag, und Sie können sich vorstellen, wie nervös ich war. Dann blickte ich auf, und da stand meine Mutter. Sie beobachtete mich von einem Fenster im ersten Stock aus, wie ich die Straße entlang auf sie zumarschierte – allein. Und als wir einander dann von Angesicht zu Angesicht gegenüberstanden, stellte sie mir keine einzige Frage. Sie blickte mich an und nahm alles in sich auf, dann umarmten wir einander. Und dann . . . Sie wissen wohl, wir haben eine Tradition, daß man Shiva sitzt, wenn jemand in der Familie stirbt. Das heißt, man sitzt auf einem niedrigen Hocker – sieben Tage lang. Das ist das übliche Trauerzeremoniell. Wenn die Todesnachricht jedoch verspätet eintrifft, dann tut man es nur eine Stunde lang. So blickte meine Mutter nur um sich, zog einen niedrigen Hocker heran und saß eine Stunde in schweigender Trauer da. Am Ende der Stunde stand sie auf – sie hatte mich noch immer nichts gefragt – und sagte zu mir: ‚Hugo, du bist der Sohn. Du sagst Kaddisch.' Das ist ein Lobgebet, das wir sprechen, und darin ist eigentlich gar nicht vom Tod die Rede. Es beginnt mit den Worten: ‚Gepriesen und geheiligt sei der Name Gottes . . .' Also betete ich es. Und dann, als ich zum Ende gekommen war – dann begannen wir zu reden. Ich verstand es damals nicht ganz, aber jetzt verstehe ich es. Sehen Sie, die Sprache der Religion und des Rituals war, wenn Sie so wollen, der vermittelnde Einfluß."

„Sie meinen, das Ritual *war* tatsächlich, in einer Weise, das Gespräch zwischen Ihnen und Ihrer Mutter?"

Hugo nickte. „So ist es! Wir brauchten auch gar nichts anderes. Erst Tage später sagte sie: ‚Und was ist tatsächlich geschehen?' Bei diesem ersten Treffen hätte es viel zuviel gegeben, das wir einander sagen mußten, also versuchten wir es erst gar nicht. Das Wichtigste erfuhr sie ohnehin, indem sie mich nur anblickte."

Der Kaffee wurde serviert. Nach einigem Klappern und Umrühren hatten wir es uns wieder bequem gemacht.

„Warum, Hugo . . ." Es war die Frage, die ich vor allem hatte stellen wollen. „Warum – nachdem Sie so viel Leid, so viel Elend gesehen hatten – entschlossen Sie sich, Rabbi zu werden?"

„Das ist eine gute Frage, denn tatsächlich hatte ich immer Wissenschaftler werden wollen – ich *bin* übrigens Wissenschaftler, Doktor der Mathematik und Biochemie. Aber ich stimme Emil Fakenheim zu, wenn er sagt, wir dürfen Hitler keinen posthumen Sieg gewähren. Er stellte ein elftes Gebot auf –"

„Und das wäre –?"

Hugo schrieb die Worte mit der Hand in die Luft. „DU SOLLST ÜBERLEBEN! Es genügte nicht, körperlich am Leben zu bleiben. Es war ebenso wichtig, daß jüdische Werte, und vor allem jüdische Gelehrsamkeit bewahrt werden sollten. Und die Sache ist die,

Adrian, daß in der jüdischen Tradition Gelehrsamkeit und geistliches Leben Hand in Hand gehen. Die meisten von uns gelangen zu einem geistlichen Leben durchs Lernen – nicht umgekehrt. Ich hatte das Glück, einen großen Lehrer zu haben ..." Er deutete auf ein Bild an der Wand neben uns. „Leo Baeck. Er und ein weiterer Rabbi betreuten mich während des Studiums. Sie hatten wohl beide den Eindruck gewonnen, daß ich mich allmählich für den einzigen Menschen auf Erden hielt, der noch ernsthaft an Judaistik interessiert war, und sie sagten: ‚Okay, wenn es dir so wichtig ist, dann tu es und widme dich der jüdischen Gelehrsamkeit!' Und das tat ich."

Er lachte leise aus tiefstem Herzen. „Eigentlich verlockte man mich mit einem Trick dazu. Man forderte mich heraus, es zu wagen. Sie sehen, wie wichtig es ist, zum richtigen Zeitpunkt in den Händen des richtigen Lehrers zu sein."

„Und so wurden Sie Rabbi?"

„So wurde ich Rabbi."

„Aber Sie fühlten nicht so etwas wie eine Berufung von Gott, in der Art und Weise, wie christliche Priester es zuweilen erzählen?"

„Möglicherweise wurde ich *gesandt*, aber ich glaube nicht, daß ich gerufen wurde." Hugo lachte von neuem. „Ich weiß nicht recht ... ich glaube, daß Gott tatsächlich unser gesamtes Schicksal lenkt, so daß es in einem sehr allgemeinen Sinn gut möglich ist, daß er mich sandte. Genauer möchte ich mich nicht festlegen. Ich kann mir nicht recht vorstellen, daß Gott mich am Ärmel faßt und sagt: ‚Nun höre, Gryn, ich finde, du solltest dies oder das tun ...' Nein, das entspricht nicht meiner Vorstellung von Gott."

„Aber wenn –"

Hugo unterbrach mich. „Wir haben einen freien Willen! Ich habe ihn, Sie haben ihn. Wenn Sie ihren freien Willen mißbrauchen, können Sie den meinen beschränken. Das ist der Punkt, wo alles schiefzulaufen beginnt. Aber ..." Er beugte sich vor, eine Hand erhoben, aber waagerecht, so daß sie den Himmel von der Erde schied. „Ich kann nicht Gott einen Vorwurf machen, wenn *ich* es falsch oder richtig mache. Diese Gleichung geht meines Erachtens nicht auf. Die Dinge, die ich in den Lagern gesehen habe, das Leid, das ich durchgemacht habe, können sinnlos gewesen sein oder nicht, je nachdem, wie ich meinen Willen gebrauche. Ich weiß vermutlich besser als mancher andere, was weh tut, was anderen Schmerzen zufügt. Mein Ziel ist, das, was für andere schmerzhaft ist, einfach *nicht* zu tun." Er fuchtelte mit seiner Zigarette herum, als versuchte er, meine vollste Aufmerksamkeit zu erzwingen. „Die Goldene Regel wird in der christlichen und in der jüdischen Tradition unterschiedlich formuliert. Die christliche Tradition sagt: ‚Was immer ihr wollt, daß euch die Leute tun, das tut auch ihr ihnen.' Aber die jüdische Tradition sagt: ‚Was du nicht willst, daß man dir tu, das füg auch keinem andern zu.' Da ist ein Unterschied, und es ist ein Unterschied, den ich durch Leiden gelernt habe."

„Und Gott nimmt Anteil am Leiden."

„Ich glaube, daß Gott mit den Juden in den Lagern weinte. Ich glaube, Gott weint mit allen, die leiden, und ich meine, *mit* ihnen, nicht einfach nur *für* sie!"

Ich hatte immer noch große Schwierigkeiten damit, Hugos Beziehung zu Gott zu verstehen. Ich fühlte, ich hatte die Bedeutung und Wichtigkeit des Lernens erfaßt und die Notwendigkeit, Tradition und Rituale zu bewahren. Aber da war so viel in ihm und in den Geschichten, die er erzählt hatte, die von einem Gott sprachen, der ein persönliches, fürsorgliches Interesse nahm – Interesse an diesem Mann, der „zufällig" das Glück gehabt hatte, einen Lehrer wie Leo Baeck zu finden, dessen Einfluß seinen Lebensweg verändert hatte, und „zufällig" seinen Vater bei sich im Lager gehabt hatte.

Vielleicht lag es nur an meiner protestantischen Prägung, aber ich konnte das starke Gefühl nicht loswerden, irgendwann in seinem Leben müßte Hugo Gott in einer sehr innigen und tiefgreifenden Weise begegnet sein. Lag es vielleicht nur daran, fragte ich mich, daß ich einfach mein eigenes Gottesbild bestätigt sehen wollte?

„Hat Gott jemals zu Ihnen gesprochen, Hugo?"

„In Worten, meinen Sie?"

Ich korrigierte mich hastig. „Nicht unbedingt in Worten, aber gab es jemals eine Gelegenheit, bei der Gott Ihnen ganz unmißverständlich einen Schubser oder einen Stoß gab?"

„Ja, die gab es. Ja. Ganz eindeutig." Nicht das geringste Zögern. Ich saß ganz still und hörte zu, als Hugo fortfuhr.

„Es war Jom Kippur, und ich war im Gefängnis. Ich hatte mir an meinem Arbeitsplatz dort eine Art Versteck angelegt. Ich wußte, wenn ich die vorgeschriebenen zwölf bis vierzehn Stunden am Tag arbeitete, würde ich es nicht lange machen. Ich bekam einfach nicht genug Kalorien, um körperlich durchzuhalten. Damals war ich bereits ein listiger, erfahrener Häftling – ich kannte mich aus in der Welt des Gefängnisses. So pflegte ich immer stundenweise zu verschwinden und in meinem Versteck auszuruhen. Es war auf einer Baustelle. Man kann auf einer Baustelle alles mögliche anfangen. Nun, es war Versöhnungstag, und alle Juden im Lager wußten das, und ich wußte es ebenfalls, also verkroch ich mich dort in meinem Versteck. Nun ... ich hatte kein Gebetbuch bei mir, aber ich erinnerte mich an einige der Gebete, und ich – ich beschloß zu beten. Und das tat ich." Hugos Stimme klang sanft und dunkel. „Gebete, die ich nur noch halb und halb in Erinnerung hatte ... ein Stückchen da, ein Stückchen dort, und zuletzt weinte ich wirklich und wahrhaftig. Ich weinte und weinte einfach ..."

Es war ein sehr lebendiges Bild. Ich sah Hugo vor mir, der bereits weit über seine Jahre hinaus erwachsen sein mußte, wie er da in der Dunkelheit saß und weinte, weinte um Juda, um seine Familie, um sich selbst.

Er fuhr fort. Seine Stimme klang gedämpft, aber ganz ruhig. „Ich war damals fest überzeugt, und ich bin bis heute nicht von dieser Überzeugung abgewichen, daß mein Weinen gehört wurde. Ich sage nicht, daß es mich errettete, denn das hing von Glück und Zufall ab, aber ich *weiß*, daß ich gehört wurde. Und ich meinerseits hörte ebenfalls ... hörte und verstand, daß unsere Art und Weise, einander zu verletzen, nichts mit Gott zu tun hat. Tatsächlich wurde ich damals religiös – in diesem Versteck am Versöhnungstag. Es verließ mich nie wieder. Ich könnte heute noch ein Bild von dem Ort zeichnen. Er steht mir so klar vor Augen. An diesem Tag verstand ich zum ersten Mal die Wirklichkeit Gottes, verstand, daß er nicht einfach eine Ausweitung meiner selbst ist, sondern daß er ,ein ganz anderer‘ ist. Und ja, ich kann mit ihm in Verbindung treten, und es ist keine einseitige Sache . . .“

„Und dieses Prinzip hat weiter Gültigkeit?“

„Jederzeit.“

Ich war mehr denn je davon überzeugt, daß Peter und George und Hugo hier etwas gemeinsam hatten. Es hatte etwas mit Vertrauen zu tun, Vertrauen trotz der Tatsache, daß man nicht wirklich weiß. Es hatte etwas damit zu tun, nicht mehr zu behaupten, als tatsächlich wahr ist . . . Ich konnte es nicht richtig definieren. Ich warf einen Blick auf die Uhr – fast schon Zeit zu gehen. Nur eine Frage noch.

„Hugo, Sie sagten, heute sei vielleicht der Todestag Ihres Vaters. Was würde er von Ihnen denken, wenn er jetzt hier wäre?“

Einen Augenblick lang wurde ich Zeuge eines seltenen Anblicks: Hugo wußte nicht weiter.

„Solche Fragen dürfen Sie mir nicht ohne Vorwarnung stellen!“ Er überlegte einen Moment lang. „Nun, zum ersten wäre er wohl überrascht, mich als Rabbi vorzufinden und nicht als Wissenschaftler. Er würde es Rückkehr in die Vergangenheit nennen – mein Großvater und mein Urgroßvater waren beide Rabbis. Nicht, daß es ihm mißfallen würde, er wäre wohl nur überrascht.“ Er blies eine lange Rauchfahne in Richtung Zimmerdecke. „Dann würde ich alles daransetzen, ihm zu beweisen, daß er mit mir zufrieden sein kann. Ich glaube, wir würden gut miteinander auskommen. Ich glaube nicht, daß er sich sonderlich schämen müßte für mich.“

Ich glaubte es auch nicht. Ich war überzeugt, daß er sogar sehr stolz wäre auf die Art und Weise, in der sein Sohn das elfte Gebot gehalten hatte.

Neuntes Kapitel

In den ersten Monaten des Jahres 1983 wurde mir mehr und mehr zumute, als sei eine Granate neben mir explodiert. So vielerlei hatte sich auf allen Gebieten meines Lebens ereignet. Ich hatte vor mehr als einem Jahr das Rauchen aufgegeben, etwas, das ich immer für unmöglich gehalten hatte. Dann war da die Fernsehsendung, die einen großen Teil meiner Freizeit auszufüllen schien.

Der Löwenanteil meiner Zeit und Energie jedoch ging für die Arbeit in der neueröffneten Abteilung des Kinderzentrums in Hailsham drauf. Die Planung und Leitung dieser Behandlungseinrichtung hatte sich als eine intensive und oft sehr belastende Erfahrung für alle Betroffenen erwiesen, da wir es dort mit außergewöhnlich schwierigen Teenagern in einer sehr kleinen und örtlich eng begrenzten Umgebung zu tun hatten. Ein Kind vor allem war hochgradig gestört. Es war seit vielen Monaten bei uns, ein fünfzehnjähriges Mädchen, das nach einer katastrophalen Kindheit unfähig war, es auf die Dauer in einem der Heime oder bei den Pflegeeltern auszuhalten, mit denen man es seit Jahren versucht hatte. Eine Zuteilung nach der anderen war gescheitert, und nun war Meryl eine Expertin in der Zerstörung von Institutionen. Ihre Familie wollte sie nicht, und die einzige Einrichtung, die für sie noch in Frage kam, war unsere kleine geschlossene Station, die höchstens fünf Kinder auf einmal aufnehmen konnte. Meryl brachte es fertig, uns Erwachsene zu erbittern und zu manipulieren, bis wir vor Wut kreischten. Bei mehr als einer Gelegenheit kam ich zur Arbeit und fand den einen oder anderen Mitarbeiter allein im Büro, zitternd vor Anspannung und Zorn nach einigen wenigen Stunden in Gesellschaft Meryls, die sich an solchen Reaktionen zu weiden schien.

Im allgemeinen war die Atmosphäre relativ friedvoll, wenn sie und ich zusammen waren, aber es gab Zeiten, wo sie meine Selbstbeherrschung strapazierte, bis ich angesichts ihrer sorgfältig ausgespielten, allmählich ansteigenden Hysterie und ihrer ständigen Beachtung suchenden Machinationen beinahe die Nerven verlor. Ich war nicht mehr die reichlich unreife Persönlichkeit, die vor zehn Jahren diesen Jungen mitten auf dem Sportplatz geschlagen hatte, aber das war wirklich nur darauf zurückzuführen, daß ich inzwischen einiges mehr an Strategien gelernt hatte und wußte, wie man die Spannung in eine innere Rumpelkammer wegräumt. Eines freilich wußte ich damals nicht: Diese Rumpelkammer war bereits gefährlich überfüllt.

Ein typischer Zwischenfall ereignete sich an einem Herbstnachmittag, als Meryl und ich die einzigen Anwesenden in der Abteilung waren. Ich hatte mich in einem Ohrensessel in einem Winkel des Mehrzweck-Tagesraumes niedergelassen, während sie ziemlich mißlaunig die Billardkugeln auf dem Tisch in der Mitte des Raumes herumstieß.

Meryl sehnte sich verzweifelt danach, Pflegeeltern zu finden, mit denen sie auf Dauer leben konnte, aber – wie vorherzusehen war – die Suche nach diesen „Übermenschen" gestaltete sich ziemlich langwierig.

An diesem Tag hatten sie und ich bereits darüber gesprochen, wieviel Fortschritte sie gemacht – oder eher nicht gemacht – hatte, und ich wußte, daß sie zornig und frustriert war. Arme Meryl! Trotz einer Serie von wirklich haarsträubenden Mißerfolgen brachte sie es immer wieder fertig, den rosa Schaum des Optimismus aufzuschlagen und voll freudiger Erregung auf „den nächsten Platz" zu hoffen. Alles würde anders werden! Oh, ja, und wie! Sie würde sich ändern! Warum konnte es nicht schon morgen so weit sein? Im allgemeinen wandte sie mir gegenüber keine aggressiven Taktiken an, aber diesmal war es anders. Ihr Körper und ihre Seele schmerzten unter der Last solch schwerer, rauher Emotionen, und ich war das einzig verfügbare Mittel, um ein wenig von diesen intensiven Gefühlen abzulassen.

Ich saß behaglich in meinem Sessel, völlig in eine Zeitung versunken, als mir plötzlich Meryls Stimme ans Ohr drang. Sie troff von höhnischer Herausforderung.

„Was würden Sie denn tun, wenn ich jetzt grad mal das Scheiß-Queue durch das Scheiß-Fenster schmeiße?"

Ich wußte, daß alles davon abhing, in solchen Situationen rasch zu reagieren. Tatsächlich war es oft nur eine halbe Sekunde besonderen Nachdenkens, die in solchen Augenblicken den Unterschied zwischen einem erfolgreichen Ausgang und einer Katastrophe ausmachte. Ich hatte in der Vergangenheit genug Kalamitäten verursacht, um das zu wissen. Im Augenblick, der Meryls Frage folgte, jagten die folgenden Gedanken durch meinen Kopf. Zum ersten war sie durchaus fähig zu tun, was sie angedroht hatte, und es bestand die reale Gefahr von Verletzungen, von der weniger wichtigen Beschädigung des Gebäudes einmal ganz abgesehen. Sie befand sich auf der anderen Seite des Billardtisches und war deshalb außer Griffweite, selbst wenn ich wie eine Rakete aus meinem Sessel fuhr. Sie erwartete auch, daß ich zornig oder nervös reagierte oder mit ihr zu argumentieren versuchte. Jede dieser Reaktionen hätte ihr in den Kram gepaßt, denn sie boten eine wie die andere die Möglichkeit eines spannungsgeladenen Zwiegesprächs, das in irgendeiner emotionellen Explosion gipfeln würde. Ich hatte es gelernt, vorhersehbare Reaktionen zu vermeiden. Und schließlich krampfte sich mein Magen hart zusammen, wie er es immer tat, wenn Aggressionen sich zusammenballten, ganz gleich, wie gelassen ich in bezug auf den Ausgang war.

Die Pause, die meiner Antwort vorausging, war wohl kaum merklich. Als ich sprach, hob ich die Augen nicht den Bruchteil einer Sekunde von der offenen Zeitung, die ich in Händen hielt.

„Einen Augenblick."

Man konnte es kaum eine Antwort nennen. Eine kurze Pause folgte. Meryl war wohl zu dem Schluß gekommen, daß ich gar nicht gehört hatte, was sie gesagt hatte. Sie wiederholte ihre Drohung mit etwas lauterer Stimme.

„Ich *sagte*, ich schmeiße jetzt das Scheiß-Queue durch das Scheiß-Fenster!"

Immer noch ohne aufzublicken, gab ich ihr Antwort und versuchte, in meine Stimme die milde Irritation mitklingen zu lassen, mit der man auf eine ärgerliche, aber unbedeutende Unterbrechung reagiert.

„Hör mal, Meryl, ich möchte nur rasch diese Kleinigkeit hier in der Zeitung zu Ende lesen, dann habe ich Zeit für dich. Okay?"

Der Zeitungsdruck verschwamm mir vor den Augen, während ich auf ihren nächsten Schachzug wartete. Eine weitere, lange Stille folgte. Als Meryl schließlich sprach, klang ihre Stimme nach einer ziemlich kläglichen, verdatterten Melancholie. Ich hielt die Regeln nicht ein!

„Ja, aber ich sagte doch, ich würde das Scheiß-Queue durch das . . ."

Meine erhobene Hand unterbrach sie. Ich faltete die Zeitung zusammen und legte sie säuberlich auf den Zeitschriftenständer unter dem Kaffeetischchen. Dann schwang ich absichtlich meinen Sessel herum, so daß ich ihr das Gesicht zukehrte, schlug die Beine übereinander, verschränkte die Arme und demonstrierte meine Bereitschaft, ihr meine volle Aufmerksamkeit zuzuwenden.

„Nun, Meryl, ich höre. Was kann ich für dich tun?" Ich hörte mich an wie ein höflicher Bankangestellter, der sich um den nächsten Kunden kümmert.

Meryl war inzwischen ein bißchen konfus. Sie hielt das Billardqueue in die Höhe und antwortete ganz still und höflich: „Ich schmeiße das Scheiß-Queue durchs Fenster."

„Ja . . . und?"

Meryl starrte ausdruckslos. Ich war doch derjenige, der das „und" beisteuern mußte! Sie sammelte sich ein wenig. „Ich mach's wirklich, Sie werd'n schon sehn! Und wie ich's mach!"

Ich nickte nüchtern. „Tut mir leid, Meryl. Ich verstehe nicht ganz, was du von mir erwartest. Wenn du zu dem Entschluß gekommen bist, das Fenster mit dem Queue einzuschlagen, dann nehme ich an, du wirst es auch tun. Du mußt selbst die Entscheidung treffen, ob es eine gute Idee ist oder nicht. Ich würde dir gerne helfen, aber . . ." Ich breitete die Hände in einer hilflosen Geste aus. „Was soll ich tun?"

Meryl hob das Queue, ihre Augen hingen an den meinen. Bluffte ich vielleicht nur? „Ich mach's!"

Ich blickte zu der Uhr über der Spüle zur Linken auf. „Sieh mal, Meryl, ich muß jetzt unbedingt ein paar Anrufe erledigen. Wird Zeit, daß ich mich daranmache. Du bleibst hier und entscheidest, was du tun willst, und ich bin solange im Büro."

Ich stand auf und schlenderte gemächlich am unteren Ende des Billardtisches vorbei, den Gang zur Linken hinunter und in das kleine Büro der Abteilung, das einige Meter entfernt an diesem Korridor lag. Als ich innerhalb von Meryls „Schlagweite" vorbeiging, spürte ich, wie ihre Spannung sich plötzlich steigerte. Ich wußte, wenn es überhaupt passierte, würde es jetzt passieren. Ich wartete auf das Geräusch zersplitternden Glases . . . aber es kam nicht. Statt dessen erschien die trostlose Gestalt Meryls in der Türöffnung des Büros. Das lange hölzerne Queue pendelte lose in ihrer Hand. Ich entriß ihr die Waffe und brüllte ihr ins Gesicht, als die ganze aufgestaute Erregung der letzten paar Minuten aus mir herausplatzte.

„Tu mir so was nicht noch einmal an!"

Nach dieser Explosion setzten wir uns zusammen und gingen gemeinsam durch, was geschehen war, und suchten nach Wegen, wie Meryl ihre Gefühle auf angepaßtere Art hätte ausdrücken können.

Meryl hatte viele Schwierigkeiten nach ihrer Einweisung in Landsdowne, aber Bridget und ich gewannen sie sehr lieb. Sie besuchte uns in Zukunft auch und wohnte im folgenden viele Jahre als unsere Freundin bei uns.

Die Arbeit mit Kindern wie Meryl war sehr interessant und aufregend – man wußte nie, was als nächstes passieren würde –, aber sie war auch ziemlich aufreibend.

Nirgends wurde der Gott, der herniederstieg und immer noch herniedersteigt in der Person Jesu, dringender gebraucht als im Leben dieser Kinder, mit denen ich arbeitete. Kinder wie Meryl und viele andere waren bereits gefühlsmäßig verkrüppelt, bevor sie ihren ersten oder zweiten Geburtstag erreichten. Theoretisches Mitleid war zwecklos bei ihnen. Ihre bitteren Erfahrungen machten sie im allgemeinen nicht eben zu „Herzeigekindern", und Erfolg in der Fürsorge für sie erforderte eine sorgfältig ausgewogene Mischung aus Wärme und Festigkeit. Das konnte gelegentlich extreme Formen annehmen, wie im Fall Mirandas, einer anderen Stammkundin im Sicherheitstrakt. Miranda war ein sehr kraftvolles Mädchen, voll Leidenschaft und Chaos. Bei mehr als einer Gelegenheit konnte ich die Gewalttätigkeit in ihr nur entschärfen, indem ich liebevoll die Arme um sie schlang und ihr gleichzeitig Drohungen ins Ohr flüsterte, bei denen ihr das Blut erstarren mußte. Es wirkte, weil sie wußte, daß ich beides ernst meinte. Wenn ich so darüber nachdenke, nehme ich an, daß Gott auf ähnliche Weise handelt. Ich habe immer den Eindruck gehabt, als bestünde die Bibel zum größten Teil aus Gottes Liebe auf der einen und seinen haarsträubenden Drohungen auf der anderen Seite.

Sowohl Meryl wie Miranda waren Opfer von Grausamkeit und schlechter Erziehung. Ich habe immer nach Kräften der Behauptung widersprochen, man könne Leute nicht für ihre Verbrechen verantwortlich machen, weil sie schwierige Kindheitserfahrungen hätten. Es gibt jedoch bemerkenswerte Ausnahmen, die zu dem Zeitpunkt, wo sie sich durchgekämpft und mit wild verstörten Augen ihr sechzehntes Lebensjahr erreicht haben, eine Bitte um Verzeihung und eine lebenslange Rente verdienten.

Die meisten Menschen begehen weder Verbrechen noch asoziale Handlungen als Folgeerscheinung früherer Probleme. Es bleibt bei ihnen jedoch oft eine Art emotionales Hinken zurück, eine Unzulänglichkeit auf dem einen oder anderen Gebiet. Vielleicht hat Jesu Feststellung, daß Menschen „wiedergeboren" werden müßten, eine ganz besondere Bedeutung für diejenigen, die die Gelegenheit begrüßen würden, das Leben noch mal von vorne anzufangen und es diesmal richtig anzupacken.

Als die Monate vorbeigingen und die Leute anfingen, offener zu werden, hörte ich mit Interesse, wie viele von unserem Company-Team als kleine Kinder gelitten hatten. Sie sahen nun oder hofften zu sehen, wie Gott in ihr Leben herabstieg und die Folgeschäden früherer Traumata heilte. Ann Warren beispielsweise hatte beide

Eltern in sehr zartem Alter verloren und war seither immerzu auf der Flucht vor ihrer Vergangenheit. Es war ihre Einsicht in ihre eigene Situation und ihre Entschlossenheit – mit Gottes Hilfe – die Dunkelheit in ihrer Seele zu überwinden, die sie befähigte, so vielen anderen durch ihre Bücher und ihre Beratertätigkeit zu helfen. Peter Timms, der Gefängnisdirektor, der Schlagzeilen machte, als er den Justizwachdienst verließ, um Methodistenpfarrer zu werden, lebte jahrelang in der Überzeugung, daß er nicht geliebt werde. Nach dem frühen Tod seiner Mutter hatte er prägende Jahre mit einer Familie verbracht, die, obwohl sie sehr fürsorglich war, ihm niemals wirklich erfolgreich das Gefühl vermittelte, dazuzugehören. Sue Flashman, eine der klügsten Mitarbeiterinnen der Sendung, sprach sehr offen und ehrlich über die Furcht und Unsicherheit, die sie ihr Leben lang verfolgten und die sich jetzt erst allmählich legten, nachdem ihr viel christliche Beratung und Therapie zuteil wurden. Auch bei ihr liegen die Wurzeln ihres Problems in der Kindheit, und jeder Versuch, eine Lösung zu finden, ohne diese Tatsache zu berücksichtigen, wäre von vornherein zum Scheitern verurteilt. Frances Tulloch, die Produzentin von Company, hat viel mit diesen Leuten gemeinsam. Auch sie erlitt schwere innere Verletzungen, als die Ehe ihrer Eltern zerbrach, und mußte erst langsam und mühsam über Jahre hinweg ihr zertrümmertes Selbstbild wieder zusammensetzen.

Steigt Gott herab und hilft? Und wie hilft er? Ich bin sicher, er tut es auf vielerlei Weise, aber eines der auffälligsten Beispiele, das ich jemals gesehen habe, betrifft Jo Williams, meine liebe Freundin und Kollegin bei Company. Vom ganzen Team ist sie diejenige, deren Hintergrund mich am meisten an die Kinder erinnert, mit denen ich arbeitete.

Als Jo „entdeckt" wurde, wie die Zeitungen es formulierten, arbeitete sie als Putzfrau in den TVS-Studios in Southampton und leitete eine Initiative, die alten, kranken und verzweifelten Menschen Hilfe und Freundschaft anbot. Sie nannte ihr Projekt „Nachbarschaftshilfe". Eines Tages trat sie im Gemeindedienst-Programm von TVS auf, der Sendung „Postfach 13", um über ihre Arbeit zu berichten. Angus Wright fragte Jo sofort, ob sie einverstanden sei, sich dem Company-Team anzuschließen. Ein wenig verwundert, aber willens, es einmal zu probieren, stimmte sie zu. Sie war noch viel verblüffter, als die Lokalpresse einen Bericht über ihren Aufstieg von der Putzfrau zum Fernsehstar brachte, vor allem, weil es für sie gar nicht in Frage kam, ihren Putzjob aufzugeben und von dem „riesigen" Einkommen zu leben, das sie für ihre Fernsehauftritte bekommen würde. Wer auch immer diese Geschichte schrieb, es muß jemand gewesen sein, der keine Ahnung hatte, wie wenig Budgetmittel im allgemeinen für religiöse Sendungen zu mitternächtlicher Stunde bereitgestellt werden!

An dem Tag, an dem Jo ihre erste Fahrt als Fernsehstar zum Studio machen sollte, läutete es an ihrer Haustür. Als sie öffnete, stand auf ihrer Schwelle ein uniformierter Chauffeur in eleganter Habtachtstellung. Er gehörte zu einer riesigen weißen Limousine, die seltsam unpassend wirkte in der bescheidenen Hintergasse von Southampton, wo Jo wohnt. Mit großem Zeremoniell wurde sie in das kühle Innere des schnittigen Vehikels komplimentiert, und gleich darauf glitt sie wie auf Wolken durch den Südosten Englands in Richtung Maidstone. Jo, die sich sehr angespannt fühlte, beugte sich schließlich vor, um ihren Wagenlenker ängstlich zu fragen, „ob man hier wohl 'n Zigarettchen rauchen darf?" Der Fahrer, der ihr Unbehagen spürte, gab seinen Habitus respektvoller Distanz auf und schlug vor, sie solle „doch mal vorne reinhüpfen", eine Einladung, die sie dankbar annahm. Bei den Vororten von Maidstone jedoch hielt er den Wagen an und bestand darauf, daß sie sich wiederum in den Fond setzte, damit ihre Ankunft auch hinreichend königlich wirke. Als das Auto vor den großen Glastüren des TVS-Gebäudes schnurrend abbremste, streckte Jo die Hand nach dem Türgriff aus – und fühlte, wie ihr Herz einen wilden Sprung tat, als der Fahrer sie aus dem Mundwinkel grimmig anzischte: „Fassen Sie diesen Griff nicht an!" Jo, gebührend gezüchtigt, saß wie ein Kohlensack da, während der Chauffeur aus dem Wagen stieg, rundum marschierte und sie mit der würdevollen Servilität seines Standes aus dem Wageninneren entließ. Nun ging es hinauf in den Presseraum, wo Interviews und Fotografen sie erwarteten. Das war dann auch schon das Ende ihres Auftritts als Superstar, aber es war der Anfang von etwas viel Wichtigerem für Jo.

Jos erste Erinnerung ist eine Erinnerung an Gewalttätigkeit. Sie war damals drei Jahre alt, saß in ihrem Elternhaus auf dem Küchentisch und wurde eben von ihrer Mama gewaschen. Zwischen ihren Eltern brach ein Streit aus, der sich rasch verschlimmerte, während das kleine Mädchen, für den Augenblick völlig vergessen, nervös zusah und zuhörte und hoffte, daß alles bald wieder in Ordnung kommen würde.

Schließlich ergriff ihre Mutter einen Wecker und schleuderte ihn nach Jos Papa. Jo kann sich nicht erinnern, ob er getroffen wurde oder nicht, aber sie weiß, daß sie in der Folge dieses Streits zu einer Tante nach Wales geschickt wurde. Sie mußte eine ganze Weile bei Tante Vi bleiben. Völlig verdattert, hatte sie keine Ahnung, was da eigentlich vor sich ging und – was noch wichtiger war – wessen Schuld es sein mochte. Von Wales übersiedelte sie zu einer anderen Tante in Portsmouth, und von dort kehrte sie zurück zu ihrer Mutter in Southampton, wurde jedoch fast sofort evakuiert, da der Krieg ausgebrochen war.

Nach Kriegsende konnte Jo, inzwischen neun Jahre alt, schließlich nach Hause zurückkehren. Sie mußte wohl trotz alledem gehofft haben, daß sie es niemals wieder verlassen müsse. Etwa ein Jahr später jedoch wurden alle Hoffnungen der Zehnjährigen zuschanden, als sie eines Tages aus der Schule heimkehrte und feststellte, daß ihre Mutter für immer fortgegangen war. Auf dem Tisch lag ein kurzer Brief, der sie anwies, mit ihrem jüngeren Bruder und ihrer Schwester zu einem anderen Familienmitglied zu gehen. Daneben lag eine Pfundnote, vermutlich das Fahrgeld für den Bus. Jo hatte keine Ahnung, wo die genannte Person wohnte, also steckte sie das Geld und den Brief ein und führte ihren Bruder, sechs Jahre alt, und ihre Schwester, neun Jahre alt, zu einer Nachbarin. Man ließ sie ein und rief die Polizei. Ein sehr freundlicher Polizist und eine Polizistin tauchten auf. Jo wurde in die örtliche Kinderaufnahmestelle gebracht, wo sie etwa sechs Monate lang in einer größeren

Gruppe von Kindern unter der Aufsicht einer Hausmutter lebte, bevor sie in ein Doktor-Barnardo-Heim weit weg in Liverpool überstellt wurde. Dort blieb sie, bis sie fünfzehn war.

Jos Erinnerungen an das Leben als „Heimkind" sind nicht erfreulich. Sie hatte bereits die fixe Idee, daß sie ein „garstiges" kleines Mädchen war. Sie mußte wohl eines sein. Wäre sie ein liebes kleines Mädchen gewesen, hätte ihre Mama sie doch niemals fortgeschickt, als sie drei Jahre alt war, oder wenigstens hätte sie sie zurückgeholt, sobald sie konnte. Und dann, später, war dieser Zettel auf dem Tisch der letzte endgültige Beweis gewesen. Ihre Mama wollte sie nicht haben, und wenn das der Fall war, wie sollte irgend jemand anderer sie haben wollen? Sie war *garstig*! Ihre Erfahrungen in den Kinderheimen trugen nicht dazu bei, diesen Mangel an Selbstwertgefühl zu zerstreuen. Mit zwölf Jahren pflegte Jo sich jedes Wochenende mit den anderen Kindern im Heim zu versammeln und auf die Ankunft der Ortsbewohner zu warten, die ein Kind „aussuchen" konnten, das sie am Samstag oder Sonntag zum Tee in ihre Wohnung einladen wollten. Jedesmal präsentierte sich Jo rosa geschrubbt und in ihren allerbesten Kleidern, voll Sehnsucht, einmal diejenige zu sein, die für diese Einladung auserwählt wurde. „Bitte, laß es mich sein!" pflegte sie im stillen vor sich hinzumurmeln. „Oh, bitte! Laß es mich sein!" Aber aus irgendeinem Grund wurde sie niemals eingeladen. Nicht, daß sie sich jemals ernstlich Hoffnungen gemacht hätte. Was hatte ein garstiges kleines Mädchen schon zu erwarten?

In der Schule gab es ein anders geartetes Problem. Jo wurde jeden Tag in der vorschriftsmäßigen Internatsuniform und schwarzen Strümpfen aus ihrem Kinderheim losgeschickt und mischte sich wenig später unter Mädchen aus gewöhnlichen Familien, die, wie es schien, ein unbegrenztes Sortiment von Kleidern in allen erdenklichen entzückenden Farben besaßen. Sie bemerkte die neugierigen Blicke, die die anderen auf ihre düstere Kleidung warfen, die zwar immer sauber war, sich jedoch niemals änderte. Da beschloß Jo, daß sie irgendeinen Kommentar abgeben müßte. Nicht willens, das schändliche Verbrechen zu gestehen, daß sie keine Familie hatte, erfand sie ein Baby, das ihre Mutter unter tragischen Umständen vor der Geburt verloren hatte, und erklärte, daß sie Schwarz trage, weil sie in Trauer sei. Diese überaus traurige Geschichte trug ihr einige Sympathie ein, aber zwei Monate später stellte man ihr wiederum neugierige Fragen, warum die Trauerzeit so ungewöhnlich lange dauerte. Arme Jo! Sie erinnerte sich daran, wie gut die Geschichte das erste Mal angekommen war, und weil sie nur über sehr kärgliche Informationen in Sachen Sexualität verfügte, erfand sie ein *zweites* Baby – was nun freilich gar nicht mehr gut aufgenommen wurde. Heute kann Jo lachen, wenn sie diese Geschichte erzählt, aber man braucht wohl nicht allzuviel Fantasie, um sich auszumalen, wie grausam peinlich es damals gewesen sein muß.

Mit fünfzehn wurde Jo ein weiteres Mal überstellt, diesmal nach Didcot in Kent. Dort – als ziemlich unreligiöse Besucherin der örtlichen anglikanischen Kirche – entdeckte sie ihre lebhafte Sympathie für einen gutaussehenden jungen Kaplan namens David Shepherd. Von Didcot wurde sie in ein Wohnheim in Reigate überstellt, wo man sie in Hauswirtschaft unterrichtete. Wieder folgte eine Übersiedlung, diesmal in ein Wohnheim für junge Arbeiterinnen in Norwich, wo sie Arbeit als Obstverkäuferin bei einer Firma namens Sexton Brothers fand. Die Auswirkungen dieser ständigen Übersiedlungen sollten nicht unterschätzt werden. Jede bedeutete die Trennung von Freunden, von einem fest umrissenen Lebensraum, von einer Umgebung, die, mochte sie auch an und für sich nicht besonders erfreulich sein, dennoch die Gewähr des alltäglich Vertrauten bot. Bevor sie das Alter von sechzehn Jahren erreicht hatte, war Jo mindestens zehnmal umgezogen.

Eine der Stammkundinnen in dem Geschäft, wo Jo arbeitete, war eine „kleine alte Dame“, die in der Nachbarschaft wohnte. Sie kamen gut miteinander aus, und es dauerte nicht lange, bis Jo das Wohnheim verließ und zu ihrer neuen Freundin zog. Diese wurde nicht nur ihre Pflegemutter, sondern wenig später ihre Schwiegermutter, als Jo Nettas Sohn Joseph – einen Matrosen der Handelsmarine – heiratete. Jo war zum ersten Mal in ihrem Leben überschwenglich glücklich. Ihr Ehemann war sechzehn Jahre älter als sie selbst, und anfangs liebte sie ihn nicht wirklich, aber sie hatte ein Heim. Sie wurde von netten, guten Menschen akzeptiert. Sie hatte geheiratet, um Sicherheit zu erlangen und hatte sie gefunden. Später verliebte sie sich in Joseph und erlebte, was sie „Bauchgefühle" nannte, wenn er von einer seiner Seereisen zurückerwartet wurde.

Joseph erwies sich als ein vorbildlicher Ehemann. Er kümmerte sich um Jo, traf alle wichtigen Entscheidungen für sie und heilte sie sogar von den schlimmsten Auswirkungen ihres launischen Temperaments. Sie pflegte Dinge zu zerschlagen, wenn sie zornig wurde. Eines Tages trug Joseph ein komplettes Teeservice aus Porzellan in den Garten und zertrümmerte ruhig und methodisch ein Stück nach dem anderen. Als Jo, verwirrt und entsetzt, ihn fragte, was er da tue, antwortete er ganz ruhig und nüchtern: Wenn sie dergleichen tun könnte, dann könnte er es doch wohl auch! Sie hörte damit auf, Geschirr zu zerschlagen.

1975 wurde ihre Tochter Karen geboren. Jo war einundzwanzig Jahre alt und fest entschlossen, daß Karen nicht unter derselben Vernachlässigung leiden sollte wie sie selbst. Heute gibt sie zu, daß sie zuviel des Guten tat. Karen wurde ein verwöhnter und schwieriger Teenager. Das brachte Probleme mit sich, aber Jo hatte noch Netta und Joseph, die ihr weiterhin einen Platz boten, wo sie wirklich hingehörte und sich sicher fühlen konnte.

Im August 1978 lag Jo im Spital, wo sie wegen Rückenschmerzen behandelt wurde. Um halb elf Uhr nachts, als sie wach auf der Station lag und nicht einschlafen konnte, überbrachte man ihr die Nachricht, daß Netta an diesem selben Tag gestorben war. Netta war tot! Jo konnte es kaum glauben. Gott sei gedankt, daß Joseph heil und gesund war. Sie wußte, daß er zu Hause war und daß es ihm gesundheitlich keineswegs gutging, aber es konnte doch nichts wirklich Ernsthaftes sein. Es durfte einfach nicht sein! Sie brauchte ihn, damit alles seinen geregelten Gang ging! Er mußte weiterhin für sie sorgen!

Weniger als zwei Monate später, am Sonntag, dem ersten Oktober, wußte Jo, daß ihr krebskranker Mann im Sterben lag. Plötzlich fühlte sie sich von überwältigender Panik erfüllt. Sie rief einen katholischen Priester an und flehte ihn an, zu ihnen zu kommen. Während sie auf seine Ankunft wartete, suchte sie in fieberhafter Eile alle Kerzen, alle Heiligenstatuen, alle religiösen Symbole, die sie finden konnte, zusammen und stellte sie auf den Tisch im Zimmer des Sterbenden. Als der Priester kam, zerrte sie ihn ins Haus, weinte und schrie, er möge um ein Wunder beten, das Joseph retten könnte. Sie beteten beide, aber kein Wunder geschah. Um 2.55 Uhr am folgenden Sonntag starb Jos Gatte. Seine letzten Worte an seine Frau waren schlicht, aber aufrichtig: „Wir hatten fünfundzwanzig gute Jahre."

Das einzige, was Jo empfinden konnte, war Zorn; tiefer, bitterer Zorn. Sie war böse auf Netta, daß sie gestorben war, böse auf Netta, daß sie Joseph zu sich geholt hatte, böse – bitterböse auf Joseph, daß er zu seiner Mutter gegangen war, wo Jo ihn doch so verzweifelt brauchte. Die Menschen, die sie geliebt hatte, hatten es ihr wieder einmal angetan – sie waren weggegangen und hatten sie einsam und verloren zurückgelassen. Es war ihnen gleichgültig – es war ihnen von allem Anfang an gleichgültig gewesen! Sie hatte es die ganze Zeit gewußt, und sie war ein Dummkopf gewesen, sich einzubilden, es könnte sich jemals wirklich etwas ändern. Sie *war* garstig! Sie war ein garstiges kleines Mädchen . . .

An einem Abend kurz nach Josephs Tod setzte Jo sich mit einer halben Flasche Whisky und mehr als hundert Kodein- und Aspirintabletten an den Tisch. Sorgfältig zermalmte sie die Tabletten zwischen zwei Blatt Papier und schüttete das Pulver in ein Trinkglas. Dann goß sie den Whisky ein, rührte das Pulver mit einem Löffel um und schluckte die Mischung in einem Zug hinunter. Sie wollte tot sein. Glücklicherweise führte ihr Versuch, eine so riesige Menge Tabletten alle auf einmal zu schlucken, zu heftigem Erbrechen, und statt zu sterben, lag sie während der nächsten achtundvierzig Stunden bewußtlos da. Sie wurde nicht entdeckt. Als sie schließlich wieder zu sich kam, war der Drang zu sterben schwächer geworden. Im Verlauf des nächsten Monats – eines Monats, indem sie als Folge des Selbstmordversuchs buchstäblich taub war, – dachte Jo ziemlich viel über ihre Lage nach. Sie begriff, daß der einzige Ausweg aus ihrer Dunkelheit und Depression darin bestand, anderen Hilfe und Unterstützung anzubieten. Aus dieser Erkenntnis entsprang die „Initiative Nachbarschaftshilfe“, die für zahlreiche kranke und bekümmerte Menschen im Gebiet von Southampton eine große Wohltat bedeutete.

Jo arbeitete hart und fand es um so leichter, mit ihrem eigenen Kummer zu leben, je mehr sie sich auf Leben und Probleme anderer Menschen einließ.

1980 heiratete sie ein zweites Mal. Ihr neuer Ehemann, Don, war ein überaus charmanter und intelligenter Mensch, und es tat gut, sich wieder sicher zu fühlen. Drei Wochen später kehrte sie eines Nachmittags nach Hause zurück und fand Don sinnlos betrunken und unflätig schimpfend vor. Jo war entsetzt: Nichts hatte vor ihrer Eheschließung auf ein solches Problem hingedeutet. Nun stand sie vor einer Situation, die ebenso fremd wie beängstigend war. Es folgte ein schreckliches Jahr voll Konflikte und Verzweiflung. Die Intensität des Hasses, den sie nun für Don empfand, ängstigte Jo. Es erleichterte sie, von anderen in derselben Situation zu hören, daß ihre Gefühle nicht abnormal waren. Schließlich kam sie zu dem Entschluß, daß – um ihrer eigenen geistigen Gesundheit willen – Don das Haus verlassen mußte.

Wiederum allein, stürzte Jo sich mit verdoppelter Energie auf ihre Arbeit in der Nachbarschaftshilfe und die Putzarbeit im Studio. Dann kam der Auftritt in „Postfach 13“, gefolgt von Angus Wrights Einladung, und mit einem bescheidenen Aufflackern von Publicity wurde Jo Mitglied des Company-Teams.

Zu der Zeit, als Jo sich uns anschloß, waren wir aus dem Studio in Gillingham in das brandneue TVS-Gebäude in Vinters Park in der Nähe von Maidstone übersiedelt. Hier teilten wir uns ein gemeinsames Studio mit der Nachrichtensendung „Von Küste zu Küste“. An einem Ende stand der Schreibtisch der Nachrichtenredakteure, am anderen die Küche von Company.

Frances hatte es geschafft, eine Wohnung auf dem Land zu finden, draußen in Harrietsham, wo die vier Teilnehmer der wöchentlichen Sendung sich über Neuigkeiten informieren, Programmpunkte diskutieren und ganz allgemein gemeinsam entspannen konnten. Manchmal gab es einen besonderen Gaststar, der für die Dauer von ein paar Sendungen zur Stammannschaft stieß. Er oder sie wohnte dann gewöhnlich ebenfalls in dieser Wohnung und half bei den Haushaltsarbeiten wie alle anderen auch, ohne Rücksicht auf Titel und Rang. Das war sehr nützlich, denn es trug dazu bei, eine seelische Nähe zwischen den Mitgliedern der Gruppe zu schaffen, die im Studio zu einem natürlichen Miteinander führte.

Wir verlebten ein paar sehr bereichernde Abende in dieser Wohnung. Bridget und ich genossen den Aufenthalt dort besonders, wenn auch George sich dort aufhielt. Er beteiligte sich immer mit ungeheurem Eifer und voll guter Laune. Wir gewannen einige unserer Küchen-Mitbewohner sehr lieb, als wir sie in dieser zwanglosen Umgebung besser kennenlernten und mehr Zeit mit ihnen verbrachten. Die Freundschaften, die wir mit einigen unserer Kollegen geschlossen haben, werden noch lange Bestand haben, wenn Company längst vergangen und vergessen ist. Jo Williams wollen wir jedenfalls nicht mehr aus den Augen verlieren.

Wir fanden Jo vom ersten Augenblick an sympathisch, obwohl sie sagt, ich „hätte sie die Furcht Gottes gelehrt", als sie nach Maidstone zum Vorsprechen kam. Sie fand, ich sei in den Sendungen, die sie in der Vergangenheit gesehen hatte, sehr aggressiv aufgetreten. Sie durchschaute rasch, daß ich in Wirklichkeit ein Softie bin, und sobald wir einander in der entspannten Atmosphäre der Wohnung in Harrietsham näher kennenlernten, wurden wir gute Freunde. Jo ist eine sehr mütterliche Person, und ich muß bekennen, daß ich es genieße, bemuttert zu werden, besonders am frühen Morgen. Jo hat mit George Reindorp und Peter Timms eine überragende Tugend gemeinsam, die sie beim Wettlauf in den Himmel wahrscheinlich ins Spitzenfeld katapultiert: Sie alle stehen frühmorgens auf und servieren allen anderen den Tee ans Bett. Es ist ein deutliches Kennzeichen meiner inneren Größe, daß ich es zufrieden bin, im Bett zu liegen und diesen dreien Gelegenheit zu geben, sich mit ihrer guten Tat Schätze im Himmel zu sammeln. Es bedeutet ein Opfer, aber ich tue es.

Im Verlauf von Jos erstem Abend in der Wohnung erzählte sie uns einige Erlebnisse aus ihrer Vergangenheit und schloß mit einem Bericht über ihre zweite, katastrophale Ehe. Später am selben Abend, nachdem unsere Produktionskonferenz vorüber war und wir zusammen zu Abend gegessen hatten, sprach sie mit Anne-Marie, die eine sehr feinfühlige Zuhörerin ist, und schürfte dabei tiefer als zuvor. Anne-Marie hörte schweigend zu, als Jo ihr sagte, daß sie Don niemals wieder bei sich aufnehmen wollte; dann versprach sie, für sie beide zu beten. Das war ein ganz neuer Gedanke für Jo, die immer der Meinung gewesen war, Gebete seien nur etwas für akute Notfälle und besondere Krisensituationen.

Die Sendungen, die wir in diesen Wochen machten, klappten tadellos. Es war bald klar, daß Jo ein wertvolles Mitglied des Teams sein würde. Sie kannte keinerlei Verlegenheit, wenn es darum ging, „kindliche Fragen" zu stellen – sehr zum Unterschied von ein oder zweien von uns, die Meister in der Kunst waren, ein Gesicht zu machen, als wüßten wir die Antwort längst und wollten nur den anderen großzügig eine Chance geben, sich zu Wort zu melden!

Ein paar Wochen später erhielt Jo einen Telefonanruf von einem Spital in Bristol. Don hatte einen Selbstmordversuch unternommen. Er war von einer Brücke gesprungen. Offensichtlich war der Versuch ernst gemeint gewesen; sein Körper war durch den Aufprall zertrümmert, und es sah ganz so aus, als würde er, selbst wenn er am Leben blieb, in Zukunft auf den Rollstuhl angewiesen bleiben. Ob Jo ihn besuchen wollte? Alles in ihr schrie auf: „Niemals!" Aber sie sagte ja. Später, als sie Don so gebrochen und hilflos in seinem Spitalsbett liegen sah, empfand sie Mitleid für ihn, aber keine Vergebung. Das Jahr des Elends, das sie seinetwegen durchgemacht hatte, stand ihr noch allzu klar vor Augen. Dennoch stimmte sie zu, daß er nach seiner Entlassung aus dem Spital zu ihr nach Hause kommen könnte. Am Tag vor Dons Rückkehr erinnerte Jo sich an ihr Gespräch mit Anne-Marie und sprach ein Gebet für die Zukunft. Am nächsten Tag stand sie auf dem Bahnsteig der Station Southampton. Sie beobachtete Don, wie er im Rollstuhl den Zug aus Bristol verließ, und fühlte, wie eine Welle von Vergebung und

Mitleid sie durchströmte und – für den Augenblick jedenfalls – all den Zorn und die Bitterkeit, die sie empfand, auslöschte. Sie nahm Don mit sich heim.

Das war natürlich noch längst nicht das Ende von Jos Problemen. Don war immer noch ein Alkoholiker, und er soff immer noch. Jo selbst war häufig krank und oft sehr deprimiert, wenn die alte Bitterkeit sich wieder heranschlich und ihre Anstrengungen, Frieden zu finden, vergiftete. Zusätzlich gab es Schwierigkeiten in Jos Beziehung zu ihrer Tochter, die nun selbst bereits ein Kind hatte – einen süßen kleinen Jungen namens Joseph.

Aber noch etwas anderes geschah. Sowohl im Studio wie auch in der Wohnung in Harrietsham stellte Jo eine Menge forschende Fragen – verzweifelte Fragen. Nicht um der theologischen Debatte willen, sondern weil sie die Antwort wissen wollte und mußte.

Sie hatte niemals die Bibel gelesen. Was mochte da drin stehen? Sie las eine moderne Übersetzung und verstand sie zum ersten Mal.

Sie fragte eines Abends in der Sendung, warum kein Priester oder Pfarrer sie besucht hatte, nachdem Joseph gestorben war. Während der nächsten paar Tage wurde sie von Geistlichen aller Couleurs überlaufen.

Wie war das mit der Krankenheilung? Würde Don wieder gehen können, wenn sie für ihn betete? Sie betete, und allmählich lernte er tatsächlich wieder gehen.

Hörte Gott all unsere Gebete? Was war mit dem Leiden? Jo wollte alles wissen. Es waren keine ungewöhnlichen Fragen, aber an der Art, wie sie sie stellte und wie sie die Antworten entgegennahm, war etwas Kindliches, um das ich sie – ganz offen gesagt – beneidete. George war ganz reizend mit Jo, aber sie schien überhaupt in jedermann warmherzige Gefühle auszulösen, einschließlich James Blomfield und Roy Millard, zwei jungen Männern, die ein wichtiger Teil des Teams geworden waren. Sie entdeckten ihr Herz für Jo – James raste einmal, ohne einen Augenblick lang zu zögern, quer durchs Land von Dover nach Southampton, als Jo ein wirklich schlimmes seelisches Tief hatte.

Einmal rief sie Bridget zu Hause an, als ihr nach Selbstmord zumute war, und sagte: „Nenn mir einen Grund, warum ich am Leben bleiben sollte." Bridget fiel nichts sonderlich Logisches ein, aber was sie dann sagte, genügte auch. „Ich liebe dich, Jo. Solange ich dich liebe, kannst du einfach nicht sterben."

Es war klar, daß Jo das Company-Team als eine Art erweiterte Familie zu betrachten begann. Ihre Reisen nach Harrietsham und in die Studios waren eine Zuflucht vor den Stürmen des Alltagslebens. Ob das nun wünschenswert oder angemessen war, kann ich beim besten Willen nicht sagen. Ich denke, viele Zuschauer hatten Freude daran, ein Teil von dieser „Familie", die Jo sich schuf, zu werden. Im Verlauf einiger weniger Monate hatte sie ihre ganze Lebensgeschichte mit den Zuschauern zu Hause geteilt.

Es kam ein Tag, an dem Jo einfach am Ende ihrer Kräfte war. Die Ärzte hatten Don – nach einer weiteren Sauftour – soeben im Spital untersucht. Bei ihrer Diagnose lief es einem kalt über den Rücken. Von seiner Leber war nicht mehr viel übriggeblieben. Es war unwahrscheinlich, daß er noch lange leben würde, vor allem, da er weiterhin trank. Nicht nur das, auch Jo selbst war krank. Sie fühlte sich krank, einsam und nutzlos. An diesem Abend waren die Teilnehmer von Company Jo, ich selbst und Prabhu Guptara, ein freier Schriftsteller und Journalist, ein Mann, dem ich große Zuneigung und Verehrung entgegenbringe. Jo weinte unverhohlen, als sie Prabhu und mir erzählte, wie nahe sie daran war, völlig aufzugeben. Sie könnte nicht beten, sagte sie. Gott sei böse mit ihr. Ich griff über den Tisch, um ihre Hand zu nehmen, und Prabhu ergriff unsere Hände, während ich um Frieden und Gesundheit für Jo betete – und um eine Heilung für sie alle beide, die an den Wurzeln ihres Seins ansetzte. Ich glaube nicht, daß ich viel Glauben daran hatte, daß mein Gebet erhört würde, aber ich sprach die Worte, und wir alle sagten „Amen". Nach der Sendung legte Prabhu die Arme um Jo, die immer noch weinte, während ich schweren Herzens daneben stand. Ich hatte über die Jahre hinweg schon so viel Gebete gesprochen, vor allem für Kinder, deren Leben – wie Jos und Dons Leben – so heillos zerrüttet waren. Wie viele dieser Gebete waren erhört worden?

Ich schüttelte den Kopf und preßte die Lippen zusammen, während ich zusah, wie Jo sich allmählich wieder faßte. Ich betete von neuem, diesmal im stillen. „Bitte, Gott! Bitte tu etwas für Jo! Für Don!"

Hatte er zugehört? Würde er etwas tun? Ich konnte in diesem Augenblick nicht ahnen, wieviel mir selbst noch widerfahren sollte, bevor ich die Antwort auf diese Fragen erfuhr.

Zehntes Kapitel

Ich wußte, warum ich mich so hoffnungslos fühlte, als ich für Jo betete. Es war nicht nur die Erinnerung an die Kinder in Fürsorgeerziehung, die von einer Katastrophe in die andere schlitterten, ganz gleich, was ich tat oder betete, obwohl gewiß auch das mitspielte. Es war etwas anderes – etwas, das vor einigen Monaten einem anderen Menschen widerfahren war, jemand, den ich nur flüchtig kannte.

Kurz nach meiner Bekehrung im Alter von sechzehn Jahren reiste ich mit den anderen jungen Leuten von St. John's Church nach Bakewell in Derbyshire zu ihrer jährlichen Wochenend-Freizeit. Organisiert wurde sie von Clive Sampson, dem Kaplan, und man hatte einen sehr eindrucksvollen Gastredner eingeladen, einen jungen anglikanischen Kaplan namens Ross Patterson. Wir fanden uns im Konferenzraum zu unserem ersten Treffen zusammen und stellten fest, daß Ross ein Netzwerk von Schnüren und Leinen quer unter der Zimmerdecke gespannt hatte. Auf diesem Netz balancierte ein sehr großes und sehr gefährlich aussehendes Küchenmesser auf eine Weise, daß – sollte es auf Ross herabfallen – die Spitze genau in seinen Scheitel eindringen würde, während er auf dem Podium stand und zu uns sprach. Das gefiel uns. Schließlich konnte es ja tatsächlich herunterfallen. Es war eine sehr bildhafte Unterstützung seiner Rede über die Notwendigkeit der Erlösung, und er war ein guter Redner, dynamisch und witzig. Er war zudem ein guter Tennisspieler und überhaupt ein guter Sportler. Er war wirklich einer dieser Menschen, die alles mit einem Zauberstab zu berühren scheinen, und ein eindrucksvolles lebendes Beispiel dafür, daß keineswegs alle christlichen Männer Schwächlinge sind.

Im Verlauf des Wochenendes lud Ross alle Interessenten zu einem Missionstreffen ein, das einige Meilen entfernt stattfand.

Sein Pfarrer war aus diesem Anlaß von York angereist und sollte die Predigt halten. Ich war ziemlich beeindruckt. Ich stellte mir wohl vor, wenn Ross nur der Kaplan war, dann mußte sein Pfarrer etwas noch viel Großartigeres sein – eine Art Superman. Ich folgte daher voll Interesse einer Menschenschlange in die Kirche in Derbyshire, wo ich David Watson zum ersten Mal sehen und hören sollte.

Er war ganz anders als Ross. Er war überhaupt anders als alle anderen Leute. Seine Rede und seine Verkündigung waren ganz einzigartig. Ich war hingerissen. Die meisten von uns bewahren Worte und Sätze in unordentlichen Haufen aufgestapelt in unseren Köpfen auf, um bei Bedarf auf gut Glück darin herumzuwühlen. Aber an jedem Wort und jedem Satz, die dieser Mann gebrauchte, war etwas Maßgeschneidertes. Es war, als wäre jede winzige Komponente seiner Rede sorgfältig von Hand geschliffen und poliert worden, bevor die Sätze zusammengefügt wurden, so daß sie mit einer Art durchsichtiger Brillanz schimmerten. Ich hatte niemals zuvor etwas Ähnliches gehört. Den Inhalt dieser speziellen Rede vergaß ich bald darauf. Aber ich vergaß niemals das Gefühl, daß ich jemand zugehört hatte, der nicht nur *glaubte*, was er sagte, sondern auch fähig war, seine Gedanken in Worte von kristallener Klarheit zu übersetzen. Noch Jahre später erinnerte ich mich daran.

Während der folgenden neunzehn Jahre wurde David Watson durch seine Bücher, seine Auftritte im Fernsehen und bei Missionsveranstaltungen in aller Welt bekannt als einer der wirkungsvollsten Verkündiger der christlichen Kirche. Die ungewöhnliche Kombination eines starken schlichten Glaubens und der Fähigkeit, klare und zwingende Gründe für seinen Glauben aufzuzeigen, bedeutete, daß er Menschen auf allen Ebenen ansprechen konnte – einschließlich derer, die früher das Gefühl gehabt haben mochten, daß christlicher Glaube den Verzicht auf intellektuelle Redlichkeit fordere. Ich persönlich fand seine Bücher weitaus weniger ansprechend als den Mann selbst, obwohl sie offenkundig sehr vielen

Menschen sehr hilfreich gewesen sind. Für mich war er eine – manchmal irritierende und manchmal aufmunternde – Erinnerung daran, daß es Christen auf der Welt gab, die ehrlich meinten, was sie sagten, die mit ihrer Verkündigung nicht irgendein persönliches, selbstsüchtiges, emotionelles oder psychologisches Ziel verfolgten.

Anfang 1983 wurde bekannt, daß David Watson an Krebs litt. Die Aussichten standen schlecht. Wenn kein Wunder geschah, würde er sterben. Auf der ganzen Welt beteten Menschen um dieses Wunder. Ich glaube, es gab Leute, die hätten Gott aufgegeben, um David zu behalten, hätten sie die Wahl gehabt. Möglicherweise war gerade das das Problem. Freunde aus einer Kirche in den USA, wo Berichten zufolge zahlreiche Heilungen stattfanden, flogen eigens nach England, um für ihn zu beten. David sprach in Interviews darüber, wie er eine seltsame Wärme seinen Körper durchströmen fühlte, als sie ihm die Hände zur Heilung auflegten. Aber weder sie noch er behaupteten, *Gewißheit* zu haben, daß er geheilt würde. Sie wußten nur, daß Gott allein ihm Genesung schenken konnte und es vielleicht auch tun würde.

Eines Nachts baten wir die Zuschauer von Company, sie möchten sich uns anschließen, als wir – wie Tausende andere auch – um Frieden und Genesung für David beteten. Später in diesem Jahr, im Juli, lud Frances ihn ein, sich George Reindorp, Bridget und mir anzuschließen und in der Company-Sendung sieben Abende lang darüber zu sprechen, ob diese Gebete beantwortet worden waren oder nicht und welche Hoffnungen für die Zukunft er hatte.

George war mit David früher schon mehrmals zusammengetroffen, aber für mich war es eine etwas seltsame Begegnung, eine verblaßte Erinnerung nun in Fleisch und Blut vor mir zu sehen. Ich wurde nicht enttäuscht. Das war dieselbe Klarheit des Ausdrucks und der Verkündigung und Friede und Vertrauen in noch viel größerer Tiefe. Ich staunte von neuem über die Unterschiede unter den Menschen, die Gott von Herzen nachfolgen. David war ganz er selbst, so viel er auch mit anderen Christen gemeinsam haben mochte. Er sah weder aus wie ein Todkranker noch verhielt er sich so, und an dem Abend, den wir in der Wohnung draußen in Harrietsham verbrachten, war ihm äußerlich nicht anzumerken, daß seine Energie nachließe.

Als wir die Wohnung am folgenden Morgen verließen, tauchten die Besitzer des Gebäudes, Lord und Lady Monckton, aus dem Haupthaus auf und wurden David vorgestellt, der ihnen freundlich die Hände schüttelte. Als wir eben aufbrechen wollten, nahm Lord Monckton – der zum Katholizismus konvertiert war und ein überaus liebenswürdiger Lord wie aus einem Bilderbuch ist – ein kleines durchscheinendes Papierpäckchen aus seiner Tasche und streckte es David hin.

„Möchte, daß Sie das annehmen", sagte er mit ruppiger Herzlichkeit.

David warf einen Blick auf den kleinen Umschlag. Als ich über seine Schulter spähte, konnte ich sehen, daß das Kuvert ein kleines Stück Stoff von ganz unauffälligem Aussehen enthielt.

„Reliquie von Padre Pio", fuhr Lord Monckton fort.

Ich hatte von Padre Pio gehört, einem inzwischen verstorbenen italienischen Priester und Mystiker, von dem es heißt, er habe die Wundmale Christi an seinem Leib getragen. Andere hatten dasselbe seltsame Phänomen erlebt – der heilige Paulus, Franz von Assisi, Dorothy Kerin und andere. Vermutlich war dieses kleine Stückchen Stoff ein Fragment von einem Teil der Kleidung des alten Priesters.

„Das ist überaus freundlich von Ihnen", antwortete David. „Ich danke Ihnen vielmals."

Lord Monckton lächelte glücklich, sichtlich erfreut über die Art, wie sein Geschenk entgegengenommen wurde.

„Er ist sehr aktiv in Kent und Sussex, müssen Sie wissen."

Ich war etwas pikiert. Der römisch-katholische Glaube an die Bedeutung und den Einfluß der Toten auf unser Alltagsleben war etwas, womit ich mich nicht im geringsten identifizieren konnte. Ich war ziemlich sicher, daß David das genauso empfand. Ich frage mich, warum es seine Reaktion auf diesen letzten Kommentar von Lord Monckton war, die meine anhaltendste und persönlich hilfreichste Erinnerung an David ist. Es war nicht so sehr, *was* er sagte, es war die Art, *wie* er es sagte.

„Wirklich? Das ist ja *äußerst* interessant."

Diese wenigen, alltäglichen Worte sprechen von einem enthusiastischen Respekt für die Ansicht des anderen, und es folgten ihnen keine solchen Worte wie „aber" oder „jedoch" oder „allerdings", die üblicherweise zu völliger Entzweiung führen. Es mag ziemlich trivial erscheinen, aber ich lernte etwas ganz Neues in diesem Augenblick; nämlich Leute von dort abzuholen, wo sie stehen, anstatt sie brutal in die Arena meiner eigenen Überzeugungen zu schleppen, um die ihrigen dort zu Tode zu knüppeln.

Wir machten an diesem Morgen im Studio Aufnahmen von sieben Sendungen unter der Supervision von Michael Harper, der ein enger Freund Davids war und einer der religiösen Berater bei TVS. Die Mehrzahl dieser Sendungen befaßte sich indirekt – oder auch ganz ausdrücklich – mit Davids Krankheit und ihren Auswirkungen auf seine Familie, seinen Glauben und seine Einstellung zu Gott. Die Atmosphäre im Studio und im Aufnahmeraum war geprägt von schweigender Konzentration, als er über das panische Entsetzen sprach, um Mitternacht schweißgetränkt aus dem Schlaf zu schrecken und sich zu fragen, ob es denn tatsächlich einen Gott gäbe. Er sprach davon, wie er seinen Glauben überprüfte, um herauszufinden, was übrigbliebe, wenn alles andere abgeschüttelt wurde, und wie er schließlich den Punkt erreicht hatte, wo er zu Gott gehen wolle, aber bereit sei zu bleiben, wenn es sein müßte, anstatt umgekehrt. Er sprach von seiner gegenwärtigen Überzeugung, daß das Beste noch bevorstand, und strahlte wie ein Kind am Weihnachtsabend, als er es sagte.

„Gottes Liebe", sagte er, „ändert nicht notwendigerweise die Situation – die Krankheit selbst, aber sie ändert unsere Reaktion darauf, und das allein hat wirklich Bedeutung. Ich bin verantwortlich dafür, wie ich handle: Ob ich dem Selbstmitleid nachgebe, was ziemlich rasch für meine Umgebung wie auch für mich selbst Probleme schafft, oder ob ich Gottes Liebe und Frieden meine Einstellung verändern lasse."

Wir fragten David, was er den Menschen in diesem Abschnitt seines Lebens vor allem zu sagen hätte. Er zögerte nicht mit der Antwort.

„Das Wichtigste ist sicherlich, daß die Menschen wirklich *wissen* müssen, daß Gott sie *liebt.* Eine erschreckende Menge von Leuten leidet aus dem einen oder anderen Grund. Im tiefsten Grunde findest du, daß sie keineswegs *sicher* sind, daß sie geliebt und akzeptiert werden – von irgend jemand. Zu wissen, daß Gott sie liebt, das ist das Wichtigste."

Zuletzt betete David laut.

„Vater, wir danken Dir, daß Du Dich als ein Gott der Liebe erwiesen hast. Hilf uns und allen leidenden Menschen zu erkennen, wie sehr Du uns liebst, und hilf uns, Dir zu vertrauen, ob wir es verstehen oder nicht, um Jesu willen, amen."

Als wir das Studio an diesem Tag verließen, sah David gesund aus, und seine Worte klangen kernig und optimistisch. Es war kaum zu glauben, daß er an Krebs erkrankt war, geschweige denn, daß er in nächster Zeit sterben könnte.

Später in diesem Jahr trafen Bridget und ich wieder mit David zusammen, als wir gemeinsam mit Frances Tulloch ihn und seine Frau Anne in ihrem Haus in London besuchten. Wir wollten ein Gottesdienst-Programm für Sonntag morgen besprechen, das für den kommenden Frühling angesagt war. Es war interessant, Anne kennenzulernen. Sie beeindruckte uns mit ihrer Aufrichtigkeit und erwies sich als erfrischend praktisch in geistlichen Dingen. Unser Gespräch verlief zufriedenstellend, obwohl David nicht so wohlauf war wie im Frühling des Jahres. Wir waren alle ziemlich aufgeregt bei dem Gedanken, ein neues Programm zu gestalten, das eine volle Stunde dauern würde anstatt weniger als zehn Minuten. Ich nehme an, ich hatte eine ziemlich irreale Erwartungshaltung entwickelt und hoffte, meine persönlichen geistlichen Probleme würden sich durch häufigen Kontakt mit David lösen lassen.

Als ich eines Abends Anfang 1984 in den TVS-Studios ankam und hörte, das David Watson gestorben war, da war mir zumute, als hätte mir jemand einen grausamen Streich gespielt. Ich weiß, es mag kindisch und selbstsüchtig erscheinen, aber ich fühlte mich betrogen. Natürlich hatte ich Mitgefühl mit Anne Watson und auch mit ihren Kindern, aber sie waren doch Fremde für mich. Ich fragte mich, warum Gott den Mann hinweggerafft hatte, der, wie es mir schien, all meine Probleme hätte lösen können. Mag es nun rational oder irrational sein – so fühlte ich mich nun einmal, und das kleine Feuer des Zorns, das immer tief in meinem Herzen geschwelt hatte, flammte gefährlich auf, als dieser frische Brennstoff hinzugefügt wurde.

Wir machten weiter mit „Treffpunkt", wie das Palmsonntagsprogramm hieß, und wir hatten das Glück, David Maclnnes, einen engen Freund David Watsons, als Mitarbeiter zu gewinnen. Ihm wurde die Aufgabe übertragen, den Gottesdienst zu leiten, aber es war kein glückliches Ereignis für uns alle – einschließlich Klein David, unseren jüngsten Sohn, der ebenfalls an der Sendung teilnehmen sollte und ausgerechnet am Tag der Aufnahmen Röteln bekam. Ich weiß nicht, wer damals unglücklicher war, er oder ich!

Die Zeit von Ostern bis zum Herbst dieses Jahres ist mir als eine Folge krankhafter Euphorie und jammervoller Niedergeschlagenheit in Erinnerung geblieben. Alles verlor seinen Wert in meinen Augen. Also hatte es auch nichts Wirkliches zu bedeuten, was ich tat oder dachte oder sagte. Ich steuerte eindeutig auf irgendeine Art Krise zu. Aber auf dem Weg dorthin gab es zwei „Momente", die mir in der Zukunft als sehr bedeutsam erscheinen sollten.

Das erste Ereignis fand statt, als ich an einem Sonntag morgen in der Kirche saß. Ein Bild begann sich in meinen Gedanken zu formen – das Bild eines riesigen Sees, umgeben von kleinen Fleckchen Land, die jedes von einer einzelnen Person bewohnt waren. Hinter den Parzellen, die zu dem See Zugang gewährten, befanden sich noch weitere, die wiederum von einzelnen Personen bewohnt waren. Als ich das Bild im Geist näher betrachtete, sah ich, daß die Bewohner des Seeufers aus zwei Gruppen von Personen bestanden. Die einen rannten beständig hin und her zwischen dem Seeufer und der Grenze zwischen ihren eigenen Parzellen und denen, die daran angrenzten. Sie trugen Becher mit Wasser zu ihren vom Land eingeschlossenen Nachbarn. Der größte Teil des Wassers wurde bei diesem Verfahren verschüttet, aber sie machten in wilder Hast weiter und taten ihr Bestes. Die anderen Landbewohner jedoch waren nicht im geringsten hektisch aktiv. Sie gruben einfach beharrlich auf ihren Parzellen, anscheinend gänzlich desinteressiert am Schicksal der wasserlosen Bewohner, deren Land an das ihre stieß. Einer der Wasserträger hielt inne, mit gerötetem Gesicht und außer Atem, und wandte sich sichtlich verärgert an einen der Grabenden.

„Warum macht ihr es nicht wie wir? Warum holt ihr nicht einen Becher und bringt denen Wasser, die keines haben? Es ist selbstsüchtig, nur auf seinem eigenen Grund und Boden zu arbeiten, wie ihr es tut."

Der Grabende stützte sich einen Augenblick auf seinen Spaten und lächelte. „Du verstehst uns nicht", sagte er. „Ich grabe einen Wassergraben."

Der zweite „Moment" war ein Augenblick des Gebets. Wie die meisten Menschen hatte auch ich immer große Schwierigkeiten gehabt, mit Gott zu sprechen. Manchmal klappte es, aber in den meisten Fällen prallten meine Gebete an der Zimmerdecke und den Wänden ab wie schlecht aufgeschlagene Pingpongbälle und rollten herum, bis sie zuletzt zu meinen Füßen liegenblieben. Bei bestimmten seltenen Gelegenheiten jedoch schien ein einzelnes Gebet die Barriere zwischen mir selbst und Gott zu durchdringen. Ich fühlte es mit derselben Art von süßer Gewißheit, die man empfindet, wenn man in einem Kricket-Match einen perfekten Schlag tut (was bei mir leider auch nur selten der Fall ist). Dieses Gebet war eins von dieser Sorte. Bridget und ich hatten – in der Erkenntnis, daß die Art Christentum, die wir lebten, dem von Jesus gemalten Bilde bei weitem nicht entsprach – beschlossen, ein sehr riskantes Gebet zu sprechen.

„Vater, wir wissen, wir haben bis jetzt nicht sonderlich viel geleistet, aber wir wollen wirklich den Weg mit Dir bis zum Ende gehen. Wir sind uns im klaren darüber, daß wir nicht einmal wissen, was das bedeutet, aber was immer es kosten mag und wie sehr es auch weh tun mag, bitte laß es geschehen. Amen.“

Hätte ich dieses Gebet noch rasch packen können, als es davonschoß, seinem himmlischen Ziel entgegen – ich glaube, ich hätte es getan. Aber ich konnte es nicht, und es dauerte nicht lange, bevor Gott anfing, es in einer unerwarteten und alarmierenden Art und Weise zu beantworten.

Elftes Kapitel

„Die Polizei ist da."

Vor meinen Augen drehte sich alles, während die Krankenschwester mein verletztes Handgelenk mit einem weiteren Stich nähte, aber die Worte drangen mit messerscharfer Klarheit in mein Bewußtsein. Ich würde verhaftet werden. Jahrelang hatte ich Kinder aus Polizeiwachstuben abgeholt. Unzählige Diskussionen hatte ich über das Thema geführt, wie man es vermeidet, dort überhaupt erst zu landen. Jetzt würde ich am eigenen Leib erfahren, wie es ist, wenn man „geschnappt" wird. Ich ließ den Kopf auf den Polster zurücksinken und versuchte von neuem, in allem, was mit mir geschah, einen Sinn zu finden. Was hatte der Arzt vor drei Wochen auf meine Krankmeldung geschrieben? „Ernsthafte Streßsymptome." Worte, nichts als Worte. Was war wirklich geschehen?

Als meine drei Söhne alle noch „kleine" Kinder waren, wachte ich zuweilen am Morgen auf und mußte feststellen, daß fünf Personen in unserem supergroßen Doppelbett schliefen. Matthew, hochgewachsen und kräftig gebaut, lag am Fußende des Bettes hingegossen, wodurch er mich zwang, eine embryonal verkrümmte Haltung einzunehmen, während Joseph sich im allgemeinen in meinem Rücken verkeilte – was mich wiederum zwang, den Kopf zurückzuwerfen und genau unter meinem Kinn Raum zu schaffen für Klein David, der sich in der Nacht doch immer das wärmste Plätzchen suchte. Das Ganze endete üblicherweise damit, daß ich im Bett genau dieselbe Stellung einnahm wie ein Weitspringer mitten im Sprung: Die Arme über dem Kopf ausgestreckt, der Rücken gekrümmt, die Beine angezogen – die klassische Haltung, um die weitestmöglichen Sprünge zu schaffen. Die arme Bridget war für gewöhnlich nur ein formloser Haufen, der von diesem lebenden

Laubsäge-Puzzle menschlicher Körper an die entfernteste Wand gepreßt wurde. Am Morgen mußte ich erst eine ganze Weile lang all die schmerzenden Teile meines Körpers lockern und ausstrecken, die sich den größten Teil der Nacht den unnachgiebigen Körpern meiner drei kleinen, aber festen nächtlichen Besucher angepaßt hatten. Da ich sehr groß bin, war das oft mit beträchtlichen Schmerzen verbunden, und gelegentlich gab ich allen Anspruch auf mein eigenes Revier auf und stand entweder sehr früh auf, oder ich suchte provisorische Zuflucht auf einem unbenutzten Kojenbett im Kinderzimmer, das freilich nur etwa sechzig Zentimeter breit war. Aber was tut man nicht alles, um seinen schmerzenden Knochen Erleichterung zu verschaffen!

Was mir im Sommer 1984 widerfuhr, läßt sich am ehesten damit vergleichen. Mein Verstand und meine Gefühle waren verkrampft und bis zum Äußersten strapaziert von der ständigen Anforderung, den wechselnden Forderungen und Erwartungen von Menschen, Situationen und Ideologien gerecht zu werden, die es mir niemals erlaubten, mich einmal zu strecken und zu entspannen, einmal schamlos ich selbst zu sein, wie auch immer dieses „ich selbst" aussehen mochte. Ich weiß nicht, ob ich schlimmer unter Druck stand als andere in vergleichbaren Situationen. Ich weiß nur, daß die „Show", die Fähigkeit, all diese komplizierten Spiele zu spielen, die anscheinend unabdingbar zum normalen Leben gehörten, alle meine inneren Reserven aufzehrte.

Und zu eben derselben Zeit, in der mein Glaube und mein Vertrauen auf Gott und auf mich selbst mir unter den Händen zerrannen, schienen die Anforderungen ständig zu steigen, die man an mich als Sozialarbeiter, als Vater und Ehemann und als Christ stellte ... und als jemand, der häufig im Fernsehen auftrat und über Gott redete, als hätte ich tatsächlich etwas zu sagen, das das Zuhören lohnte.

Ich hatte es satt – um damit zu beginnen –, Kinder einzusperren. Welche Ironie: In den beiden Jahren, in denen ich in der Sicherheitsabteilung gearbeitet hatte, hatte ich es allmählich zu akzeptieren begonnen, daß ich mich beruhigt entspannen und mich ernsthaft um die Leute kümmern konnte, für die ich sorgte. Ich hatte meine Freude an der Herausforderung, die die Bedürfnisse jedes einzelnen Kindes für mich bedeuteten. Ich begann sogar allmählich zu glauben, ich sei nahe dran, in meinen Umgang mit ihnen eine gewisse Aufrichtigkeit einzubringen. Aber aufrichtige Menschen sind verletzlich, und seit Jahren hatte ich es mir verboten, Gefühle auszudrücken, die zu tief gingen, um sie in Worte zu fassen. Ich hatte sie verdrängt und weggeschoben. Nun empfand ich eine verzweifelte Sorge um Zukunft und Schicksal jedes einzelnen dieser Kinder, und obwohl wir einige Erfolge zu verzeichnen hatten, wurde es zunehmend schwieriger, mit den Mißerfolgen zu leben. Vor allem deshalb, weil ich, wie die anderen Mitarbeiter auch, unsere Schützlinge jeden Tag hinter Schloß und Riegel sperrte. Damals war Meryl in der Psychiatrie gelandet und Miranda im Gefängnis.

Viele Kinder hatten den Teufelskreis „Depression – Geisteskrankheit – Verbrechen" durchgemacht, bevor sie noch überhaupt zu uns gekommen waren. Nur allzuoft schien ein richterliches Urteil auf Einweisung in eine Erziehungsanstalt die erleichterte Antwort der Gesellschaft auf ein konkretes Verbrechen zu sein. Das ganze Getue begann sich mir als ein ungeheuerlich teures, zynisches Spiel darzustellen. Ich, der in der Vergangenheit soviel Vorspiegelungen zustande gebracht hatte, konnte nicht länger „so tun als ob". In den sechs Monaten, bevor ich schließlich zusammenbrach, hatte ich an meiner Arbeitsstelle eine immer stärker anschwellende Hysterie empfunden. Dazu kam eine wachsende innere Entfremdung von einer Institution, die mir (obwohl sie im Vergleich mit anderen Einrichtungen, die ich kennengelernt hatte, ganz ausgezeichnet abschnitt) nun wie ein schlechter Witz erschien: Ein Ort, an dem wir die Entsorgung von Sozialmüll überwachten und Hand in Hand mit dem höheren Management der sozialen Dienste das „Spiel von den professionellen Fürsorgern" spielten. Kein Zweifel, mein Blick war getrübt von inneren Konflikten und der Erschöpfung, die das Rollenspiel mit sich brachte. Aber heute, wo ich die Dinge mit mehr Ruhe und Objektivität betrachte, sehe ich sie immer noch genauso. Eine Handvoll engagierte Leute arbeiteten da in einem System, das kopflastig von Bürokratie war und allzuoft eher seinen eigenen Interessen diente als der Fürsorge für andere.

Das zweite Spiel, bei dem ich mittlerweile sehr schlecht abschnitt, war „Ich-bin-ein-Christ-und-geh-zur-Kirche“. Es schien mir unmöglich, noch länger die Regeln einzuhalten. Ich wollte sagen, daß ich traurig war, wenn ich traurig war, glücklich, wenn ich glücklich war, ungläubig, wenn Gott nicht zu existieren schien, zornig, wenn ich zornig war, und böse, wenn ich böse war. Ich wollte die Freiheit, ganz ich selbst zu sein, und nicht ein kümmerlicher, rückgratloser, geistlich verkrüppelter Abklatsch meiner selbst. Ich wollte mich freikämpfen von der entsetzlichen, winselnden, christinesischen Sprache, die alle Leidenschaft und Menschlichkeit zu verdunkeln und zu ersticken schien, wo immer diese die sorgsam organisierte Spontaneität von Konferenzen, Gottesdiensten und Diskussionen zu durchbrechen drohten.

Ich wollte die dürre Tugendhaftigkeit abschütteln, die so viele Jahre lang die Stelle wahren Gutseins eingenommen hatte, und einen Frontalzusammenstoß mit der Realität erzwingen. Ich wollte nackt in die dunklen Gewässer der risikoverseuchten säkularen Welt tauchen, aus denen Gott – wenn er Gott war – mich retten würde, weil er mich liebte und nicht, weil ich alle Kräfte anstrengte, kostbaren Gruppennormen Genüge zu tun. Gruppennormen, deren Erhaltung davon abhing, daß unausgesprochenen Übereinkünften gemäß niemand die Dinge in Unordnung bringen würde, indem er die ganze Wahrheit sagte. Dies waren damals freilich keine klar umrissenen Bedürfnisse, mit denen ich mich ernsthaft auseinandergesetzt hätte. Sie waren ungeschliffen und verwildert, leidenschaftliche Sehnsüchte, jene Wirklichkeit Gottes zu finden, die mir vor all den Jahren an einem Sonntag abend in St. John's Church versprochen worden war. Keine Systeme mehr, keine falschen Vorspiegelungen, keine Krücken mehr. Ich war lange genug betrogen und zu Kompromissen gezwungen worden. Laßt die Krücken zerbrechen, und laßt Gott tun, was immer er tun wollte – wenn er überhaupt existierte!

Seit mehr als dreißig Jahren hatte sich in mir ein gewaltiger Aufschrei angestaut, ein Schrei tränenreichen Protests. Ich wurde einfach nicht damit fertig, daß die Leute anscheinend *nicht* meinten, was sie sagten, so daß ich mir wie eine winzige Person in einer großen Schauspieltruppe vorkam. Alles, was ich wollte, war, zusammenzubrechen und die Erlaubnis zu erhalten, zu nichts nütze zu sein. Was Gott anging, und die meisten von denen, die behaupteten, ihn zu vertreten, so waren sie – in meiner Vorstellung – die Erzschurken, die „Lächelnden", die sich selbst gerade genug zum Narren gehalten hatten, um andere zum Narren halten zu können. Ich haßte und verachtete die adrette Bürgerlichkeit, die es ihnen erlaubte, ohne wirkliche Kosten oder Anstrengungen als Christen zu posieren. Jetzt war ich an der Reihe zu tun, zu sagen und zu sein, was mir paßte, und der Rest dieser falschen, lächelnden, blödsinnigen, beschissenen Welt konnte zum Teufel gehen!

Eines Nachts kehrte ich spät nach Hause zurück, nachdem ich mit Freunden ein Bier trinken gegangen war. Als ich durch die Vordertür trat, zersprang etwas in mir. Ich begann zu kreischen und zu schreien, hämmerte mit beiden Fäusten an die Wand und schluchzte unbeherrscht. Meine Frau, die sich dann, gemeinsam mit einer Freundin, stundenlang durch die wüste Szene hindurchkämpfte, sagte mir, ich hätte ein ums andere Mal dieselben Sätze gebrüllt.

„Ich kann sie nicht mehr einsperren! Ich kann sie nicht mehr einsperren! Ich habe versucht, gut zu sein – ich habe versucht, gut zu sein! Ich möchte ich selber sein! Ich möchte ich selber sein! Ich kann sie nicht mehr einsperren!"

Und ich konnte es wirklich nicht mehr. Kinder, Gefühle, Verletzungen aus der fernen Vergangenheit, Todesqualen, die ich nie jemand anvertraut hatte, bitterer Zorn gegen Gott, die Kirche und alles, was damit zusammenhing – ich konnte sie alle nicht länger einsperren. Alle meine Schutzmechanismen klappten auf, zum ersten Mal, seit ich ein kleiner Junge gewesen war, und ließen mich im Stich, nackt und verletzlich allem ausgesetzt, was auch immer an Versuchungen und Einflüssen an mich herantreten mochte.

Die folgenden Wochen waren ein Alptraum, nicht nur für mich, sondern auch für Bridget. Keine Arbeit, keine Kirche, keine Stabilität, kein anderes Motiv, warum ich irgend etwas tun oder nicht tun sollte, als daß es mich im Moment anregte oder meine Sinne abstumpfte. Die Dunkelheit hatte eine dickflüssige, süße Anziehungskraft, der schwer zu widerstehen war. Ich pflegte stundenlang zu verschwinden, kam spät in der Nacht heim, für gewöhnlich betrunken, und hatte immer noch keinen anderen Wunsch, als meine Gedanken und Gefühle in lauter, dröhnender Rockmusik oder noch mehr Alkohol zu ertränken. Und der Zorn tobte weiterhin in mir, machte es mir unmöglich, den meisten meiner Bekannten gegenüberzutreten. Das galt besonders für diejenigen, die mir mitteilen wollten, ich „sei nicht im Willen des Herrn" und könnte zu ihm zurückkehren, wenn ich nur diese oder jene Patentformel anwendete.

Es gibt Aspekte dieser Periode, die mir in der Erinnerung sehr schwierig und schmerzlich erscheinen. Aus irgendeinem Grund schien es mir, daß ich mich von früheren engen Freundschaften vollständig lossagen mußte. Meine Familie, die mir in der Vergangenheit wichtiger als alles andere gewesen war, litt mit mir, beobachtete mich und wartete darauf, daß irgendein Lichtschimmer in der Finsternis auftauchte. Jeder Tag lieferte neuen Zündstoff für Katastrophen, während ich mit der Seltsamkeit einer Welt rang, die ich in mancher Hinsicht zum ersten Male sah. Ich stand auf dem Gehsteig in der High Street, beobachtete die Leute, wie sie dahin und dorthin an mir vorbeieilten, und fragte mich in echtem Erstaunen, wie in aller Welt sie nur ein hinreichend starkes Motiv entdeckt haben konnten, um sich so zielbewußt zu bewegen. Ich erinnere mich, wie ich das Mädchen im chinesischen Imbißlokal mit einem bösen skeptischen Lächeln bedachte, als sie auf meine Bestellung in einer ganz normalen, liebenswerten Weise reagierte: „Klingt ja fast, als läge dir wirklich was an mir!" Die ganze Welt war für mein Gefühl nichts weiter als die Kulissen eines ermüdenden Spiels, in dem alle mit gezinkten Karten spielten.

Eines Tages verabredete ich ein Treffen mit einem Freund, einem der wenigen, mit denen ich noch einigermaßen zurechtkam. Wir wollten uns in einer Kneipe in Eastbourne treffen. Ich kam zu spät und mußte feststellen, daß er bereits wieder gegangen war. Ich kochte innerlich. Unverhältnismäßig zornig und aufgebracht, stürzte ich aus der Wirtschaft und rannte über die Straße mit der Absicht, Bridget aus der nächsten Telefonzelle anzurufen und etwas von der Finsternis loszuwerden, die sich in mir zusammenballte. Als ich in die Telefonzelle trat, schoß eine heiße Welle des Zorns durch mein Inneres. Ein Teil meiner selbst schien plötzlich nicht mehr zu mir zu gehören. Seltsam distanziert von mir selbst sah ich wie gebannt zu, wie meine Faust sich im Bogen auf eine der kleinen viereckigen Glasscheiben zubewegte und hindurchschmetterte. Ich zog meine Hand zurück. All mein Zorn war verschwunden, und ich starrte ungläubig auf einen langen und Übelkeit erregend tiefen Schnitt in meinem Handgelenk. Seltsamerweise empfand ich in diesem Augenblick nichts weiter als Erleichterung, während ich zusah, wie das Blut auf den Boden der Telefonzelle tropfte. Es tat mir gut, einen äußeren Beweis der klaffenden Wunde in meinem Inneren vor Augen zu haben. Gleich darauf jedoch überfiel mich Angst. Warum hatte ich das getan? Wurde ich wirklich wahnsinnig? Plötzlich war ich ganz ruhig. In einem nahe gelegenen Geschäft bat ich, mir ein Taxi zu rufen. Ein paar Minuten später wickelte ich ein Tuch um mein Handgelenk und stieg in den Wagen. Es dauerte nicht lange, und ich befand mich in der Notaufnahme der Unfallambulanz des örtlichen Spitals.

Die Krankenschwester klebte einen letzten Streifen Klebeband auf den Verband und schnitt ein anteilnehmendes Gesicht, als ich die Füße auf den Boden stellte. Ich begriff, daß der altersschwache Mechanismus der Anpassung allmählich wieder in Schwung kam, wie es in so vielen schwierigen Situationen in den letzen Jahren der Fall gewesen war. Aber hier lagen die Dinge anders. *Ich* war derjenige, der Schwierigkeiten hatte, nicht irgendein verzweifelter Teenager, der von mir aus der Klemme befreit werden wollte. Mein „Verbrechen" war nach allgemeiner Ansicht nicht weiter schwerwiegend, aber die Situation war mir vollkommen neu. Wie sollte ich diesen Zusammenstoß mit dem Gesetz handhaben? Automatisch wählte und verwarf ich verschiedene Möglichkeiten. „Stumpfsinnig und verwirrt", wie wäre es damit? Oder vielleicht „müde und resigniert" – wäre das wirkungsvoller? Ich entschied mich schließlich für „überraschend ruhig und erfreulich kooperativ". Die Schwester am Empfang führte mich in ein kleines Nebenzimmer, wo zwei junge Polizisten warteten. Höflich und mit einer Spur von Verlegenheit (es stellte sich heraus, daß alle beide Zuschauer von Company waren) informierten sie mich, daß ich wegen boshafter Sachbeschädigung verhaftet sei und daß alles, was ich sagte, festgehalten und gegen mich verwendet werden könnte. Später, in den Tiefen der Polizeistation, wurden mir die Fingerabdrücke abgenommen. Ich wurde fotografiert und dann im Winkel eines kleinen Raumes allein gelassen, der nichts enthielt außer einem Tisch, einer Bank und ein paar Plakaten an der Wand. Aus irgendeinem Grund erschien mir dieser trübselige kleine Raum vertraut. Dann erinnerte ich mich. Dies war eben derselbe Raum, in dem ich Miranda letzthin vorgefunden hatte, als ich gerufen worden war, um sie aus der Polizeistation abzuholen. Ich war im Vergleich mit ihr ein blutiger Anfänger in puncto Gewalt und Verbrechen, aber als ich da saß, auf derselben Bank wie sie damals, und wartete, daß jemand zurückkäme, da fühlte ich Tränen in meinen Augen brennen. Nun verstand ich, warum sie und andere Kinder, die ich gekannt hatte, in ähnlichen Situationen so viel Gewalttätigkeit an den Tag gelegt hatten. Warum waren zwei junge, milchgesichtige Leute in blauen Uniformen so besessen von ein paar Glassplittern? Wußten sie nichs von den vergangenen dreißig Jahren? *Wollten* sie gar nichts wissen? Ich wollte sie fragen, mit ihnen debattieren, sie *zwingen* zu verstehen, denn sie waren die sichtbaren, offiziellen Vertreter von Strafe ohne Leidenschaft, die harten Worte ohne die liebenden Arme. Wäre Miranda an meiner Stelle gewesen, so wäre wohl bereits die ganze Polizeistation in hellem Aufruhr gewesen. Ich hatte Glück. Ich war länger auf der Welt gewesen, und zu Hause hatte ich vier Paar liebender Arme. Sie waren das Gegengewicht zu dem Drang – der mich plötzlich überkam –, zu schreien und zu stoßen und zu treten und fluchend gegen die Maschinerie der Gerechtigkeit anzustürmen. Ich war fünfunddreißig, nicht fünfzehn. Ich hielt den

Mund und lächelte und wurde nicht angeklagt und ging nach Hause.

Richard Wurmbrand erzählt von einem Richter, der in einem Verlies der Kommunisten in der Nachbarzelle saß. Dieser Mann verbrachte viel Zeit damit, um Vergebung zu bitten für die Art und Weise, wie er über so viele überführte Verbrecher das Urteil gesprochen hatte, ohne irgendein echtes Verständnis dafür zu haben, was ein Gefängnisaufenthalt wirklich bedeutet. Für alle Arroganz und Selbstgerechtigkeit, die ich in der Vergangenheit Kindern in Schwierigkeiten gegenüber an den Tag gelegt habe, bitte auch ich um Vergebung in der Erkenntnis, daß wir alle Schulter an Schulter stehen in unserer Bedürftigkeit an Mitleid und Erbarmen. Gott helfe uns allen.

Die Schwierigkeit und Verzweiflung dieser Zeit läßt sich wohl am besten illustrieren durch zwei Schriftstücke, die irgendwie das Chaos, das damals herrschte, überlebt haben. Das erste ist ein Gedicht. Ich schrieb es, als mir klar wurde, daß die spezielle Art von Christentum, die ich mir anzueignen versucht hatte, die Qualen eher verlängern als heilen würde.

Wer machte jene gift'gen Teiche
im Wüstenland so süß, so kühl?
Willkomm'ne Lüge du!
Zu sterben mit benetzten Lippen . . .
Ich sah, wie andere ihr Bestes taten
und unberührt von Gift verdursteten.
Ich glaube nicht, daß ich es schaffen kann.

Die zweite (und weitaus bildhaftere) Illustration bietet ein Auszug aus einem Brief, den Bridget damals an sehr enge Freunde schrieb. Ich schließe ihn hier ein, mit ihrem Segen – in der Hoffnung, daß andere in derselben Lage daraus erkennen, daß ihre Erfahrung weder einzigartig noch hoffnungslos ist.

Bridget hatte damals geschrieben:
„. . . wenn mich jetzt noch einmal jemand fragt, wie es ihm geht,

dann fange ich zu schreien an. Ich weiß nicht, wie es ihm geht. Ich kenne ihn nicht mehr wieder. Er sagt ein ums andere Mal, das sei sein wahres Ich, und nur die Erinnerung an vierzehn gemeinsame Jahre hält mich davon ab, ihm zu glauben. Er ist immer noch lieb zu den Kindern, und sie, Gott sei's gedankt, sind mit ihren Kuscheleien und Umarmungen offenbar imstande, ihn auf eine Weise zu erreichen, die mir nicht mehr gelingt. Ich scheine zu nichts anderem mehr fähig zu sein als zu warten und zu beten, und ich tue beides sehr ausgiebig!!! Ich liege Gott andauernd in den Ohren. Es ist, als hämmerte ich an seine Türe, bis er endlich antwortet, und hin und wieder überkommt mich ein Gefühl totalen Friedens, als hätte er eben das getan: geantwortet. Wenn Adrian unterwegs ist und ich nicht weiß, wo er ist, dann bitte und bitte ich Gott einfach, ihn festzuhalten und ihn zu beschützen und ihn heimzubringen – egal, in welchem Zustand er ist.

Ich lebe von einem Tag zum anderen. Ich wollte, alle anderen könnten das auch. Es scheint, als wünschten sie eine sofortige Genesung, und ich empfinde ein lächerliches Gefühl des Versagens, wenn ich sagen muß: ‚Es geht wie immer . . .'

Manchmal fühle ich mich einfach verletzt und zornig, daß so etwas geschieht. Ich liebe ihn so sehr, und er ruiniert mein Leben genauso wie sein eigenes. – Ich weiß, das ist abscheulich, und ich hasse mich selbst, aber so empfinde ich es, vor allem, wenn er sagt, er sei froh, daß es geschehen sei. Ich wünschte, *ich* könnte verstehen, was mit uns allen passiert. Ich kann im Augenblick überhaupt keine Zukunft erkennen . . .

. . . manchmal kann ich nichts weiter tun, als ihn wie ein Kind in den Armen zu halten, und ich fühle die Qualen in ihm. Ich muß versuchen, nicht andauernd zu weinen – es macht alles zehnmal so schlimm, denn er fühlt sich so schuldig wegen allem, was geschehen ist – wir alle tun ihm so leid. Ich wünschte, Gott würde sich beeilen und endlich mal etwas *tun*, egal, was!"

Bridget hatte den Nagel auf den Kopf getroffen mit ihrer Bemerkung, einige Leute wünschten meine sofortige Genesung. Man konnte sie in zwei Gruppen teilen. Die erste Gruppe bestand aus denjenigen, die *mich* bis dahin als Krücke benützt hatten. Es schwang fast etwas wie Ärger mit in ihrer Reaktion auf die Nachricht, daß ich ihnen keine Stütze mehr sein konnte. Heute habe ich Verständnis dafür, aber damals verletzte es mich. Die zweite Gruppe – nicht groß, aber bedeutsam – bestand aus denjenigen Christen, die mein Nicht-Genesen als einen Angriff auf ihren Glauben auffaßten.

Gott weiß, ich war astronomische Distanzen davon entfernt, so unschuldig zu sein wie Hiob – aber es konnte keinen Zweifel daran geben, daß ich (soweit es einen Teil der Kirche anging) ein „Spielverderber" war, weil ich nicht rasch gesund wurde und von der heilenden Macht Gottes Zeugnis ablegte. Ich hatte ihr Glaubensbekenntnis mit ihnen geteilt, und nun brachte ich die Theologie dieses Glaubensbekenntnisses ins Wanken, indem ich mich hartnäckig weigerte, gesund zu werden. Es hätte ihrem Gottvertrauen Schutz und Kraft gegeben, mich rasch und wunderbar geheilt zu sehen, und ich spielte nicht mit. Einer oder zwei von diesen Leuten waren unverhohlen wütend, nicht nur auf mich, sondern auch auf andere in einer ähnlichen Situation, die sie im Stich ließen, indem sie chronisch krank waren. Ich mag mich irren, aber ich hatte das Gefühl, daß auf solchen Menschen der Bann lastete, den Oswald Chambers den „Fluch des Endgültigen" nannte. Er meinte damit das Resultat einer Theologie – und sei es auch eine lebendige, aktive Theologie –, die den Menschen wichtiger ist als Gott. Nach ein oder zwei sehr unerfreulichen Begegnungen dieser Art wehrte Bridget die Annäherung von Leuten ab, die bei mir geistlich klar Schiff machen wollten. Nicht zuletzt deshalb, weil ich keinerlei Wert mehr auf Höflichkeit legte und imstande war, ihnen haargenau zu sagen, was ich von ihnen hielt, und zwar in höchst ungeistlichen Ausdrücken.

Was die Haben-Seite dieser Bilanz angeht, so erinnere ich mich mit enormem Vergnügen an die breite und manchmal überraschende Vielfalt von Menschen, die mich unterstützten und liebten und mich ertrugen, nicht weil sie irgend etwas beweisen wollten, sondern einfach, weil ich ihnen am Herzen lag. Einige waren Christen aus unserer eigenen Kirche, einige aus anderen Kirchen. Manche waren überhaupt keine Christen. Da waren Freunde aus Vergangenheit und Gegenwart, einer oder zwei von meinem Arbeitsplatz, andere, die ich zuvor, wie es mir schien, kaum gekannt hatte. Sie hatten eines gemeinsam. Sie gaben mir etwas von sich selbst und verlangten nichts dafür. Sie erlaubten mir, mitten in der Wüste flüchtige Blicke auf Gott zu erhaschen.

Das Bild der Wüste erscheint mir hier besonders angebracht. Kurz nachdem ich meine Arbeit aufgegeben hatte, hatte ich einen Tagtraum – oder was ich ein „Gedankenbild" nenne –, der meine innere Einstellung zur Kirche mit kristallener Klarheit darstellte. In diesem „Bild" sah ich mich selbst am Rand einer Oase voll aufgeregter, jubelnder Leute stehen. Sie alle hatten den Blick nach innen gewandt, dem Zentrum der Oase zu. So sehr ich es auch versuchte, ich konnte mich einfach nicht durch die Masse dichtgedrängter Körper zwängen, um zu sehen, was die Ursache all dieses Lärms und dieser Aufregung war. Schließlich bat ich jemand am Rand der Menge, mir zu sagen, was er zu sehen versuchte, und warum alle stießen und schoben und so aufgeregt auf und nieder hüpften.

„Der König!" sagte er. „Der König ist es! Er ist dort in der Mitte!"

„Hast du ihn gesehen?" fragte ich. „Hast du ihn tatsächlich gesehen?"

„Nein", antwortete er, „ich habe ihn nicht gesehen, aber wir alle wissen, daß er da ist. Ist das nicht wundervoll!" Und er begann von neuem mit seinem Rufen und Winken.

Entmutigt wandte ich der Oase den Rücken zu und ging langsam davon, in die Wüste hinaus. Als der Aufruhr hinter mir allmählich verebbte, fiel mir ein Punkt in der Ferne auf. Als ich näher kam, schien es ein Haufen Kleider zu sein, die unordentlich auf dem Sand hingeworfen lagen. Zuletzt war ich nahe genug herangekommen, um zu sehen, daß es ein Mann war. Seine Augen waren groß und dunkel vor Leid, seine Kleider zerlumpt.

„Wer bist du?" fragte ich.

Der Mann lächelte ein Lächeln tiefer, süßer Traurigkeit und

sprach mit sanfter Stimme. „Ich bin der König. Mich haben sie auch nicht hineingelassen."

Es gab noch andere flüchtige Blicke auf Gott. Ein Freund schlug vor, ich sollte den anglikanischen Pfarrer einer kleinen, nahe gelegenen ländlichen Kirche aufsuchen, einen Mann, den viele Leute, die ich kenne, vermutlich als „nicht gerettet" oder „unbekehrt" bezeichnen würden. Es gab eine Zeit, da hätte ich dasselbe gedacht.

Während er und ich dann mit seinen Hunden an der alten aufgelassenen Eisenbahnstrecke entlang spazierengingen und vor dem sanften Herbstregen unter einer der hohen massiven Brücken Schutz suchten, da fragte ich mich: Warum fühlte ich eine Entspannung und einen Frieden, den ich anderswo nicht gefunden hatte?

„Was denken Sie denn so von Gott?" Ich war immer noch ziemlich ungnädig.

Frank lächelte, ohne sich aus der Ruhe bringen zu lassen. „Ich bin ihm nie begegnet", sagte er leise, „aber" er deutete mit seinem Spazierstock in die Runde, „wenn er all das geschaffen hat, und wenn er es war, der mir meine Talente gegeben hat, dann würde ich ihn wohl sehr lieben, wenn wir einander begegneten."

Was sollte das heißen? *Falls* wir einander begegneten? War das eine Rede für einen Christen? Nicht dort, wo ich herkam! Und dennoch, bei den zwei Gelegenheiten, an denen ich mit diesem sanften, friedfertigen Mann zusammen über Land wanderte, da spürte ich, selbst noch inmitten meiner Verwirrung, daß Jesus mit uns ging und daß er und Frank alte Freunde waren.

Ich sah Gott weiterhin in der Unterstützung meiner Kollegen von Company, als ich zu Aufnahmen für neue Company-Folgen in Maidstone anlangte. Es waren die ersten Sendungen, an denen ich seit der Nacht, in der ich meine „Krücken" verlor, mitwirkte. In mancher Hinsicht war dieser Versuch, mit Company weiterzumachen, ein riskantes Experiment. Fast alles andere war in Trümmer gefallen, und weder Bridget noch ich setzten sonderlich viel Vertrauen in meine Fähigkeit, mich zusammenzureißen und mit Produktionsmeetings, Studios und Kameras zu Rande zu kommen. Die Vorsehung fügte es, daß meine Kollegen bei diesem „Probelauf“ Hugo Gryn und Prabhu Guptara waren, ein Rabbi und ein „hinduistischer Nachfolger Christi“. Vor allem aber, was weit wichtiger ist, waren sie zwei mitfühlende und warmherzige Menschen, die mich mit der ihnen eigenen Freundlichkeit und Autorität seelisch stabilisierten. Ihre Gemeinschaft gab mir die Kraft, das Meeting und die Aufnahmen ohne allzuviel Schwierigkeiten durchzustehen. Manche Leute haben es seltsam gefunden, daß ich es fertigbrachte, in dieser Periode meines Lebens weiterhin Fernsehprogramme zu machen. Ich kann nur sagen, daß es über einen längeren Zeitraum hinweg der beste Anker war, den ich hatte.

Die Wohnung in Harrietsham und der Company-Küchentisch in seinem kleinen See von Studio-Scheinwerferlicht waren vertraute, sichere, vom Rest meines Lebens abgesetzte Orte. Sie waren es schon immer gewesen. Meine Besuche dort gaben mir beständig aufs neue die Gewißheit, daß ich nicht vollkommen verrückt wurde und daß ich immer noch – wenn auch nur in bescheidenster Weise – zu etwas nütze war. Ich erkannte jedoch bald, daß ich mit Company nur weitermachen konnte, wenn ich bereit war, ehrlich darüber zu sprechen, was mit mir geschah. Es war keine erfreuliche Aussicht. Ich hatte niemals zuvor Schmerz und Verletzungen offenbar gemacht und mit anderen Menschen geteilt, und in meinem gegenwärtigen zerrütteten Zustand konnte ich keineswegs sicher sein, daß ich imstande sein würde, meine Emotionen zu beherrschen.

Als ich dann das erste Mal schilderte, was mit mir geschah, brach ich beinahe in Tränen aus. Irgendwie schaffte ich es jedoch, durchzuhalten, und ich bin froh darüber. Die Reaktion der Zuschauer dieser Sendung (und der folgenden, in denen ich ebenfalls darüber sprach, was mit mir vorging) war so warmherzig und hilfreich, als hätte ich eine komplette zweite Familie hinter den Kameras. Briefe und Botschaften von Leuten „da draußen“ offerierten mir Gebete, Umarmungen, vergleichbare Erfahrungen und konstruktive Ratschläge. Es ist nicht leicht in Worte zu fassen, wieviel das Mitgefühl, das mir durch diese Briefe bewiesen wurde, mir damals bedeutete.

Und was war mittlerweile mit Gott? Über eine ziemlich lange Zeitspanne hinweg war die Antwort auf diese Frage recht einfach. Es *gab* gar keinen Gott, und falls es sich zufällig herausstellen sollte, daß ich mich geirrt hatte und es doch einen gab, dann haßte ich ihn mit der ganzen neu entfesselten Leidenschaft in mir. Andere Leute, wie George Reindorp und Peter Ball, mochten glauben, daß er ihnen beigestanden und geholfen und sie ihr Leben lang geleitet hatte. Ich nicht! Was mich anging, so hatte Gott völlig versagt. Ich zog den einfachen Schluß, daß er überhaupt nicht existierte, dem unmöglichen Unterfangen vor, meine Situation mit der aktiven Anteilnahme einer liebenden, allmächtigen Gegenwart in Einklang zu bringen.

Nun, hier stoßen wir auf etwas Komisches, wie ein berühmter Komiker zu sagen pflegte. Ich hatte Gott abgeschafft. Er war nicht da. Ich erlaubte mir alle möglichen Dinge, die meine trockene Moral mir in der Vergangenheit unnachgiebig untersagt hatte. Ich fühlte und wählte und sank und stieg, ohne mich im geringsten um irgendein Kompendium religiöser Verhaltensregeln oder seinen Autor zu kümmern. Aber so sehr ich es auch versuchte, da war etwas, oder besser gesagt, jemand, den ich einfach nicht abschütteln konnte. Ganz gleich, wie tief ich in die Finsternis eindrang, wie tief ich sank, wieviel ich soff, Jesus war da.

Eines Tages saß ich in der Kneipe mit einem Mann, den ich noch von früher her kannte. Er war aus der Gegend fortgezogen und nur auf Besuch zurückgekommen. Er wußte nichts von allem, was mir widerfahren war. Wir hatten uns rein zufällig eines Tages wiedergesehen. Er war ein Bauer namens Bill. Er hatte immer schon die beunruhigende Fähigkeit gehabt, Lügen und Unehrlichkeit zu durchschauen. Er war ungefähr so taktvoll wie ein Bergrutsch, aber er hatte eine Art reichen ländlichen Charme, und ich mochte ihn gerne. Bill wußte, daß ich Christ bin. Als er noch in dem Gebiet wohnte, in dem TVS ausgestrahlt wurde, hatte er mir oft zugesehen, wie ich um Mitternacht im Fernsehen versuchte, die Welt auf die Reihe zu bringen. Jetzt ahnte ich, daß er etwas dazu zu sagen hatte. Ich merkte es an der Art, wie er mit gerunzelten Brauen und geschürzten Lippen in sein Bier starrte.

Nach einem jähen raschen Schluck aus seinem Glas stellte er es hart wieder hin, stützte die Ellbogen auf den Tisch und deutete mit beiden ausgestreckten Zeigefingern auf meine Augen, ein unbewußter Hinweis darauf, daß er in ihnen die Wahrheit lesen würde, was immer ich sagte.

„Machen Sie immer noch dieses Programm?"

Ich nickte.

„Ich versteh Sie nicht", sagte er. „Ich versteh nicht, warum ein Bursche wie Sie ein Christ sein will. Sie kamen mir immer ganz vernünftig vor – normal. Ich versteh nicht, wie Sie's glauben können."

Er beobachtete mich scharf – lauernd. Unsere Augen schienen so fest miteinander verbunden, daß mich die lächerliche Vorstellung übermannte, er würde mir die Augäpfel herausreißen, wenn er sich jäh nach hinten lehnte. Hatte er mir ein Kompliment gemacht, oder war es eine Beleidigung gewesen? Ein Bursche wie ich? Einen Augenblick lang fühlte ich die alte innere Spannung in mir – die Spannung, die unweigerlich einsetzte, bevor ich den unverdauten Klumpen von Evangelikalismus hervorwürgte, den ich als Halbwüchsiger hinuntergeschluckt hatte: eine geronnene Masse von Schuldgefühlen, Ängsten und Bruchstücken von Bibelversen, die mich bis vor kurzem weder genährt hatte noch ausgeschieden worden war. Jetzt lagen die Dinge anders. In früherer Zeit hätte ich nach Worten gesucht, um mich bei Bill und Gott gleichermaßen lieb Kind zu machen. Ich hätte vielleicht Johannes 3,16 zitiert, wie einen Zauberspruch, um jedes ehrliche Gespräch abzuwehren. Ich erkannte, daß ich jetzt mit der Wahrheit herausrücken konnte. Ich unterlag keiner Verpflichtung mehr. Ich brauchte weder ein Bonmot von mir zu geben noch das lahmarschige Kauderwelsch, das die Adern meiner Seele so lange verstopft hatte.

„Ich verstehe nicht, wie Sie 'n Christ sein können", wiederholte Bill hartnäckig.

„Ich versteh's auch nicht, ehrlich gesagt." Mir war zumute, als hörte ich Glocken läuten und Menschen jubeln.

Bills Blick entspannte sich ein wenig. Er sah jetzt eher überrascht als anklagend aus. Die Finger sanken herab.

„Ich meine – wie ist das mit der Kirche? Ich meine – Sie wollen doch wohl nicht behaupten, die Kirche wäre viel wert, so wie sie jetzt ist, oder?"

„Die Kirche ist ein Sauhaufen", sagte ich und dachte an meine alte Standardrede, daß es davon abhinge, wie man „die Kirche" definierte. Ich fing an, das Gespräch zu genießen. Bill stellte fest, daß ich mich auf den Punkt nicht weiter einlassen wollte, und pflügte weiter.

„Manche von diesen Leuten, die da sagen, sie wären Christen – ist Ihnen das nicht peinlich –, daß die Leute von Ihnen denken, Sie wären so wie die?"

„Ja."

„Diese Sendung, die Sie da machen – Company. Dieser Kerl, der offenbar alles für teuflisch hält – ich meine, stimmen Sie dem zu?"

„Nein."

Bill hatte sein Pulver beinahe verschossen.

„Manche Christen" – die Finger zeigten wieder auf mich –, „manche Christen glauben, die ganze Bibel wäre hundertprozentig historisch korrekt, jedes einzelne Wort. Ich meine – wie kann man so was glauben?" Er unterbrach sich. „Also, wie steht's damit?"

„Ich weiß nicht." Ich war nicht sicher. Mir wurde klar, daß ich niemals sicher gewesen war.

Bill lehnte sich in seinen Sessel zurück und rieb den kleinen kahlen Fleck auf seinem Scheitel (der ihn nie zuvor gestört hatte). Sein Gesicht verzog sich heftig, während er um Verständnis rang.

„Aber in diesem Fall, wenn das alles wahr ist – was bleibt? Warum sind Sie dann noch ein Christ? Warum tun Sie sich das an?"

Mein Glücksgefühl verblaßte plötzlich. Ja, tatsächlich, warum tat ich mir das an? Bill konnte es nicht wissen, aber er hatte die Frage falsch gestellt. Es mußte nicht heißen, *warum* war ich noch ein Christ, sondern *war* ich überhaupt ein Christ? War irgend etwas übriggeblieben? Ich erinnerte mich plötzlich an einen ziemlich erschreckenden Gedanken, der mich eines Tages überfallen hatte, nicht lange vor meinem Zusammenbruch. Ich war in der Kirche gesessen und hatte den Leuten zugesehen, wie sie vor Beginn des Gottesdienstes hereinkamen. Nehmen wir an, dachte ich, jede dieser Personen käme zur Kirche mit einer schwarzen Brieftasche, die – auf welche unglaubliche Weise auch immer – ihren persönlichen Beweis dafür enthält, daß der christliche Glaube wahr ist. Jeden Sonntag würden wir einander annicken und anlächeln und mit lässigem Selbstvertrauen auf unsere Brieftaschen weisen, als wollten wir sagen: „Proppenvoll bei mir, Bruder. Kein Problem!" Eines fürchterlichen Sonntags jedoch würde der Pfarrer ankündigen, daß wir alle an diesem Tag unsere Brieftaschen voreinander öffnen und diese Unmengen an Beweisen überprüfen müßten. Eine nach der anderen, in drückender Stille, werden die Taschen geöffnet. Sie sind alle leer . . .

Ich hatte meine „Brieftasche" vor Bill geöffnet. War noch irgend etwas darin? Konnte noch irgend etwas Wirkliches und Wahrhaftiges in irgendeinem finsteren Eckchen versteckt hängengeblieben sein? Zu meiner Überraschung war das tatsächlich der Fall. Aber es war ein solch rohes, unstoffliches Stückchen Wahrheit, daß weder Klugheit noch Jargon es in Worte fassen, geschweige denn es verteidigen konnten. Es machte mich verlegen, darüber zu sprechen, und Bill reagierte, als sei ich eine Art geistlicher Hochstapler.

Ich sagte: „Im Augenblick kümmert's mich nicht, Bill, aber falls es mich jemals wieder kümmern sollte, wird's daran liegen, daß ich Jesus liebe. Wie wär's mit noch einem Bier?"

Und es stimmte tatsächlich. Sogar in der tiefsten Dunkelheit war Er da, wie das schwächste Nachtlichtchen, das man sich vorstellen kann. Er versuchte nicht, mich dazu zu bringen, daß ich irgend etwas Bestimmtes täte oder glaubte oder fühlte, nicht einmal, daß ich an Gott glaubte. Er war ganz einfach nur da. Rational erklärbar ist das nicht. Es ist schlicht und einfach eine Tatsache. Lange Zeit später schrieb ich – in einem Versuch, die Essenz dieser Erfahrung einzufangen – einige Worte zu der Melodie eines Freundes. Der Titel lautet schlicht „Lied für Jesus".

Ich hatte es nicht nötig, dich zu sehn
da in der Dunkelheit, ganz dicht bei mir.

Ich weiß, es war kein anderer als du.
Ich weiß, du liebtest dieses Kind in mir.
Du hast gelächelt in der Dunkelheit,
die meine Augen blendete und brannte.
Als ich die Augen wieder öffnete,
da gab dein Lächeln ich zurück,
denn du warst da.

Ich hatte es nicht nötig, dich zu hören
in diesem Schweigen. Du warst ein Teil von mir.
Ich weiß, daß ich in deiner Nähe war,
ich weiß, daß deine Lieb' mein Herz durchdrang
ich weiß, du sagtest:
‚Unser Glück nimmt zu,
Gebete sind nichts anderes als Freundschaft.
Und nie warst du allein,
denn ich war da.'

Es war nicht nötig, daß ich dich umklammert hielt.
Ich wollte deiner Lieb' zu mir vertrauen,
und mein Geheimnis hatte ich dir anvertraut
voll Hoffnung. Wirst du immerdar
da sein für mich?
So mag die Dunkelheit sich sammeln
und Stille dröhnen in meinem Ohr.
In meiner Seele brennt
die Liebe, die dich leiden machte.
Und du bist da.

Ich hatte Jesus nicht eingeladen, aber er war da. Und dieses ständige Bewußtsein seiner Gegenwart gab mir in gewisser Weise den Anstoß, mit dem Schreiben zu beginnen, das mir in Zukunft so wichtig werden sollte. Ich brauchte es einfach, um mein inneres Gleichgewicht und mein Interesse an einem relativ normalen Leben wiederzuerlangen. Ich begann zu schreiben, und das erste, was ich schrieb, war eine Serie von sechs Geschichten mit dem Titel DER BE-

SUCH. Sie handeln von den Erfahrungen eines weitgehend alltäglichen Kirchenmitglieds, das mit Jesus konfrontiert wird, als dieser im Jahre 1984 einer Kirche unbestimmter konfessioneller Richtung in persona einen längeren Besuch abstattet. Es wird Sie wohl nicht überraschen, lieber Leser, daß die Geschichten gespickt sind mit Anspielungen auf meine eigenen Erfahrungen, obwohl die Hauptfigur mir ansonsten gar nicht ähnlich ist.

Das Schreiben half mir. Es hatte eine ordnende und heilende Wirkung auf mich. Die Liebe meiner Familie half mir ebenfalls. Sie hörten nie auf, mich zu unterstützen. Freunde halfen mir, ganz besonders Ben Ecclestone, ein Ältester der Frenchgate Chapel in Eastbourne. Er predigte mich kein einziges Mal an und war – und ist – erfrischend ehrlich, was seinen eigenen Glauben und sein Leben angeht. Company half mir. Die Teilnahme an den Sendungen erhielt den schwachen Glauben in mir am Leben, ich sei vielleicht doch nicht völlig nutzlos. All dies trug zu einem allmählichen Prozeß des Wiederaufbaus oder, genauer gesagt, der Wiederzusammensetzung bei. Ich wurde ruhiger und disziplinierter. Ich war eher bereit zu akzeptieren, daß ich die Welt nehmen mußte, wie sie war. Gleichzeitig eröffneten sich mir ein weitaus weiterer Horizont und eine viel größere Flexibilität in meinen Ansichten über mich selbst und andere. Aber ich wußte immer noch nicht, was ich über Gott denken sollte. Gott, der Vater? Er war nicht mein Vater, war es niemals gewesen. Trotz der seltsamen Nähe Jesu fühlte ich mich immer noch weit entfernt davon, die Realität, geschweige denn die Anteilnahme des Seniorpartners der Dreifaltigkeit akzeptieren zu können. Bis ich eines Tages eine sehr teure Taxifahrt den ganzen weiten Weg von Polegate nach Haywards Heath machte.

Zwölftes Kapitel

„Hol's der Kuckuck!"

Ich fluchte laut vor Wut, als der Londoner Zug in der Ferne verschwand. Dann sackte ich auf der hölzernen Bank hinter mir zusammen, rieb mein aufgeschlagenes Knie und sog scharf die Luft durch die Zähne, als der Schmerz sich bemerkbar machte. Ich hatte den Zug verpaßt! Nur um Sekunden, aber das machte es irgendwie nur noch schlimmer. Zorn und Frustration tobten wie verrückt in mir herum, suchten nach einem Ventil. Ich hätte den Fahrkartenverkäufer erwürgen können, der so unschuldig dort drüben in seinem kleinen Kiosk am obersten Stiegenabsatz saß. So lange die Geschworenen bei meiner Gerichtsverhandlung zwölf Leute waren, die irgendwann einmal in ihrem Leben einen Zug um Haaresbreite verpaßt hatten, hatte ich keinen Zweifel, daß sie auf gerechtfertigten Totschlag erkennen würden! Als ich auf dem Weg aus dem Bahnhof hinaus an ihm vorbeieilte, hätte mein präsumtives Opfer fast sein Ende beschleunigt, indem er mir freundlich zurief: „Haben Sie ihn verpaßt?"

„Ja", antwortete ich zähnefletschend. „So könnte man es ausdrücken."

Während ich die Stufen hinunterhinkte, rief er mir ermutigend nach: „Machen Sie sich nichts draus, in einer Stunde geht wieder einer."

In einer Stunde? Das nützte mir nichts. Ich sollte um vier Uhr in Haywards Heath sein, und ich hatte soeben den letzten Zug verpaßt, der mich rechtzeitig dorthin bringen konnte. Als ich vor dem Bahnhof stand, immer noch innerlich schäumend, da erschien es mir wirklich, als setzte jemand alle Hebel in Bewegung, um mich daran zu hindern, daß ich meinen Bestimmungsort an diesem Tag erreichte. Nun, wer oder was immer es war, es sah ganz so aus, als sollte er Erfolg haben. Ich würde es tatsächlich nicht schaffen. Ich lehnte mich gegen die Wand. Trübsinnig beobachtete ich die Leute, die am Taxistand auf dem Vorplatz des Bahnhofs ankamen und abfuhren, und fragte mich, warum diese spezielle Reise mir so wichtig zu sein schien.

Es hatte vor ein paar Wochen begonnen, als ich gerade das eselsohrige kleine Büchlein durchblätterte, in dem Bridget und ich Adressen und Telefonnummern notierten. Aus irgendeinem Grund hatte ich Michael Harpers Adresse in Haywards Heath vor langer Zeit niedergeschrieben, hatte aber niemals Anlaß gehabt, ihn zu kontaktieren, sei es brieflich oder telefonisch. Tatsächlich war unser Zusammentreffen in den TVS-Studios während der Aufzeichnung der Company-Sendungen mit David Watson die einzige Gelegenheit geblieben, bei der ich mit ihm gesprochen hatte. Als mein Blick nun zufällig auf seinen Namen auf der Seite „H" des kleinen Buches fiel, erinnerte ich mich, wie beeindruckt ich gewesen war von der Tiefe und Empfindsamkeit, die ich in seiner Persönlichkeit spürte. War es möglich, daß er mir etwas zu sagen hätte, das mir helfen und mich ermutigen würde oder den Prozeß der Wiederherstellung, der bereits begonnen hatte, beschleunigen?

Ich gab dem Impuls nach, bevor er eine Chance hatte, sich wieder zu verflüchtigen. Ich trug das Büchlein zum Telefon und wählte Michaels Nummer. Als ich ihn schließlich erreichte, war alles, was mir zu sagen einfiel, die schlichte Frage: „Ich hatte eine Art Nervenzusammenbruch. Würde es Ihnen etwas ausmachen, wenn ich Sie besuchen käme?" Er antwortete sehr herzlich und schlug ein Datum und einen Zeitpunkt vor, die uns beiden paßten. Während der folgenden Tage freute ich mich zusehends auf dieses Treffen, obwohl ich keine Ahnung hatte, wie entscheidend es sein würde.

Der Tag, an dem ich meinen Ausflug unternahm, begann vielversprechend. Ich mußte erst um zehn nach drei beim Polegate-Bahnhof sein, also hatte ich ziemlich viel Zeit, mich zu entspannen und mich innerlich vorzubereiten. Nachdem ich etwas Geld für das kommende Wochenende von der Bank geholt hatte, schlenderte ich gemächlich hinunter zum Ortszentrum von Hailsham, um den

2.55-Uhr-Bus zu erreichen. Wie ich aus Erfahrung wußte, würde dieser so frühzeitig in Polegate ankommen, daß mir reichlich Zeit blieb, den Londoner Zug zu erwischen.

Der Bus hatte Verspätung. Nicht viel Verspätung, aber immerhin genug, um eine Art nervöses Ticken in meinem Magen auszulösen, als wir schwerfällig aus Hailsham hinausrollten und gemächlich in die zweispurige Straße in Richtung Eastbourne einbogen. Das Tikken verstärkte sich zu einem frenetischen Surren, als der Bus einen niedrigen Hügel hinaufkroch und ich den Stau vor uns sah. Natürlich – Straßenarbeiten! Ich hatte vergessen, daß sie die Straße aufrissen, genau vor der Abzweigung nach Polegate. Die Reise dauerte nun nochmals fünf Minuten länger. Zu dem Zeitpunkt, als ich beim Wirtshaus „Zum Pferd und Stallknecht" ausstieg, winselte ich beinahe vor Frustration. Ich hatte immer noch ein ziemlich weites Stück zu gehen – oder, besser gesagt, zu rennen. Ich jagte den Fußweg entlang zur Station, so verzweifelt bei dem Gedanken, meinen Zug nicht zu erreichen, daß ich stolperte und schwer zu Boden stürzte, mir das Knie am Randstein anschlug und mir die Eingeweide durchbeutelte. Ohne zu zögern, raffte ich mich auf und stolperte von neuem auf den Bahnhof zu, nur um voll Qual zu sehen, wie mein Zug dort bereits am Bahnsteig stand und Passagiere mit unglaublicher Gelassenheit aus- und einstiegen. Ich konnte es immer noch schaffen! Unglücklicherweise weigerte der Mann am Schalter sich, mich ohne Fahrkarte durchzulassen, und ich hatte den fatalen Fehler gemacht, ihn merken zu lassen, daß ich es verzweifelt eilig hatte. Mit nervenzermürbender, vorbedachter Langsamkeit gab er mir meine Rückfahrkarte, nahm mein Geld und zählte mir das Wechselgeld hin. Zu dem Zeitpunkt, als ich den Bahnsteig erreichte, fuhr der Zug eben aus der Station hinaus, und ich konnte nur noch fluchen.

Während ich zusah, wie die Taxis auf dem Bahnhofsvorplatz ankamen und abfuhren, fühlte ich mich elend und geschlagen. Es blieb mir nichts anderes übrig, als ein Telefon zu suchen und Michael wissen zu lassen, daß ich nicht kommen würde. Ich wußte, er hatte nur eine Stunde Zeit übrig, da er am kommenden Morgen wegfahren wollte. Es hätte keinen Sinn gehabt, einen späteren Zug zu nehmen. Ich schlufte langsam die Straße hinauf zum Stadtzentrum. Ich wußte, daß eine Reihe Telefonzellen sich genau vor dem Postamt befand.

Während ich mich auf den Weg dorthin machte, schoß mir jedoch ein verrückter Gedanke durch den Kopf. Warum sollte ich eigentlich nicht mit dem Taxi nach Haywards Heath fahren? Nun, warum nicht? Ich zählte das Geld in meiner Jackentasche. Es waren genau zwanzig Pfund. Würde das ausreichen? Ich wußte es nicht, aber ich konnte es herausfinden. Ich lungerte einen Augenblick lang unentschlossen herum und stellte mir Bridgets Reaktion vor, wenn sie herausfand, daß ich erwog, einen beträchtlichen Teil des Geldes, das uns zur Verfügung stand, für eine Taxifahrt auszugeben. Ich beschloß, es zu riskieren. Ich drehte mich um, eilte zurück zum Taxistand und fragte einen der Fahrer, ob er es bis vier Uhr nach Haywards Heath schaffen könnte. Ja, meinte er, das könnte er wohl schaffen. Wieviel würde es kosten? Er war nicht sicher. Etwa zwanzig Pfund vielleicht. Ich stieg ein, und wir fuhren los.

Ich kann mich, was diese Reise angeht, nur an zwei Dinge erinnern. Eines war das Taxameter, das die Fahrtkosten anzeigte, während die Meilen unter uns dahinrollten. Nach einer Weile sah ich nichts mehr als die rotleuchtenden Zahlen unter dem Armaturenbrett. Sie wechselten in alarmierender Weise alle paar Minuten, so oft weitere zehn Pence der Summe hinzugefügt wurden.

Das andere war ein schier endloser Monolog des Fahrers über das Thema, was er mit Leuten anzustellen pflegte, die sich im Fond seines Wagens übergaben.

Als wir schließlich Haywards Heath erreichten, war mir zumute, als würde ich verrückt. Mein Kopf war erfüllt von einem surrealistischen Wirbel von roten Leuchtziffern und heftiger Übelkeit. Das Taxi hielt vor Michaels Haus an. Es war fünf Minuten nach vier. Das Taxameter zeigte die Summe von achtzehn Pfund fünfzig Pence an. Ich gab dem Fahrer die gesamten zwanzig Pfund und eilte zur Vordertüre. Als ich den Finger auf den Klingelknopf drückte, war mir nicht viel anders zumute (wenn ich ehrlich bin) wie damals vor all den Jahren, als ich mein Fahrrad neben dem Straßenschild COWDEN angehalten und mich gefragt hatte, was in aller Welt ich mir eigentlich einbildete. Was tat ich hier? Würde es wirklich all das Geld und die Strapazen wert sein? Alles nur, um eine Stunde mit einem Mann zu verbringen, den ich kaum kannte?

Eine Dame, in der ich Mrs. Harper erkannte, öffnete mir die Türe und führte mich zu einem Arbeitszimmer im hinteren Teil des Hauses, wo Michael arbeitend an einem vollgeräumten Schreibtisch saß. Er begrüßte mich warmherzig und schien ehrlich betroffen über die Schwierigkeiten, die ich durchgemacht hatte. Seine Charaktertiefe und seine Sanftmut übten eine absonderlich besänftigende Wirkung auf mich aus. Aber erst als wir am Ende der Stunde gemeinsam beteten, wurde mir klar, warum es so notwendig gewesen war, zu eben dieser Zeit an diesem Ort mit eben diesem Menschen zusammenzusein. Gott wollte mit mir sprechen. Nachdem wir eine kleine Weile still gebetet hatten, schwieg Michael einen Augenblick lang. Dann sprach er von neuem.

„Der Heilige Geist zeigt mir ein Bild eines Feldes, Adrian. Dieses Feld ist dein Leben. Es wird eines Tages eine größere und schönere Wiese sein, aber im Augenblick wird es gerodet. Da sind Felsen und Dornen und Büsche, die ausgegraben und entwurzelt werden, um Raum zu schaffen für nützliche Dinge, die darauf wachsen sollen. Aber ich sage dir etwas –"

„Ja", sagte ich, „bitte sag mir etwas."

„Nichts ist vergeudet worden – nichts! Der Boden unter all diesem Gestrüpp ist reich, reicher, als er gewesen wäre, wären die Dornen nicht dagewesen. Es wird eine *wunderschöne* Wiese."

Als Michael die Augen öffnete und aufblickte, muß er wohl gespürt haben, daß die Worte mich auf einer Ebene erreicht hatten, die seit Jahren nicht mehr berührt worden war. Ich kämpfte mit den Tränen, während ich wieder und wieder in Gedanken die Worte wiederholte, die mir am meisten bedeutet hatten. „Nichts ist verschwendet worden – *nichts* ist verschwendet worden."

Er lächelte. „Lieber Adrian." Die Worte kamen von Gott, via Michael Harper, und sie übermittelten die Liebe eines Vaters.

Ich verabschiedete mich, und während ich durch die Dunkelheit zum Bahnhof trabte, brachen all die Tränen, die ich bislang zurückgehalten hatte, sich Bahn. Gott hatte zu mir gesprochen. Er kümmerte sich um mich. Er war *freundlich.* Wie kann ich gewußt haben, daß es wirklich Gott war, der zu mir sprach? Ich kann es nicht sagen, aber glaubt mir – ich wußte es.

Um es übrigens noch zu erwähnen: Bridget war der Meinung, die Sache sei tatsächlich ihre zwanzig Pfund wert gewesen.

Dieser Tag war der Meilenstein, der den Beginn neuer Hoffnung kennzeichnete. Er machte den Anfang einer Serie von Ereignissen und Begegnungen, die mich, langsam aber sicher, zu einem ganz neuen Verständnis führten, was eine Beziehung zu Gott wirklich bedeuten könnte. Einige waren ziemlich dramatisch, während andere, jedenfalls auf den ersten Blick, zu trivial waren, um sie überhaupt zu registrieren. Da war beispielsweise mein Fahrrad.

Ich hatte seit Jahren kein Fahrrad mehr gehabt – kein eigenes jedenfalls. Als Kind hatte ich mehrere gehabt, einschließlich des glänzenden Blauen, auf dem ich in den sechziger Jahren losgezogen war, um Hayley Mills zu finden und zu betören. Seit meiner Jugend jedoch war ich kaum auf einem gefahren, ausgenommen eine alte Knochenmühle, die John Hall gehörte und die ich, wenn ich mich recht erinnere, irgendwo in Bromley verloren hatte. Vielleicht dachte ich, es wäre ein irgendwie würdeloses Fortbewegungsmittel. Ich weiß es nicht genau.

Nun, im Jahre 1985, als ich im Alter von 36 Jahren war, war meine Mutter zutiefst überzeugt, daß ich unbedingt ein Fahrrad brauchte. Ein hübsches großes Fahrrad würde mir mehr Entspannung und Therapie bieten als hundert Bücher oder tausend Gespräche – das war jedenfalls ihre Ansicht. Ich wußte es natürlich besser. Jedesmal, wenn wir auf das Thema zu sprechen kamen und sie zum hundertsten Mal sagte: „Hast du schon ein Fahrrad?“, dann lächelte ich nachsichtig vor mich hin und machte vage Versprechungen, daß ich eines Tages ganz gewiß eines besorgen würde.

Dann, eines Tages, als ich eben die Anzeigenspalten des Lokalblattes durchblätterte, bemerkte ich eine Anzeige in der Spalte „Zu verkaufen".

Blaues Herrenfahrrad zu verkaufen.
Extrastarker Rahmen. Sehr guter Zustand.
Nur sechsmal gebraucht. 50 Pfund.

Ich glaube, es war das „blau", das mein Herz gewann. Ein glänzendes blaues Fahrrad, das mir allein gehörte. Die Jahre fielen von mir ab,und ich war wiederum ein aufgeregter Teenager. Ich hatte fast vergessen, wie sich unschuldiges Vergnügen anfühlt. Ich wählte die Nummer am unteren Rand der Annonce, ging zur Bank, um das Geld abzuheben, und eine Stunde später war ich bereits der stolze Besitzer eines großen Raleigh-Fahrrades. Zugegeben, es hatte keine 75 Gänge (oder wie viele man heute so hat), aber es war dennoch ein „gutes Fahrrad". Mit welch nostalgischen Gefühlen erfüllten mich die Worte „Sturmey Archer", als ich sie auf dem Gangschalthebel-Gehäuse auf dem Lenkergriff las! Wie seltsam war es, zurückgekehrt zu sein in die Welt der Radheber, Satteltaschen, Kettenschutzgehäuse, Bremsklötze und, natürlich, der Reparatur-Sets für Reifenplatzer! Wie zufriedenstellend war das Gefühl des Vergnügens, das ich empfand, wenn ich die schmale Gasse zwischen dem Randstein und den Autokolonnen, die zur Stoßzeit dahinkrochen, abschätzte oder darauf wartete, daß das Licht der Ampel wechselte. Am meisten genoß ich es jedoch, einfach wie ein Kind herumzugondeln oder mich an dem WISCH und WUTSCH zu erfreuen, das für gewöhnlich ein Stückchen muskelstrapazierendes Hügelaufwärtsgestrampel belohnte. Ich hatte seit jeher einen Widerwillen gegen die platte Übersichtlichkeit eines Lebens empfunden, in dem alle Wege von A zu B führen mußten. Nun konnte ich mich hinbegeben, wohin ich wollte. Ich konnte bei A anfangen, mich in Richtung M aufmachen und eine Weile in F herumtrödeln, wenn mich die Laune überkam. Sollte ich meine Meinung in F ändern, dann konnte ich M eben einmal vergessen und einen kleinen

Besuch in Q machen, das, wie wir wissen, nur einen Katzensprung von R entfernt liegt. Es war entzückend, und ich war hingerissen. Ich fühlte mich so plump und drollig wie Puh der Bär auf meinem Fahrrad, aber das störte mich nicht. Während ich einfach nur ziellos dahinradelte, dahin und dorthin, fand ich wieder Kontakt zu dem Kind in mir und lernte in der Folge eine schlichte, aber tiefgründige Wahrheit über den Kontakt mit Gott. Ich entdeckte, daß auch das Gebet nicht bei A anfangen und bei B aufhören muß. Ich lernte (oder begann zu lernen), daß es durchaus legitim und – wage ich es auszusprechen? – vergnüglich ist, ziellos herumzugondeln, sich einfach an der Nähe Gottes zu erfreuen, in derselben Weise, wie man keine speziellen Unternehmungen arrangieren muß, um sich am Beisammensein mit einem guten Freund oder Verwandten zu erfreuen. Gott saß ganz zufrieden an der Hintertüre des Himmels und beobachtete mich, wie ich in meinen Gebeten vergnügt herumradelte, gelegentlich aufsah, um ihn anzulächeln und mir die Zusicherung seiner Liebe zu holen, wenn ich sah, wie er meinen Blick zurückgab. Es war eine neue Erfahrung und eine sehr erfreuliche dazu, trotz der gelegentlichen Mißgeschicke, bei denen ich von meinem metaphorischen Fahrrad fiel und wie ein Kind mit einem aufgeschlagenen Knie brüllte.

Es ist sonderbar, wie verschieden die Dinge sind, die verschiedene Menschen berühren. Ich sprach – ein paar Wochen, nachdem ich es bekommen hatte – in einer Company-Sendung über mein Fahrrad. Als ich das Studio verließ, hielt mich einer der Kameraleute auf, um mit mir über *sein* Fahrrad zu sprechen. Es war ihm ebenso ergangen wie mir: Er hatte sich zuerst ziemlich albern und kindisch gefühlt, wenn er so kreuz und quer dahinradelte, einfach zum Vergnügen. Er hatte dieselben nostalgischen Gefühle von Jugend und Unschuld erlebt. Und nun, als er mir beschrieb, wie schwierig es war, dies jemandem anzuvertrauen, ohne sich als kompletter Idiot zu fühlen – da verkrampfte ein Ausdruck echter Qual seine Züge.

„Was ist nur los mit uns? Warum verlieren wir all das? Ich war damals glücklicher als jetzt, wo ich sagen kann, ich kenne mich ein bißchen aus in der Welt."

Ich wußte genau, was er meinte. Einer der bewegendsten Aspekte der Elternschaft ist es, unseren Kindern zuzusehen, wie sie zum ersten Mal Dinge entdecken, die uns so vertraut geworden sind, daß wir sie kaum noch bemerken. Ich hatte oft gebetet, daß dieser Geist der Entdeckerfreude in meinen Kindern nicht verdorren möge, wie er in mir so lange verdorrt war. Als mein ältester Sohn, Matthew, fünf Jahre alt war, machten er und ich eines Tages im Januar einen Spaziergang durch die winterlichen Straßen. Nach unserer Rückkehr versuchte ich die Erfahrung wenigstens bruchstückhaft in den folgenden Zeilen festzuhalten.

> Ich wünschte sehr, ich wäre jetzt mein Sohn.
> Wer außer ihm hat je gekannt
> das dick bereifte Gras, wie Corn-flakes knirschend
> neben Kopfsteinpflaster in ewigem Eis,
> unter dem Tropfen von flüssigem Licht
> einer Wintersonne aus Wasserfarben.

Nun wurde mir auch mein eigener Sinn für Entdeckerfreude und Enthusiasmus wieder bewußt, besonders, wo es um die Dinge der Natur ging, um Dinge wie Blumen, den Himmel, Stoffe, die Jahreszeiten. Einige Jahre lang hatte ich meiner Fähigkeit nachgetrauert, ein unverfälschtes Vergnügen an diesen Dingen zu empfinden. Ein Spaziergang durch einen flammenden Herbstwald beispielsweise rief nur noch die Erinnerung hervor an das einst so wohlvertraute Gefühl, das Herzstück einer leidenschaftlichen, tragischen Symphonie voll Traurigkeit und Hoffnung zu durchwandern. Jede Jahreszeit hatte ihren eigenen Charakter und ihre besondere Poesie, aber die geistliche Gehirnoperation, die ich vor langer Zeit an mir selbst vorgenommen hatte, hatte irgendwie die schöpferische Anteilnahme an der Welt um mich verhindert. Es machte mir wirklich Freude, diesen Sinn für das Wunderbare noch einmal zu entdecken und herauszufinden – um nur ein Beispiel zu nennen –, daß ich mehrere Minuten lang staunend und hingerissen eine einzelne Narzissenblüte angaffen konnte, indem ich nur einfach die Schönheit ihrer Form und Farbe in mich aufnahm.

Narzissen sind mehr als nur Blumen,
sie sind natürliches Neon, der dunklen Erde entsprungen,
kostbares Metall, ungeduldig geworden,
gehämmert, geformt und in Teiche getaucht,
Teiche aus altertümlichem, versunkenem Licht.
Gefaltet, gepackt und wie Fallschirme zusammengelegt,
so stehen sie da, und stumm ertönt
ihr jubelnder Trompetenschrei
der zwiefach triumphierenden Sonne.

Meine wachsende Wertschätzung natürlicher Dinge und im besonderen vielleicht jener Dinge, die mit der Jahreszeit Herbst in Zusammenhang stehen, führte dazu, daß sich zwischen mir und einem neu hinzugekommenen Mitglied des Company-Teams augenblicklich ein Band der Freundschaft knüpfte. Dieses Mitglied war ein Mann namens Philip Illot, der zum erstenmal an der Sendung mitwirkte und mir seither ein lieber Freund und geschätzter Ratgeber geworden ist.

Ich weiß, daß die Vorstellung, das christliche Leben sei eine Art Reise, sehr alt und bereits ziemlich abgedroschen ist, aber manchmal gewinnt die staubige Metapher neuen Glanz durch Begegnungen mit Mitreisenden, die wirklich zu wissen scheinen, wohin sie unterwegs sind. Mein neuer Freund, Philip Illot, war einer von diesen Forschern. Meine eigene Pilgerreise hatte immer viel mehr Ähnlichkeit mit einer chaotischen Safari als mit einer gutorganisierten Expedition gehabt, und die längste Zeit war ich verzweifelt schlecht ausgerüstet gewesen. Wie so viele Christen hatte ich die Neigung an den Tag gelegt, schwerfällig durch das geistliche Unterholz zu brechen. Unbelehrbar hartnäckig in mein kurioses konfessionelles und psychisches Kostüm gekleidet, hatte ich mich geweigert, die Werkzeuge und Waffen wegzuwerfen, die mir so lebensnotwendig erschienen. Nun, die meisten meiner Prothesen waren verschwunden, aber ich war immer noch körperlich fit. Ich hatte immer noch die Fähigkeit, zu stehen und zu gehen und mich frei zu bewegen. Philip hatte selbst das verloren.

Als junger Mann von achtzehn Jahren, eben zum christlichen Glauben bekehrt und beruflich in Nachkriegsdeutschland tätig, hatte Philip eines Nachts einen sehr seltsamen Traum gehabt. In diesem Traum reiste er in einem Eisenbahnzug quer durch Deutschland, als die Lokomotive plötzlich unerwartet von russischen Soldaten angehalten wurde, die nach einem bestimmten Mann suchten. Plötzlich wußte Philip mit absoluter Gewißheit, daß er der Mann war, den sie suchten. Voll Entsetzen versteckte er sich, in der Hoffnung, nicht bemerkt zu werden. Es half ihm nichts. Es war ihm bewußt, daß seine Mitreisenden hilflos durch die Fenster des Zuges zusahen, als die Soldaten ihn niederzwangen auf ein hölzernes Kreuz, das auf der Wiese lag. Seine Hände und Füße wurden an das Holz genagelt, und das Kreuz wurde aufgerichtet. Philip erwachte schreiend.

Die Jahre vergingen. Philip wurde ein ordinierter Pfarrer der anglikanischen Kirche, aber niemals vergaß er diesen Traum. Er war überzeugt, daß er eines zukünftigen Tages imstande sein würde, seine Bedeutung zu verstehen. Er war ein „hyperaktiver" Geistlicher, immer unterwegs, immer beschäftigt. Sein Leben quoll über von Menschen und Aktivitäten. Er verlebte viele gute, produktive Jahre, und auch einige sehr harte und schwierige Jahre, aber schließlich kam er mit seiner Frau Margaret und den beiden Kindern in eine Pfarre in Bexhill, einem Seebadeort an der Südküste. Dort stürzte sich Philip wie üblich ins kirchliche Leben. Schon nach kurzer Zeit hatte er sich die Wertschätzung und die Zuwendung von Menschen in der ganzen Stadt erworben.

Seit einiger Zeit war Philip jedoch durch immer wiederkehrende Krankheitszustände beunruhigt worden. Zuweilen war es so schlimm, daß er eines Tages bei einem Sonntagsgottesdienst auf dem Altar zusammenbrach und sich fragte, ob er an Ort und Stelle sterben würde, und mitten in seinem Leiden fiel ihm ein, daß es kein schlechter Ort zum Sterben wäre! Die Symptome dauerten an und wurden zahlreicher. Zuletzt, während eines Spitalaufenthalts, erfuhr Philip, daß er an multipler Sklerose litt. Die Lähmung breitete sich über den ganzen Körper aus. Philip konnte nach einiger Zeit nur noch Kopf und Hände bewegen und ist nun auf einen Rollstuhl angewiesen.

Das klingt wie das Ende einer Geschichte. In Wirklichkeit jedoch war es der Beginn eines völlig neuen Abenteuers in Philips Leben. Es war Herbst, als die Krankheit diagnostiziert wurde, seine Lieblingsjahreszeit. Er spürte, wie die natürliche Welt zu dieser Jahreszeit Veränderungen ohne Panik oder Widerstand akzeptiert und daß er ebenso dazu berufen war, dem, was mit ihm geschah, gehorsam zu sein, es ruhig geschehen zu lassen. Es war, als bringe Gott ihn an einen Ort, der von Anfang an vorbereitet worden war. Er eignete sich eine innere Stille an – die Stille der Ankunft. Er war am richtigen Ort. Der seltsame Traum, den er vor so vielen Jahren gehabt hatte, schien irgendwie mit den Geschehnissen in Zusammenhang zu stehen. Aber *warum* geschah es? Philip träumte von neuem.

Diesmal träumte er, er finde einen Schlüssel am Fuß von Jesu Kreuz. Er hob den Schlüssel auf und sah nun mit einmal eine sehr niedrige Tür vor sich, auf der die Worte HÜTET EUCH in riesigen Buchstaben geschrieben standen. Er nahm den Schlüssel zur Hand, sperrte das Tor auf und fuhr in seinem Rollstuhl hinein. Da entdeckte er eine riesige Menge von verstörten und zerbrochenen Menschen. Sie alle warteten auf die besondere Art von geistlichem Dienst, die nur ein Mann ihnen bieten konnte, der am Körper, aber nicht am Geiste gebrochen war. Der Traum ist heute Realität. Es herrscht ständige Nachfrage nach Philip als Ratgeber, als Redner und Leiter für Missionsveranstaltungen. Seine schwache Kraft wird beständig ausgegossen für andere, oft in alltäglichem Dienst, aber manchmal mit seltsamen und erstaunlichen Wirkungen. Eine davon – sie ist zu intim, um jetzt bereits darüber zu berichten – schenkte mir ein intensiveres Gefühl für die absolute Realität Gottes als alles, was ich je zuvor erlebt hatte.

Für mich ist Philip das Lächeln auf Gottes Gesicht. Seine innere Freude inmitten eines Lebens, das zuweilen schrecklich sein muß, ist absolut echt. Vielleicht liegt es an der besonderen innigen Beziehung zu Gott, die nur jenseits der Schmerzen erfahren werden kann. Er sagt mir, daß *die dunkle Seite Gottes heller ist als die lichte*

Seite, eine Erkenntnis, die er in langen schlaflosen Nächten gewonnen hat, wenn er Gott so nahe an seinem Herzen fühlt wie die Dunkelheit an seinem Gesicht. Aus irgendeinem Grund war ich imstande, Philip Dinge zu sagen, die ich niemand anderem sagen konnte, in dem Wissen, daß meine Geheimnisse (und ich selbst) bei ihm in Sicherheit sind. Wohl am meisten von allem liebe ich sein plötzliches Lachen. Meine Beziehungen zu Leuten, denen es an einem Sinn für das Absurde fehlt, sind notgedrungen kurzfristig, aber bei Philip gibt es keine Grenzen. Zuweilen sprudelt das Lachen einfach aus ihm heraus und ist unweigerlich ansteckend. Seine Mischung von Stärke, Zärtlichkeit und Humor ist unwiderstehlich.

Ich stellte Philip einmal im Verlauf einer Company-Sendung eine ziemlich idiotische Frage. Es war die Art Frage, die eine Menge Leute wohl gerne stellen würden, aber nicht stellen, weil sie Angst haben, Ärgernis zu geben. Ich wußte, er würde nichts dagegen haben.

„Angenommen", sagte ich, „Sie könnten die geistlichen Einsichten und das Wachstum haben, das Sie gewonnen haben, seit Sie krank wurden – oder – Sie könnten Ihre Gesundheit zurückhaben und gehen und sich normal bewegen. Was würden Sie wählen?"

Ganz Mensch und ganz Christ lächelte Philip, als hätte er sich dieselbe Frage selbst schon oft gestellt, und antwortete mit fester Stimme: „Ich würde zweifellos *beides* wählen!"

Ein ganzes Buch könnte (und wird wohl auch) über Philips Leben geschrieben werden, aber das Wichtige für Bridget und mich ist unsere Freundschaft, nicht nur mit Philip, sondern auch mit Margaret, die natürlich ebenfalls gelitten hat. Sie ist einfach ein Schatz. Wir haben viel mit den beiden gemeinsam, und Gott schenkte sie uns zu einer Zeit, als wir dringend Leute brauchten, die uns wirklich verstanden. Der Dienst, den sie uns taten, war echt und handfest, und ihre Freundschaft ist etwas ganz Außergewöhnliches für uns.

Mein Besuch bei Michael Harper, mein neues Fahrrad, eine neue Wertschätzung für die Dinge der Natur und der Dienst und die Freundschaft von Philip Illot – all das spielte bei meiner Genesung eine Rolle. Sie richteten meinen Blick auf Gott, wie er in Wahrheit ist, anstelle des ziemlich widerwärtigen Gottesbildes, mit dem ich mich so lange abgekämpft hatte. Ich hatte nun auch den nötigen Freiraum, diese neue Richtung zu erforschen, denn meine Beschäftigung beim Sozialdienst hatte ich aufgegeben und war in Frühpension gegangen. Ich wurde auch nicht mehr durch den regelmäßigen Besuch irgendeiner bestimmten Kirche verwirrt oder abgelenkt. Tagein, tagaus tat ich kaum etwas anderes als beten und schreiben. Ich hoffte, daß die relative Ruhe, die ich gefunden hatte, von Dauer sein würde. Zuweilen überkam mich die Hoffnung, tatsächlich Frieden finden zu können, besonders, nachdem eines Tages ganz überraschend ein Telefonanruf von Jo Williams gekommen war.

„Ist dir klar", sagte sie, „daß es genau ein Jahr her ist, seit du und Prabhu in der Sendung für mich und Don beteten?"

Ich erinnerte mich an mein ungläubiges Gebet und das Gefühl der Hoffnungslosigkeit, das ihm gefolgt war.

„Ja, Jo. Natürlich erinnere ich mich daran. Warum?"

„Nun, willst du wissen, was seit damals passiert ist?"

Jo fuhr fort mit ihrer Schilderung – erst am Telefon und später, als wir uns in Maidstone trafen –, wie dieses Gebet beantwortet worden war. Don, der vor einem Jahr dem Tode nahe gewesen war, war seit damals trocken geblieben. Man sagt zwar: „Einmal ein Alkoholiker, immer ein Alkoholiker", aber daß Don sich ein Jahr lang von der Flasche ferngehalten hatte, war ein Wunder für sich. Später verbrachten Bridget und ich und die drei Kinder ein Wochenende in Southampton bei Jo und fanden zum erstenmal Gelegenheit, Don persönlich kennenzulernen. Wir entdeckten, daß er ein sehr charmanter und intelligenter Mann war. Er hatte eine besondere Begabung, mit unseren Kindern auszukommen, die Onkel Don „einfach super" fanden! Das ist ein hohes Lob, glauben Sie mir! Es war ein herzerwärmendes Wochenende für uns alle.

Und dann war da auch noch Jo selbst. Seit der Nacht, in der wir das Gebet gesprochen hatten, war etwas geschehen, das ihr Leben verändert hatte. Jo hatte beschlossen, ihre Tante in Wales zu besuchen. Das war eben jene Tante, bei der sie nach dem Streit zwischen ihrer Mama und ihrem Papa gewohnt hatte, damals vor all den Jahren, als sie ein sehr kleines Mädchen gewesen war. Sie hatte niemals zuvor daran gedacht, Tante Vi zu besuchen. Aber nun faßten sie und Don plötzlich aus heiterem Himmel den Entschluß, die lange Reise nach Wales zu machen, damit Jo die Schwester ihrer Mutter zum ersten Mal nach über vierzig Jahren wiedersehen konnte. Als sie dann dort zu Besuch waren, stellte Don eine sehr wichtige Frage.

„War Jo garstig und abscheulich, als sie ein kleines Mädchen war?"

Jos Herz muß wohl einen Schlag ausgesetzt haben, während sie auf Tante Vis Antwort wartete!

„Nein!" sagte die alte Dame, ohne eine Sekunde zu zögern. „Nein, sie war ein sehr fürsorgliches kleines Mädchen. Als ihre kleine Kusine damals Nervenentzündung hatte, erinnere ich mich, daß Jo eine Windel auf den Boden legte und sagte: Wenn das Baby sich auf diese Windel stellte, würde es vielleicht gesund werden! Sie war einfach so. Sehr still, aber ein wirklich liebes kleines Mädchen."

Sie wandte sich an Jo. „Laß nicht zu, daß die Leute dich fertigmachen, verstanden? Was passiert ist, war die Schuld deiner Mutter, nicht die deine."

In allen wichtigen Lebensbereichen ist Jo absolut unkompliziert. Was sie da über die Vergangenheit hörte, veränderte alles. Ihr Leben lang hatte sie sich selbst die Schuld gegeben für alles, das schiefging. Es geschah ihr nur recht, nicht wahr? Was hatte ein abscheuliches kleines Mädchen schon zu erwarten? Nun wurde ihr ganz plötzlich klar, daß all ihre Schuldgefühle auf einer Lüge beruhten. Sie war kein garstiges kleines Mädchen gewesen. Es war nicht ihre Schuld gewesen. Sie war ein reizendes kleines Mädchen – ein überaus fürsorgliches Kind.

Tante Vi hatte es gesagt, und sie mußte es ja wissen. In einer ganz seltsam realen Weise war es tatsächlich, als würde Jo von neuem geboren.

Gegen Ende dieses Jahres hatte sich Jos Einstellung zu Gott radikal geändert. Was sie betraf, war die Reise nach Wales von Gott „arrangiert" worden, der schon die längste Zeit versuchte, Jo zu zeigen, wie sehr er sie liebte und wieviel ihm an ihr lag.

„Heute“, sagte sie spät nachts zu mir, als wir beim Kaffee in der Wohnung in Harrietsham saßen, „würde es mir im tiefsten Herzen gar nichts mehr ausmachen, wenn mich niemand liebte, denn ich *weiß*, daß Gott mich liebt, also was soll's!“

Mein kleingläubiges Gebet für Jo war beantwortet worden. Und ebenso war es mir mit dem Stoßgebet ergangen, das Bridget und ich in jenem Sommer 1984 zu Gott emporgesandt hatten. Wassergräben waren durch unser Leben gegraben worden. Es blieb nichts mehr weiter zu tun, als zu warten und zuzusehen, wie das Wasser strömte.

Dreizehntes Kapitel

Company läuft nun bereits das vierte Jahr im englischen Fernsehen. Vom ursprünglichen Team sind nur Anne-Marie, Bridget und ich selbst übriggeblieben. George arbeitet nicht mehr mit, aber er lebt gesund und munter in seiner Wohnung auf dem Vincent Square. Hugo gehört immer noch zu uns und erzählt immer noch seine ebenso unterhaltsamen wie lehrreichen Geschichten. Jo Williams macht ein bis zweimal im Monat die Reise von Southampton nach Maidstone, und Peter Ball gesellte sich erst kürzlich zu uns, um eine Woche lang an der Sendung mitzuwirken. In den Augen der Zuschauer steht heute Peter Timms im Mittelpunkt. Roy Millard hat eine richtige Familienangelegenheit aus der Sendung gemacht, indem er James Blomfields Schwester Jane heiratete. Neue Gesichter sind aufgetaucht, einschließlich Ruth Soetendorp und ihr Gatte David, ein Rabbi. Beide sind gute Freunde von uns geworden, vor allem, weil ich nicht mehr das neurotische Bedürfnis empfinde, sofort meine Evangelisiermaschine anzukurbeln, so oft ich Menschen anderen Glaubens begegne. Auch der Mann im Rollstuhl taucht von Zeit zu Zeit bei uns auf, und hin und wieder verbringen Bridget und ich einen sehr vergnüglichen halben Tag mit Philip und Margaret in ihrem Haus in Bexhill. Frances Tulloch, die Company seinerzeit ins Leben gerufen hat, produziert die Sendung bis heute. Unterstützt wird sie dabei von ihrer unermüdlichen Sekretärin, Wynn Steer, die wir alle wegen ihrer Geduld und unverwüstlichen guten Laune lieben. Angus Wright hat TVS verlassen, und zu dem Zeitpunkt, wo ich das schreibe, ist noch niemand gefunden worden, der seinen Platz einnehmen könnte.

Bridget und ich haben uns ausgerechnet, daß wir beide zumindest siebenhundert Mal in der Company-Küche am Tisch gesessen sind. So vieles ist uns widerfahren im Verlauf der vier Jahre, seitdem die Sendung läuft, und über vieles davon ist im Verlauf dieser mitternächtlichen Plaudereien gesprochen worden. Es war eine reiche und produktive Erfahrung – eine, die wir nicht um die Welt hätten missen wollen.

Jetzt, wo der vierte Geburtstag von Company bevorsteht, finde ich mich an einem Wendepunkt, einem Punkt, wo ich nicht die leiseste Ahnung habe, was als nächstes passieren wird. Ich weiß nicht, wohin ich gehe oder wie ich dorthin kommen soll, ich weiß nicht, was ich tun werde oder wie ich es tun werde, aber ich fühle eine seltsame Mischung von Unbehagen und gespannter Erwartung.

Als ich meinem ältesten Sohn Matthew erzählte, daß ich eben damit beschäftigt bin, das Schlußkapitel dieses Buches zu schreiben, hielt er einen Augenblick in seiner Arbeit inne – er war eben dabei, große Klumpen von getrocknetem Schlamm von den Sohlen seiner Fußballstiefel auf den Küchenboden zu befördern – und nickte mit all der Weisheit eines modernen Zwölfjährigen.

„O ja", sagte er, „jetzt kommt der Teil, wo du sagen mußt, alles ist in bester Ordnung; und du und Gott, ihr kommt sehr gut miteinander aus und so weiter." Matthew hat seinen Teil an christlichen Taschenbüchern gelesen!

Er hatte natürlich recht. Viele (wenn nicht die meisten) der unzähligen christlichen Bücher, die heute auf dem Markt sind, enden mit einem Kapitel, in dem säuberlich aufgeräumt wird: Gott, der Mensch und das Universum werden energisch an den ihnen gebührenden Platz gestellt, und der Leser wird eingeladen, sich einem einfachen Verfahren zu unterziehen, das ihm geistliches Wachstum und persönliche Wandlung garantiert.

Ich würde mit Begeisterung ein solches Kapitel schreiben. Wenn man nur nichts weiter zu tun hätte, als die Information weiterzugeben, daß Jesus in der Gorringe Road Nummer 10 in Luton wohnt! Geh hin, läute dreimal lang und einmal kurz und sage einfach, Adrian hat dich geschickt! Ich weiß, daß es vielen Menschen gelegen käme, wenn es so leicht wäre, und ich weiß, daß einige Leute der Ansicht sind, es wäre tatsächlich so leicht. Ich kenne sogar ein paar Leute, bei denen man wirklich den Eindruck gewinnen muß, als wäre es so leicht gewesen – aber das sind wenige. Nach all den Erfahrungen, die ich in den letzten Jahren gemacht habe, habe ich keine große Freude mit Patentrezepten für geistliches Leben – und ich fürchte, ich bin ziemlich ungeduldig mit Leuten, die solche Rezepte an den Mann bringen wollen.

Es ist beispielsweise noch gar nicht so lange her, daß mich eine Company-Zuschauerin auf offener Straße aufhielt und mich fragte, warum „dieser Mann in dem Rollstuhl nicht einfach das Gebet des Glaubens betet und aufsteht und wandelt". Mir blieb der Mund offenstehen. Philip Illot glaubt an wunderbare Heilung und hat Erfahrungen damit gemacht, aber Gott nutzt seine physische Situation zu einem ganz bestimmten Zweck, wie auch das körperliche Leiden des Apostels Paulus ganz offenkundig Teil seines Dienstes war. Ich bin recht froh, muß ich sagen, daß Jesus nicht das Gebet des Glaubens betete und vom Kreuz herunterstieg, um sein Leben friedlich in irgendeiner jüdischen Vorstadt zu Ende zu leben! Weder Philip Illot noch Paulus, noch Jesus verlangte es danach, körperlich zu leiden – das wollen nur Verrückte –, aber es war ihnen eben wichtiger, herauszufinden, was Gott von ihnen wollte, und ihm zu gehorchen, trotz des Leidens, das Gehorsam mit sich bringen würde. Ich erzählte Philip eines Tages, was diese Dame gesagt hatte, und fragte ihn, was er davon hielte. Er antwortete ohne Zögern.

„Wenn du diese Dame zufällig noch einmal sehen solltest, dann sag ihr bitte, mit meinen freundlichsten Grüßen, daß ich das ‚Gebet des Glaubens' an jedem Tag, den Gott gemacht hat, bete!"

Natürlich sollten wir um Heilung beten, mit Öl salben und den Kranken die Hände auflegen. Aber es geht ihnen deshalb nicht in jedem Fall besser. Sie werden einfach nicht immer gesund. Das ist allgemein bekannt, und es erfordert eine eigentümliche Form gemeinschaftlicher Unehrlichkeit zu behaupten, daß es anders wäre. Gott wird nach seinem Ratschluß handeln. Und manchmal können wir nichts weiter tun, als mit dem Geheimnis dieser Tatsache leben und darauf warten, daß all das einen erkennbaren Sinn bekommen wird, wenn die Zeit reif ist.

Die Jünger Jesu hatten dieses Problem natürlich auch. Sie wollten Systeme entwickeln und Regeln festlegen, um das Leben sicherer und leichter zu handhaben. Dann und wann dachten sie, nun hätten sie Jesus aber wirklich festgenagelt.

„Sie hätte die Salbe verkaufen können und das Geld den Armen geben!"

Er machte doch immer so viel Getue um die Armen, nicht wahr? Sicher hatten sie es diesmal richtig getroffen. Pech gehabt, Jungs – wieder daneben!

„Sollen wir Feuer vom Himmel auf dieses Dorf herabrufen, Herr?"

Jesus sagte ihnen, sie sollten nicht albern sein.

„Ich werde niemals zulassen, daß man dich tötet, Herr!"

Petrus kriegte ordentlich eins aufs Ohr dafür.

„Nun sag Maria doch, sie soll mir helfen, Meister, sie nützt niemand etwas, wenn sie hier herumsitzt!"

Arme, liebenswerte Martha! Sie hatte es auch falsch angefangen.

Gott läßt sich nicht auf einen Satz einfacher Voraussetzungen reduzieren, so simpel sein Handeln an einer einzelnen Person auch sein mag. Wenn ich es im Rückblick betrachte, so hing ein großer Teil meiner Probleme in den sechziger Jahren mit dieser falschen Vorstellung zusammen. Als die Kirche versuchte, mit anderen „Sofortheilkuren" oder Methoden der Selbstfindung in Wettstreit zu treten, da offerierte sie (und tut es heute noch) eine Version von Christentum, die einerseits allzu simpel und andererseits viel zu schwierig ist. Die Hippiebewegung versuchte zum Ausdruck zu bringen, daß Liebe frei und kostenlos ist und mit einer Blume verschenkt werden kann. Das war ebensowenig wahr wie die Behauptung, daß Jesus ohne Kosten oder Komplikationen rettet. Ich meine jetzt nicht, daß er das etwa nicht wollte – weit gefehlt! Aber wenn wir wirklich ehrlich und mit offenem Herzen die vier Bücher lesen, die uns berichten, was Jesus sagte, dann zeigen mir diese Berichte, daß die Botschaft, die Jesus verkündete, zwei grundsätzliche Komponenten hat.

Erstens: Ich lese da, daß Gott sich einer Welt, in die er total vernarrt ist, leidenschaftlich verpflichtet hat, und es besteht kein Zweifel, daß er unglaublich weit gehen würde (und schon gegangen ist), um die Kanäle zwischen ihm und uns zu öffnen, Kanäle, die heutzutage so blockiert sind, daß nur ganz wenige Leute Gott wirklich und wahrhaftig zu sich reden hören. Eine große Anzahl Menschen täuscht vor, Gott zu hören, oder bildet es sich ein (ich selber habe das oft getan). Aber nur sehr wenige hören wirklich.

Was Jesus sonst noch sagte, handelt davon, die Kosten zu überschlagen, die Hand auf dem Pflug zu halten, seine Feinde zu lieben, Talente verantwortungsbewußt zu verwenden und fähig zu sein, alles zu verlieren oder wegzuschenken, was du am meisten schätzt, wenn das von dir verlangt werden sollte. In anderen Worten – deine eigene Welt auf den Kopf zu stellen! Ich glaube, diese Dinge müssen als Teil der christlichen Botschaft gepredigt werden. Sie dürfen nicht länger das Kleingedruckte sein, das du mit Bestürzung entdeckst, nachdem du deine Unterschrift unter den Vertrag gesetzt und dich verpflichtet hast, das kostenlose Geschenk anzunehmen. Ich kann nicht glauben, daß Jesus das alles nur zum Spaß sagte. Er muß es wirklich so gemeint haben.

Das Problem für mich und für viele andere war: Wie bringe ich diese beiden Komponenten in meinem alltäglichen Leben auf einen Nenner? Ich war glücklich, daß Gott mich liebte – obwohl ich, wie zahllose andere Christen auch, wahrscheinlich niemals vorbehaltlos glaubte, daß er dies täte –, aber ich war gänzlich unfähig, die ehrfurchtgebietenden Forderungen, die da an mich gestellt wurden, zu erfüllen und auch nur zu verstehen. Die Art, wie Gott in evangelikalen oder charismatischen Kreisen oft präsentiert wird, macht alles noch schwieriger. Da malt man entweder das Bild eines sentimentalen Softies mit einem so krankhaftem Bedürfnis nach menschlicher Zuwendung, daß es ihm im Grunde gleichgültig ist, was wir aushecken – oder man stellt Gott als ein hartherziges, rachsüchtiges Wesen mit strikten moralischen Prinzipien hin, dem ein engherziger Moralkodex alles bedeutet und der Mensch nichts. Ich habe mehr als einmal gesehen, wie christliche Redner ihre Zuhörer mit so viel Furcht und Schuldgefühlen belasteten – alles unter dem Deckmantel der „Gewissensprüfung“ oder „göttlichen Züchtigung“! Ich erinnere mich da beispielsweise an einen Mann, der einen leeren Sessel in die Mitte der Kirche stellte und uns einlud, uns vorzustellen, Jesus sitze darauf.

„Würdet ihr euch nicht sehr rasch als elende Sünder fühlen?“ sagte er. „Würdet ihr nicht wünschen, ihr könntet euer Gesicht verbergen und wegkriechen im Wissen um die Sünde in euch – um all die Dinge, die es euch unmöglich machen würden, ihm in die Augen zu sehen!“

Ich starrte den leeren Sessel an und konnte an nichts anderes denken als: Wie wundervoll müßte es doch sein, mich in seine Arme zu werfen, wie Petrus einst durch das seichte Wasser watete, um ein aufregendes Frühstück mit dem auferstandenen Jesus zu teilen! Er dachte nicht in erster Linie an seine eigene Sünde (und denkt daran, die Verleugnungsaffäre stand noch im Raum!) – er wollte bloß in Jesu Nähe sein, weil er ihn liebte. Jesus nicht sehen wollen? Da hätte ich ja wohl nicht alle gehabt!

Ich habe allmählich verstanden, wie Gott zugleich so voll Liebe und so bis ins kleinste fordernd sein kann, indem ich mich mit einem Bild beschäftigte, das Jesus selbst immer wieder gebraucht. Er kannte Gott als Vater. Nun, jeder, der dieses Buch bis hierher gelesen hat, wird es wissen: Dieses Bild schafft mir Probleme. Aber es gibt auch gute Väter in der Welt, und ich habe Gelegenheit gehabt, sie „in Aktion“ zu sehen. Ich hatte direkt oder indirekt mit so vielen Kindern in Fürsorgeerziehung zu tun, die von fremden Familien in Pflege genommen oder adoptiert wurden. Der Apostel Paulus nennt Christen die Adoptivkinder Gottes. Gott ist ihr neuer Vater. Wie sieht also ein wirklich guter Vater aus?

Nun, eines muß vor allem gesagt werden: Der Anschluß an eine neue Familie, die Adoption in eine unbekannte Umgebung, in der andere Regeln und Erwartungen gelten, verlangt von allen, die damit befaßt sind, sorgfältige Überlegung und Vorbereitung. Es geht nicht um den Beitritt zu einem Club. Es geht vielmehr um die Entscheidung, wo man seine festen Wurzeln hinpflanzt. Der Adoptionskandidat wird also das Haus besuchen, in dem ihm ein Platz angeboten wurde, so daß er den Haushaltsvorstand in Aktion sehen kann, ohne daß der Druck zu sofortiger Entscheidung oder Verpflichtung auf ihm lastet. Er wird diesen Vater voraussichtlich dabei sehen, wie er gerade sehr streng ist, wie er seine Kinder zuweilen züchtigt. Er wird ihn aber auch dabei sehen, wie er sehr liebevoll und voll Vergebung ist. Mag sein, daß er ihn gerade sieht, wie er mit den Kindern lachend und scherzend auf dem Boden herumtollt! Er wird sehen, wie er traurig ist, wenn einer aus der Familie verletzt wird oder verlorengeht, wie jedes Kind ermutigt wird, die anderen zu lieben und einer für den anderen zu sorgen. Er wird sehen, wie alle Kinder direkten Zugang zu ihrem Vater haben, ihm aber Vertrauen und Zuneigung in unterschiedlichen Graden entgegenbringen, je nachdem, was für ein Menschentyp sie sind und wie ihr bisheriger Lebensweg ausgesehen hat. Er wird davon fasziniert sein, wie unterschiedlich die Kinder der Familie sind – einige still und voll inniger Zuneigung, andere laut und theatralisch in der Art und Weise, wie sie ihrem Vater ihre Liebe zeigen. Ein paar schaffen vielleicht nur ein kleines Lächeln, weil sie zu schmerzerfüllt sind, um fürs erste irgend etwas anderes zu tun. Manche sitzen möglicherweise im fernsten Winkel eines leeren Zimmers, gelähmt vor Furcht, verstoßen zu werden, aber mit der winzigsten aller winzigen Hoffnungen im Herzen, daß das Lächeln, das sie auf dem Gesicht des Haushaltsvorstandes sehen, ihnen ebenso gilt wie allen anderen. Sie sind alle im Haus. Sie gehören alle dazu. Selbst die Ängstlichsten werden zuletzt ins Glück hineingeliebt werden.

Nehmen wir nun an, unserem Adoptionskandidaten gefällt es im Hause, er ist einverstanden, sich auf Gedeih und Verderb der Familie anzuschließen, zu tun, was ihm gesagt wird, und es als Zeichen der Fürsorge seines Adoptivvaters anzusehen, daß dieser sein Leben lenkt und bestimmt – nun, dann wird er wohl einziehen. Er muß nicht perfekt sein, um als Familienmitglied akzeptiert zu werden, er muß nicht einmal ein feiner Kerl sein. Nachdem er eingezogen ist, wird man ihm ein Zimmer zuweisen. Man wird viel Zeit mit ihm verbringen und seine besondere Situation berücksichtigen. Man wird ihn nicht im Zweifel lassen, daß die Hausordnung auch für ihn gilt, aber seine Mitbewohner wissen, daß es seine Zeit dauern wird, bis er sich zurechtfindet und sich an die neue Situation anzupassen vermag. Adoptierte Kinder brauchen manchmal endlos lange, um heimisch zu werden. Zuletzt wird alles in Ordnung sein. Er mag das Haus verlassen, aber das Angebot eines Zuhauses gilt auf ewig. Es wird ihm immer freistehen, zurückzukommen, wenn er will. Sein neuer Vater wird niemals aufhören, ihn zu lieben, wie unausstehlich er auch sein mag. Schließlich wird die Atmosphäre des Ortes ihn allmählich beeinflussen, er wird reifen und lernen, daß er wirklich akzeptiert wird. Es wird ihm plötzlich viel leichter fallen, die Regeln zu halten – ja, sie werden ihm gar nicht mehr wie Regeln erscheinen! Wahrscheinlich werden ihm ein oder zwei verantwortungsvolle Aufgaben übertragen werden, die er im Auftrag seines Vaters ausüben soll. Zuletzt wird er so gut eingestimmt sein auf die Stimme seines Vaters, daß ein einziges Wort ihn im Fluge an dessen Seite bringen wird: „Ja? Was willst du, daß ich tue?"

Dieses Familienimage wird für mich verstärkt durch meine Beobachtungen an denjenigen, die wirklich gelernt haben, dem Haupt der Familie zu vertrauen. Sie werden nicht enger und strenger, sondern weitherziger und liebevoller. Sie zeigen wenig Interesse an Geschenken, sind aber von Herzen fasziniert von dem, der sie beschenkt. Ihre Spiritualität hat nichts Närrisches an sich, sie fühlt sich echt an, sie paßt – auf irgendeiner entscheidenden, aber schwer in Worte fassenden Ebene – zu allem anderen, was wirklich ist. Sie mögen unterwegs sein auf der rauhen und steinigen Straße, von der Jesus sagte, sie sei die einzig gangbare Straße für seine Nachfolger, aber irgend etwas zaubert ein Lächeln auf ihre Lippen, selbst wenn ihre Füße schmerzen. Sie haben üblicherweise teuer bezahlt für ihre Freude, und der Preis scheint – ganz einfach – *alles* zu sein. Sie sind überzeugt, daß sie die schlimmsten aller Sünder sind, aber ebenso überzeugt, daß sie mehr Vergebung als alle anderen Menschen empfangen haben. Soweit es in ihrer Macht steht, setzen sie ihre Prioritäten so, daß Gott an erster Stelle kommt. Sie wissen, daß ein ehrliches Bibelstudium gar keinen anderen Schluß zuläßt: Hier muß der Anfang gemacht werden. Und dennoch ... ich sagte es schon, als ich von Peter Ball erzählte: Diese Einstellung bewirkt nicht, daß ein Mensch wie ich zur Verzweiflung getrieben wird, um hinfort in einem Jammertal voll Selbsthaß über seinen Sünden zu brüten. Im Gegenteil. Sie erweckt das Gefühl, daß all diese Liebe und Wärme ihre Quelle in Gott hat, und daß dieser Gott folglich imstande sein muß, sogar mit einem Typ wie mir noch etwas anzufangen. Da blitzte für mich einen Augenblick lang die optimistische Einstellung auf, die Gott mir gegenüber hat, und ich fühle mich aufgeheitert und ermutigt. Ich erinnere mich, daß ich Peter einst gemeinsam mit meinem Freund James besuchte, dessen Leben als Christ einen von Ängsten gepeinigten Weg gegangen ist, nicht unähnlich meinem eigenen. Wir drei unterhielten uns etwa eine Stunde lang. Dann, als James und ich wieder in Richtung Hailsham aufbrachen, bemerkte er mit einer Art melancholischen Erstaunens: „Er kennt einen anderen Gott als ich. Sein Gott ist *nett*!"

Er meinte nicht „weich", er meinte „nett". Warm und fürsorglich und beständig und verläßlich und treu und kompetent – wie ein Vater. Dasselbe reiche, intelligente, fürsorgliche Mitgefühl findet man in den Werken des christlichen Arztes und Schriftstellers Paul Tournier, der mich wiederholt auf den Boden geistlicher Gesundheit zurückgeholt hat. Sein Buch „Das Abenteuer des Lebens" ist eine herzerfrischende Einladung, aus der Tretmühle religiöser Pflichtübungen auszubrechen und sich auf die Suche nach dem Geheimnis zu begeben, in der Welt als Nachfolger Jesu zu leben. Wir leben ja tatsächlich im Zentrum eines gewaltigen und faszinierenden Geheimnisses. Was immer ich hier schreiben mag, diese meine Erlebnisse und Erfahrungen sind nicht die Erlebnisse und Erfahrungen anderer Leute, und folglich habe ich kein Recht, diese anderen nach dem Muster und Maß meiner eigenen Lebenserfahrung zurechtzustutzen. Es ist so leicht, hier Fehler zu machen. Man denkt automatisch, weil Gott am Dienstag dies oder jenes getan habe, müsse er haargenau dasselbe auch am Mittwoch tun. Wir neigen so leicht dazu, alles an unserer eigenen Erlösung zu messen und unser eigenes Erleben zur unwandelbaren Vorschrift zu erheben, wie die Dinge zu laufen haben, anstatt zu akzeptieren, daß Gott an den Menschen auf eine aufregend kreative und komplexe Weise wirkt. Ich kenne eine Menge Christen. Sie sind alle verschieden – herrlich verschieden. Ich war (fragen Sie mich nicht, aus welch seltsamem Grund!) die längste Zeit der Ansicht, daß unser Endziel darin besteht, daß wir einander vollkommen gleich sind. Heute bin ich ganz anderer Meinung. Ich liebe die Unterschiede, und ich glaube, auch Gott liebt sie. Trotz der grundlegenden Übereinstimmung im Glauben – wer könnte paulinischer sein als Paulus, petrinischer als Petrus, Jesus-gleicher als Jesus? Ich möchte kein Abklatsch eines anderen sein, und ich möchte auch nicht, daß irgend jemand ein Abklatsch meiner Person ist – Gott ist mein Zeuge, daß ich das nicht will. Ich möchte ein haarsträubendes Abenteuer von kosmischen Ausmaßen erleben mit diesem Gott, dessen Ziel es ist, aus mir den bestmöglichen Adrian zu machen, der ich sein könnte. Dank dieses Verfahrens könnte ich sogar ein nützliches Mitglied der Familie werden und imstande sein, bei den Neuankömmlingen mitzuhelfen. Das würde mir gefallen!

In der Zwischenzeit sieht mein eigenes Abenteuer – von außen betrachtet – eigentlich gar nicht wie ein Abenteuer aus. Jeden Tag – nachdem Bridget und ich uns die anstrengende Aufgabe geteilt haben, aus dem Morgenchaos drei vernünftig angezogene und ausgerüstete Kinder herauszuarbeiten – setze ich mich hin und tue drei Dinge.

Als erstes lese ich ein Kapitel des Neuen Testaments. Ich lese es in der Jerusalemer Bibel, weil ich den Druck und die Überschriften und das Layout mag. Ich habe die Bibel nie zuvor in einer disziplinierten Weise gelesen. Üblicherweise habe ich nur ein paar Verse ausgewählt und dann in Gedanken trübselig an ihnen herumgequetscht, in der Hoffnung, ein oder zwei Tropfen Inhalt oder Bedeutung herauszupressen. Nun lese ich in der Absicht, die grundlegende Aussage eines Kapitels zu erfassen. Es gefällt mir, beim Lesen innezuhalten und einen Punkt, der mein Interesse fesselt, näher zu bedenken. Zur Zeit lese ich die Evangelien, weil es mich plötzlich fasziniert, herauszufinden, was Jesus wirklich sagte. Mit einem Kopf, der so vollgestopft ist mit Vorurteilen und vorgefaßten Meinungen wie der meine, ist das nicht leicht, aber selbst ich kann erkennen, daß das volle Evangelium Jesu Christi heutzutage in den meisten Kirchen, die ich kenne, nicht gut ankommen würde. Ich kann aber auch sehen, daß er den einzelnen Menschen in diesen selben Kirchen Heilung und Zärtlichkeit bringen würde – Menschen, die die tiefverwurzelte Überzeugung in sich tragen, daß sie zu böse oder zu unbedeutend sind, um in jenes Reich Gottes zu kommen, von dem Jesus spricht.

Es war interessant: Zu eben der Zeit, als ich eine neue Freiheit entdeckte, regelmäßig und diszipliniert in der Bibel zu lesen, entdeckte ein guter Freund eine andere Art von Freiheit durch seine bewußte und wohlüberlegte Entscheidung, sein tägliches Studium der Schrift, das ihm seit vielen Jahren zur festen Gewohnheit geworden war, hintenanzustellen – für ein paar Monate nur. Ich genieße den Kontrast, wie unterschiedlich unsere individuellen Bedürfnisse erfüllt werden.

Zum zweiten bete ich. In letzter Zeit habe ich zu einer Gebetstechnik gefunden, die weder zermürbend langweilig noch bedeutungslos oder hoffnungsloses Flickwerk ist. Während ich dies schreibe, liegt auf dem Schreibtisch vor mir ein Stapel von etwa dreißig langen braunen Briefumschlägen. In jedem versiegelten Kuvert befindet sich ein schriftliches Gebet für die Leute, um die es geht. Jeden Tage hebe ich einen Umschlag auf, halte ihn empor zu Gott und bitte ihn, für diesen Menschen zu tun, was auch immer nötig sein mag. Wenn ich in einer mürrischen oder trübseligen Stimmung bin, dann blättere ich sie rasch durch und sage: „Segne ihn und ihn und sie und diese da . . ." Wenn ich mich eher friedlich fühle, dann versuche ich, in meinen Gebeten kreativ zu sein. Ich könnte mir zum Beispiel vorstellen, daß Jesus das Abendmahl an jede dieser Personen austeilt, und versuche im Geiste vor mir zu sehen, wie diese Begegnung verläuft. Bei anderer Gelegenheit halte ich in Gedanken die Hände jedes einzelnen und spreche ein Gebet für uns beide. Manchmal male ich mir aus, wie Jesus in einer offenen Tür steht und die Leute alle einzeln begrüßt und einlädt. Sie alle reagieren darauf auf verschiedene Weise. Manchmal sehe ich in diesen „Gedankenbildern" seltsame Dinge geschehen. Ich habe keine Ahnung, ob sie reine Einbildung sind oder etwas anderes. Ich beginne heute echte Verantwortung gegenüber dieser kleinen Gruppe von Menschen zu empfinden, und ich freue mich darauf, ihnen und Gott jeden Tag zu begegnen. Ich spreche üblicherweise ein Beichtgebet, bevor ich irgend etwas tue, und versuche, vielleicht noch ein paar Minuten nach diesem Gebet in dem warmen Meer der Liebe, die Gott mir entgegenbringt, zu treiben. Ich versuche all das regelmäßig zu tun, unabhängig davon, wie mir zumute ist. Seinerzeit hätte ich den Versuch, mit Gott in Verbindung zu treten, bereits aufgegeben, falls ich seit dem Aufstehen mürrisch zu anderen Menschen gewesen wäre oder wenn die Dinge mir allgemein trostlos erschienen oder falls Bridget und ich gerade einen unserer monumentalen Ehekrachs wegen irgendeiner läppischen Kleinigkeit ausgefochten hätten. Ich bin mir jetzt des Unterschiedes zwischen wesensmäßigem und geistlichem Versagen viel deutlicher bewußt – und mir ist auch klargeworden, daß Gott ebensosehr daran liegt (vermutlich noch viel mehr daran liegt!), mir zu begegnen, wenn ich ein Ekel bin, als wenn ich mir einbilde, ich wäre eines seiner kleinen Sonnenscheinchen!

Drittens schreibe ich oder versuche jedenfalls zu schreiben. Wir haben häufig Gäste, und wie andere Leute, die zu Hause arbeiten, wohl wissen werden, ist dies ein süßsaurer Leckerbissen. Ich liebe es, mit Menschen zusammenzusein – in erster Linie, weil ich Menschen ganz einfach mag. Zweitens aber, weil Besuche eine willkommene Ergänzung darstellen auf der langen Liste von „Dingen, die einen daran hindern, das gräßliche nackte Blatt Papier anzufüllen". Diese Liste umfaßt solch lebenswichtige Aktivitäten wie aufs Klo gehen, Kaffee aufbrühen, das Telefon bedienen, das Ohr kratzen, das Haar kämmen, alles, um dem Augenblick aus dem Weg zu gehen, wenn der Stift zum erstenmal das Papier berührt!

Wie ich schon sagte: Es sieht auf den ersten Blick nicht gerade nach einem tollen Abenteuer aus, aber ich empfinde eine wachsende Erregung bei der Aussicht, in einer völlig auf den Kopf gestellten Welt zu leben. Einer Welt, die in den Händen eines leidenschaftlichen, humorvollen Gottes steht, eines Gottes, nach dessen Willen wir Menschen so frei und einsatzfreudig und kreativ und hart im Nehmen sein sollen, wie Jesus war. Gott vergebe uns! Wie oft haben wir Jesus als einen bleichsüchtigen Strebertyp hingestellt, einen unsportlichen Tugendbold, der es nicht erwarten kann, diese böse Welt zu verlassen und sich in die sterile Reinheit des Himmels zurückzuflüchten. Wenn ich heute die Evangelien lese, so tritt mir aus ihnen ein leidenschaftlich engagierter Jesus entgegen, ein Mann, der auf allen Ebenen – körperlich, geistig und gefühlsmäßig – an den Menschen und der natürlichen Welt Anteil nahm, ein Mann, der heilte und half und aß und trank und Nahrung spendete und in Zorn geriet und schwitzte und weinte und starb. Die Botschaft, die er in die Welt brachte, läßt keinen Raum für Kompromisse, sie ist eine einzige unerbittliche Forderung – aber die Art und Weise, wie er mit verletzten und sündhaften Menschen umging, war geprägt von Rücksichtnahme und Zartgefühl. Es sei denn, die Sünde, um die es ging, war die Heuchelei geistlicher Würdenträger. In diesem Fall konnte sein Zorn vernichtend sein.

Soweit ich dazu etwas sagen kann, gilt die Einladung, sein Abenteuer und seine Mission in dieser Welt fortzuführen, jedem einzelnen Menschen. Aber ich habe keine Zweifel daran, daß im Leben eines Menschen nichts sonderlich Aufregendes geschehen wird, bevor er nicht beginnt, das zu tun, was Jesus ganz unmißverständlich als Bedingung für geistliches Wachstum nannte: Nämlich den Auftrag „Suchet das Reich Gottes“ zur Priorität Nummer eins im Leben zu machen. Darum tue ich, was ich jeden Tag tue. Ich möchte mitmachen bei dem großen Abenteuer. Ich möchte mich nicht für den Rest meines Lebens zweimal in der Woche mit anderen Christen zusammenkuscheln und mich der Religion als meinem Hobby widmen. Ich möchte, daß Gott meine mürrische, eifersüchtige, kritische Persönlichkeit ergreift, sie irgendwo verwandelt und mich dann mit dem Auftrag hinausschickt, mir um seinetwillen die Hände in der wirklichen Welt schmutzig zu machen. Es ist im Moment ein unmöglicher Auftrag, aber Jesus selbst sagte ja: „Bei den Menschen ist es unmöglich, aber bei Gott ist alles möglich.“

Ich strecke in Gedanken die Hände aus nach all denen, für die „Christsein" etwas Ähnliches ist wie ein Marathonlauf durch knöcheltiefen Sumpf. Manche steigen aus, manche schleppen sich weiter, alle fragen sich, was in aller Welt das soll. Warum so viele Hochs und Tiefs? Warum so wenig Friede? Warum scheint es, als hätten manche Christen ES zu fassen bekommen, was immer ES sein mag?

Ich habe keine klugen Antworten anzubieten. Den Großteil der Zeit schleppe ich mich selber traurig dahin, aber drei Dinge faszinieren mich. Das erste ist die Person Jesu. Das zweite ist die Tatsache, daß Gott mir seine Zuwendung schenkt und mich als Mitglied seiner Familie akzeptiert. Das dritte ist die Zusicherung, daß nichts von allem, was in meinem Leben geschehen ist, vergeblich oder sinnlos war. All jenen, die wie ich zu kämpfen haben, allen Christen, die sich verurteilt und verworfen fühlen, rufe ich mit Tränen in den Augen zu: Gott segne euch, einen jeden nach seinen Bedürfnissen! Seid mißtrauisch gegenüber allen Patentlösungen, die man euch anbietet, aber haltet aus – er wird euch retten.

Zur selben Zeit, spricht der Herr, will ich die Lahmen sammeln und die Verstoßenen zusammenbringen und die ich geplagt habe. Und ich will den Lahmen geben, daß sie viele Erben haben, und will die Verstoßenen zum großen Volk machen. Und der Herr wird König über sie sein auf dem Berge Zion von nun an bis in Ewigkeit.

Micha 4,6–7

BRENDOW LESE-ZEICHEN

Gilbert Keith Chesterton

Heitere Weisheit, ernste Späße

Pb., 80 S., mit Zeichnungen und Lesezeichen.

ISBN 3-87067-334-6

Spritzige Zitate aus seinem großen Gesamtwerk.

Gunhild Christ

Gezz maa Butter bei die Fische!

Pb., 64 S., mit Zeichnungen und Lesezeichen.

ISBN 3-87067-332-X

Emmi Koslowski, die Hausfrau aus dem Ruhrgebiet, macht sich so ihre Gedanken über die »fromme Szene«.

Gunhild Christ-Aiyub

Reinen Tisch mit diese Brüder!

Pb., 64 S., mit Lesezeichen.

ISBN 3-87067-424-5

Weitere lose Reden von Emmi Koslowski.

Adrian Plass

Tagebuch eines frommen Chaoten

Pb., 160 S., mit Zeichnungen und Lesezeichen.

ISBN 3-87067-391-5

Ein rotzfreches, maßlos übertreibendes, rabenschwarzhumoriges Tagebuch oder ein geistlicher Ratgeber mit Tiefgang?

Adrian Plass

Andromedas Briefe

Pb., 176 S., mit Zeichnungen und Lesezeichen.

ISBN 3-87067-445-8

Eine achtjährige Göre hält vom Krankenlager aus Gott, die Welt und die Kirchengemeinde des frommen Chaoten in Trab.